Moodle 信息化教学设计与开发研究

罗清波 著

图书在版编目(CIP)数据

Moodle 信息化教学设计与开发研究 / 罗清波著. —西安：陕西科学技术出版社, 2023.8
ISBN 978-7-5369-8762-3

Ⅰ. ①M… Ⅱ. ①罗… Ⅲ. ①网络教学-教学设计-研究 Ⅳ. ①G434

中国国家版本馆 CIP 数据核字(2023)第 131660 号

Moodle 信息化教学设计与开发研究

罗清波 著

责任编辑	赵文欣
封面设计	曾 珂
出 版 者	陕西科学技术出版社
	西安市曲江新区登高路 1388 号 陕西新华出版传媒产业大厦 B 座
	电话 (029)81205187 传真 (029) 81205155 邮编 710061
	http://www.snstp.com
发 行 者	陕西科学技术出版社
	电话(029)81205180 81205190
印 刷	陕西隆昌印刷有限公司
规 格	787mm×1092mm 16 开
印 张	15
字 数	297 千字
版 次	2023 年 8 月第 1 版
印 次	2023 年 8 月第 1 次印刷
书 号	ISBN 978-7-5369-8762-3
定 价	98.00 元

版权所有 翻印必究

前 言

云计算、大数据、人工智能的飞速发展,改变了人们的工作、学习和生活方式,同时也改变了教育教学模式,个性化学习、协作式学习、游戏化学习已经被广泛应用。随着教育信息化产业的不断推广,教育的首要目标从传统的教学模式逐渐转变成培养学生的信息化素养,在知识大数据中有效选择信息、分析信息和应用信息,这本身也是教育应有的初衷。努力推动教育信息化建设,充分利用信息化和大数据的技术优势,让优质教育资源全民共享,满足学生个性化学习需求,提升学校教育水平和管理效益,已经成为教育改革的必然趋势。

信息化教学平台是当前教育教学改革发展的一种新趋势。Moodle 信息化教学相对于传统课堂教学,在教育理念上是一种超越,在教学模式上是一种大胆的创新。它能够弥补传统课堂教学中存在的不足,促进学生全面而又富有个性化的发展。但在信息化课堂教学的实施过程中,一定要结合学科自身特点,创新 Moodle 信息化教学模式,切实促进学生自主学习能力的发展。

Moodle 是一个基于建构主义教学理论的开源学习管理系统,集合课程管理、网络学习、测试和讨论等功能于一体,可以满足学习者的多样化需求。《Moodle 信息化教学设计与开发研究》一书,将以 Moodle 3.8 平台为基础,运用信息化技术开展互动式课程教学,提高教学管理效率,加强师生间的沟通,提供更加便捷的学习体验。

全书共分为 9 个章节,第一章介绍信息化对教学的影响,第二章介绍信息化课程教学设计概述,第三章介绍信息化课程教学创建基础,第四章介绍信息化教学资源设计,第五章介绍交互式信息化教学设计,第六章介绍协作式信息化教学设计,第七章介绍运用 Moodle 对学生的评价与管理,第八章介绍利用 Moodle 创建在线考试与管理,第九章介绍 Moodle 平台的安装与管理。

希望通过对本书的系统学习,大家能够掌握 Moodle 平台的使用技能,更好地运用好信息化技术,实现更加高效的课程教学设计与管理。

特别感谢江苏省一体化名师工作室专项资金的支持,衷心感谢江苏省苏州技师学院信息工程系胡秋菊、练连云、王利亚等各位老师的积极参与,使 Moodle 的研究与应用能够顺利开展。

  最后，希望大家能够积极参与信息化教学设计与学习，共同探索信息化教学设计的乐趣。由于时间仓促，编者水平有限，书中难免会有疏漏之处，还望各位专家、读者批评指正。

  祝大家学习进步！

作者：罗清波

2022 年 12 月于苏州

目　录

第一章　信息化对教学的影响 … 1

1.1　教学环境 … 2
1.1.1　什么是教学环境 … 2
1.1.2　教学环境的构成 … 2
1.1.3　信息技术支撑的教学环境 … 3
1.1.4　信息技术支撑的教学环境组成 … 3
1.1.5　信息技术支撑的教学环境特点 … 5
1.1.6　信息技术支撑的教学环境功能 … 6
1.1.7　环境变化与教学模式创新 … 7

1.2　信息技术对教学媒体的影响 … 7
1.2.1　教学媒体 … 7
1.2.2　教学媒体的概念 … 8
1.2.3　教学媒体的特性 … 8
1.2.4　信息技术环境下的教学媒体 … 8
1.2.5　媒体变化与教学模式创新 … 10

1.3　信息技术对教学工具的影响 … 11
1.3.1　教学工具的分类 … 11
1.3.2　教学工具的特点 … 12
1.3.3　信息技术支撑的教学工具 … 12
1.3.4　工具变化与教学模式创新 … 13

1.4　信息环境下教学模式创新与课程整合 … 14
1.4.1　信息技术与课程整合的内涵 … 14
1.4.2　信息技术与课程整合的理论基础 … 15

1.4.3 信息技术与课程整合的途径与方法 …… 16
1.4.4 信息技术与课程整合的误区 …… 17
1.4.5 教师主导地位的错位 …… 18
1.4.6 教学资源认识上的偏差 …… 19

第二章 信息化课程教学设计概述 …… 20

2.1 信息化课程的概念 …… 21
2.1.1 课程概念的萌芽 …… 21
2.1.2 几种典型的课程定义 …… 21
2.1.3 课程设计的概念 …… 23
2.1.4 信息化教学的概念 …… 24
2.1.5 信息化课程教学设计的概念 …… 25

2.2 信息化课程教学设计的原理 …… 25
2.2.1 课程教学设计的基本类型 …… 25
2.2.2 基于 Moodle 的课程教学设计模式 …… 27
2.2.3 Moodle 课程教学设计的步骤 …… 30
2.2.4 Moodle 课程教学设计的基本原则 …… 33

2.3 信息化课程教学设计平台 …… 34
2.3.1 信息化课程教学设计平台的选择 …… 34
2.3.2 Moodle 概况 …… 34
2.3.3 Moodle 在世界各地的发展状况 …… 36

2.4 信息化课程教学评价 …… 36
2.4.1 课程教学评价 …… 36
2.4.2 Moodle 课程教学设计的评价 …… 38

第三章 信息化课程教学创建基础 …… 41

3.1 Moodle 入门 …… 42
3.1.1 Moodle 首页 …… 42
3.1.2 如何注册 …… 42
3.1.3 进入课程 …… 43
3.1.4 学习和参与活动 …… 44

3.2 创建课程 …… 45

3.2.1 课程角色 ·· 45
3.2.2 建立课程 ·· 45
3.3 编辑课程 ·· 47
3.3.1 课程设置 ·· 47
3.3.2 常规设置 ·· 48
3.3.3 课程格式 ·· 48
3.3.4 外观 ·· 48
3.3.5 文件上传 ·· 48
3.3.6 小组 ·· 48
3.4 添加板块内容 ·· 49
3.5 Moodle 板块 ··· 50
3.5.1 HTML 板块 ·· 50
3.5.2 小结链接 ·· 52
3.5.3 博客标签 ·· 52
3.5.4 最近博客更新 ·· 53
3.5.5 即将到来的事件 ······································ 53
3.5.6 在线用户 ·· 54
3.5.7 最新通告 ·· 54
3.5.8 课程 ·· 55
3.5.9 课程简介/网站简介 ·································· 55
3.5.10 远程新闻种子 ······································· 56
3.5.11 人工选课 ··· 57
3.5.12 指定角色 ··· 57
3.5.13 分组 ··· 57
3.5.14 自助选课 ··· 58
3.5.15 系统管理 ··· 59
3.5.16 课程备份/恢复 ······································ 59

第四章 信息化教学资源设计 ····································· 64

4.1 Moodle 教学资源 ·· 64
4.1.1 教学资源介绍 ·· 64
4.1.2 进入教学资源 ·· 65

4.2 添加教学资源 ······ 65
4.2.1 标签 ······ 65
4.2.2 图书 ······ 66
4.2.3 网页 ······ 69
4.2.4 网址地址 ······ 70
4.2.5 文件 ······ 71
4.2.6 文件夹 ······ 72
4.2.7 教学管理系统(IMS)包 ······ 73
4.3 教学资源应用 ······ 73
4.3.1 ATTO 编辑器 ······ 73
4.3.2 SCORM 课件导入 Moodle ······ 74
4.3.3 Word 2010 文档导入 Moodle ······ 75
4.3.4 H5P 课件制作 ······ 75

第五章 交互式信息化教学设计 ······ 78
5.1 作业设计 ······ 79
5.1.1 文件提交 ······ 79
5.1.2 在线文本 ······ 85
5.2 投票 ······ 87
5.2.1 创建投票 ······ 87
5.2.2 教师管理投票 ······ 89
5.3 测验 ······ 89
5.3.1 建立测验 ······ 90
5.3.2 编辑测验 ······ 94
5.3.3 批量导入试题 ······ 106
5.3.4 测验的管理、批改和统计 ······ 108
5.3.5 创建题目分类 ······ 108
5.3.6 题库抽题 ······ 109
5.4 程序教学 ······ 110
5.4.1 程序教学原理 ······ 110
5.4.2 Moodle 平台中的程序教学 ······ 112
5.4.3 程序教学参数介绍 ······ 113

5.4.4　添加问题页 ·· 116
　　5.4.5　添加分支表 ·· 118
　　5.4.6　程序教学中的"簇" ··· 120
　　5.4.7　程序教学管理 ·· 121
5.5　问卷调查 ··· 122
　　5.5.1　创建问卷调查 ·· 122
　　5.5.2　管理问卷调查 ·· 123
5.6　CodeRunner 编程测评 ·· 123

第六章　协作式信息化教学设计 ··· 128

6.1　聊天室 ·· 129
　　6.1.1　创建聊天室 ·· 129
　　6.1.2　进入聊天室聊天 ·· 130
6.2　讨论区 ·· 131
　　6.2.1　创建讨论区 ·· 131
　　6.2.2　添加讨论话题 ·· 133
6.3　词汇表 ·· 134
　　6.3.1　词汇表的设置 ·· 135
　　6.3.2　编辑词汇表 ·· 136
6.4　WIKI ··· 138
　　6.4.1　创建 WIKI ·· 138
　　6.4.2　管理 WIKI ·· 139
6.5　互动评价 ·· 141
　　6.5.1　互动评价的完整过程 ··· 141
　　6.5.2　互动评价参数介绍 ·· 142
　　6.5.3　互动评价的使用 ·· 145
6.6　数据库 ·· 152
　　6.6.1　添加数据库 ·· 153
　　6.6.2　定义字段(用于定义收集到的信息) ································ 155
　　6.6.3　编辑数据库模板 ·· 155
　　6.6.4　输入数据 ·· 157

第七章 学生评价与管理设计 ·················· 159

7.1 成绩 ································· 159
7.1.1 预览成绩 ······················ 160
7.1.2 成绩分类 ······················ 160
7.1.3 设定权重 ······················ 162
7.1.4 自定义分数段 ················· 162
7.2 报表 ································· 163
7.3 量表 ································· 164

第八章 在线考试的创建与管理 ················ 167

8.1 创建考试 ··························· 168
8.1.1 创建考试课程 ················· 168
8.1.2 设置选课方法 ················· 169
8.1.3 创建考试小组 ················· 170
8.2 创建题库 ··························· 172
8.2.1 规划类别 ······················ 172
8.2.2 创建题库类别 ················· 172
8.2.3 使用外部软件创建试题 ······· 173
8.2.4 试题导入题库 ················· 176
8.3 部署考试 ··························· 178
8.3.1 设置考试项目 ················· 178
8.3.2 抽题组卷 ······················ 179
8.3.3 账号管理 ······················ 181
8.3.4 进行考试 ······················ 181
8.4 成绩管理 ··························· 182

第九章 Moodle 平台安装与管理 ··············· 184

9.1 Moodle 单机安装 ················· 185
9.1.1 Moodle 单机版 ············· 185
9.1.2 安装前准备 ···················· 185
9.1.3 下载 Moodle 软件包 ········· 187

9.1.4 启动服务 ………………………………………………………………… 188
9.1.5 安装 Mysql 数据库管理系统 ……………………………………………… 189
9.1.6 安装 Moodle 管理系统 …………………………………………………… 190
9.2 Moodle 服务器安装与优化 ……………………………………………………… 193
9.2.1 Linux 操作系统 …………………………………………………………… 193
9.2.2 LNMP 架构 ……………………………………………………………… 194
9.2.3 服务器搭建与优化 ………………………………………………………… 195
9.2.4 端口访问控制 ……………………………………………………………… 196
9.2.5 https 证书配置 …………………………………………………………… 197
9.2.6 服务器处理速度优化 ……………………………………………………… 198
9.2.7 抗拥塞处理 ………………………………………………………………… 201
9.2.8 Moodle 应用服务器性能测试 …………………………………………… 203
9.3 Moodle 系统设置与管理 ………………………………………………………… 204
9.3.1 用户管理 …………………………………………………………………… 204
9.3.2 课程管理 …………………………………………………………………… 207
9.3.3 位置管理 …………………………………………………………………… 210
9.3.4 语言管理 …………………………………………………………………… 210
9.3.5 模块管理 …………………………………………………………………… 210
9.3.6 安全管理 …………………………………………………………………… 212
9.3.7 外观管理 …………………………………………………………………… 213
9.3.8 服务器管理 ………………………………………………………………… 215
9.3.9 报表管理 …………………………………………………………………… 217
9.4 Moodle 备份与升级 ……………………………………………………………… 218
9.4.1 Moodle 备份 ……………………………………………………………… 218
9.4.2 Moodle 升级 ……………………………………………………………… 218
9.5 Moodle 插件管理 ………………………………………………………………… 220
9.5.1 Moodle 系统插件 ………………………………………………………… 220
9.5.2 插件安装 …………………………………………………………………… 221

附录 ……………………………………………………………………………………… 223

参考文献 ………………………………………………………………………………… 225

第一章 信息化对教学的影响

学习目标

掌握教学环境的概念

掌握信息技术对教学媒体的影响

掌握信息技术对教学工具的影响

掌握信息环境下教学模式创新与课程整合

知识图谱

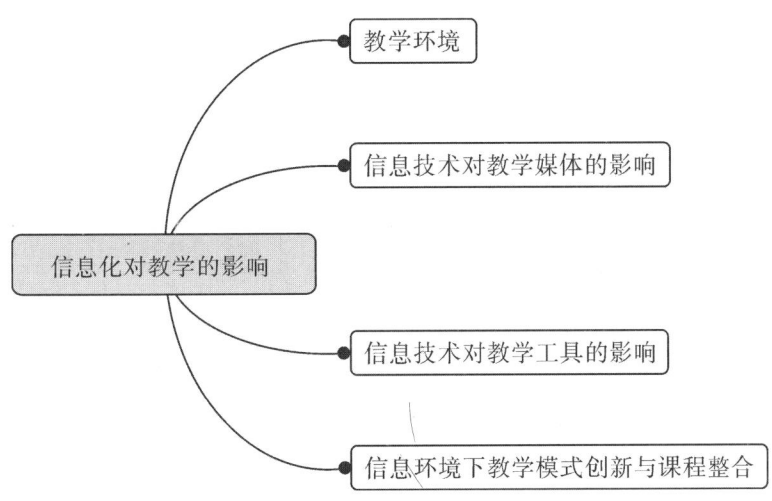

1.1 教学环境

1.1.1 什么是教学环境

教学环境是教学活动中所有客观条件的总和,是按照人的身心发展的需求组织起来的。与其他环境比较,教学环境具有自身特定的环境区域、环境主体和环境内容。这种特定的环境为师生的活动提供了前提条件,对教与学的效果也产生了积极影响,并从某些特征上把教学活动引入到不同的境界中。尽管教学环境的影响有时表现为潜在的,但它的作用是不能忽视的。因此,充分认识教学环境的构成要素及作用,对提高信息化教学效果和增强信息化教学的艺术性都会产生积极影响。

1.1.2 教学环境的构成

教学环境是十分复杂的系统,不同研究角度的教学环境会产生不同的构成要素。无论是从主体构成上研究,还是从内容构成上研究,这些构成要素都不是孤立的,它们在教学活动中相辅相成、互相影响,共同融会贯穿在师生认知、情感和行为产生的整个过程中。教学环境基本组成包括生理环境,物理环境和心理环境,如图1-1-1所示。

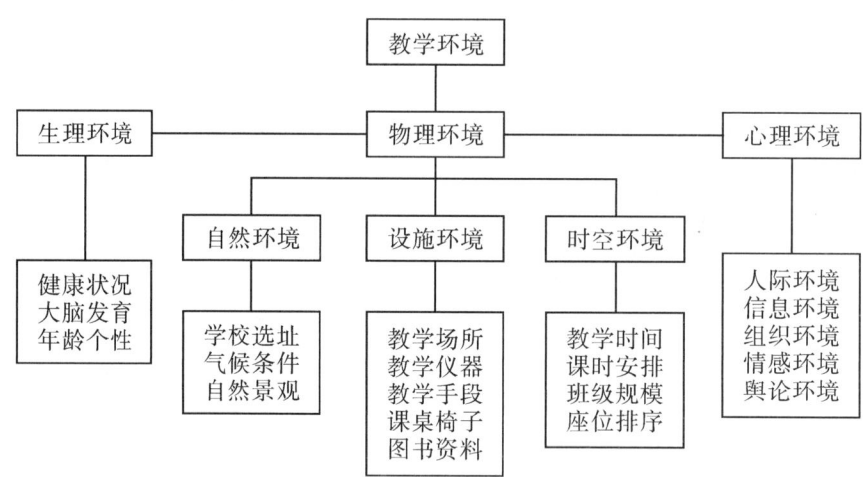

图 1-1-1 教学环境的构成

生理环境:是指个体自身的生理特点,如身体的健康状况、大脑发育、年龄和个性等。每个人都有各自的生理特点,当处于教学活动中时,会表现出区别于他人的外在表现。作为教学环境的一部分,身体健康与否对教学活动的成败起到不可忽视的作用。

物理环境:是指教学环境中有形的、静态的硬件环境,也是狭义上的教学环境。如自然环境(学校的选址、气候条件、自然景观等)、设施环境(教学场所、教学仪器、信息化教学手段、课桌椅子、图书资料等)、时空环境(教学时间的安排、班级规模、座位编排方式等)。

心理环境:是指教学环境中无形的、动态的软件部分。如人际环境(学校内部的各种人际关系,包括师生关系,生生关系等),信息环境(学校内部的各种社会化信息),组织环境(学校内部各种团体组织、社团等)、情感环境(课堂中的合作、竞争、期望、奖惩因素的运用及由此形成的课堂氛围)和舆论环境(集体舆论、个体意见、流言蜚语等)。

1.1.3 信息技术支撑的教学环境

信息技术与课程的整合离不开由信息技术构建的教学环境支撑,即信息化教学环境。一般来说,信息化教学环境是指具备信息存储、处理和传递功能,能适应学生信息化学习需要的信息化教学环境,主要包括校园网、多媒体教室、电子阅览室、智慧黑板、远程教学信息管理系统等。特别强调,这里所说的信息技术支撑的教学环境,绝不仅仅指硬件系统,而是由硬件、软件和人机环境三者有机整合的综合性教学系统。在该系统中,各要素之间既相互联系,又相互制约,在教学活动中作为一个有机整体发挥着各自的作用。与传统的教学环境相比,其优势是非常明显的,不但增强了教学资源共享,而且实现了教学设施的网络化,促进了多媒体学习环境的不断完善和发展。

1.1.4 信息技术支撑的教学环境组成

(1) 多媒体教室

多媒体教室是一种基于课堂教学的信息化教学环境,能满足多媒体组合教学的要求,达到信息显示多样化的目的。这种教学环境便于教师选择合适的媒体,优化教学过程。在进行教学过程中,教师可通过操作设备,随心所欲地运用音响、录像、文字、投影、录音、动画等现代教学媒体展示教学内容,优化教学过程,突破教学重点、难点,提高教学质量与效率。如图1-1-2所示。

(2) 电子阅览室

电子阅览室是一种基于个别化学习的环境,学习者可自由选择媒体学习,通过计算机等现代教学媒体进行自主学习,积极参与学习过程,充分体现

图1-1-2 多媒体教室

了学习者的主体地位。控制中心也可按照学习者的要求传输媒体信息给学习者视听阅览、资源共享。如图1-1-3所示。

图1-1-3　电子阅览室

(3) 多媒体网络教室

多媒体网络教室是一种基于协作式学习和自主学习相结合的教学环境。通过网络教室系统,能将声音、图像、文学以及动画等多媒体信息传输到学生终端机,以辅助教师课堂教学;学生能根据需要提取个性化学习资源,满足资源共享与个性化学习的要求。通过网络教室系统,还能实现小组学习讨论、教学测试及信息反馈分析等。如图1-1-4所示。

图1-1-4　多媒体教室

(4) 多媒体录播室

多媒体录播教室是一种开放性播放式教学环境,教师可在教室内遥控录像机、DVD、VCD等播放设备和多媒体计算机。主控室可根据课程安排,授权各教室使用主控室内的各种播放设备。教师可以根据教学需要,选择多种教学资源,控制课程的实时播放过程。如图 1-1-5 所示。

图 1-1-5 多媒体录播室

1.1.5 信息技术支撑的教学环境特点

信息技术为教学环境的构建注入了新的活力,使教学环境发生了翻天覆地的变化,使教学过程、教学信息的处理实现了信息化。

(1)教学过程智能化

由于计算机辅助教学系统大量采用了大数据和人工智能技术,在教学过程中,教学辅助系统可以自动判断学生的学习水平、自动选择教学内容、自动调整教学进度、自动选择教学策略与方法。人工智能技术节约了教师的时间,使教师有更多的空闲时间去设计和开发教学资源,更好地组织课堂教学。

(2)信息显示多样化

信息技术支撑的教学环境为教学提供了文本、图片、动画、视频等多种显示方式,充分调动了学生的积极性,提高了教学效率。

(3)信息处理数字化

各种图、文、声、像等教学信息的存储记忆、高速运算、逻辑判断、自动传输等均以数字化的方式进行,节省了课堂时间,扩充了教学内容,教师不必再为复杂的运算而花费过多的时间,可以把有限的课堂时间运用到教学内容和方法的讲授方面。

(4)信息传输网络化

教学内容可以通过网络进行传输,实现了异地同步的教与学。网络化的传输可以实现文本、图像、视频和声音等的有效传播,支持群组传输和个别指导。不同地区的教师和学生可以共享优质的教学资源,避免了资源的重复开发。

(5) 信息存储硬盘化

目前,随着高速大容量硬盘价格的普遍走低,大量的教学数据可以利用硬盘进行存储,既节约了计算机的空间,提高了运行速度,又可以长久保存,随时随地调取使用。同时,非线性数据的查找方式也为调取信息提供了极大的便利。

(6) GUI 图形用户界面

随着信息技术的飞速发展,人机交互界面已经实现了 GUI 图形用户界面替代原有的文字提示界面,使整个操作界面更加人性化,操作也非常方便。

1.1.6 信息技术支撑的教学环境功能

(1) 有利于信息的反馈和教师的调控

在信息技术环境下,教师的指导和学生的反馈是通过网络完成的,更快速便捷。尤其是在网络教室的环境下,教师可以通过网络教室功能跟踪全班的学习情况,并根据课程需要给予个别指导。

(2) 有利于教学信息多样化显示

在教学过程中,可以将信息通过多媒体的形式予以显示,使教学内容利用文本、图形图像、声音和动画等方式展现出来,充分调动学生的积极性。

(3) 有利于学生进行交流讨论

在网络教室中,学生可以通过聊天、论坛和留言等形式进行交流和互动,保护学生的隐私,给性格内向、不爱说话的学生一个可以互相交流的平台,实现个性化教学。

(4) 有利于教学资源的高度共享

在以往的教学中,教师如何把大量的资料和信息与学生分享,学生如何将自己的看法和心得体会与老师或同学分享,是教师所渴望的。如今,利用信息技术可以有效实现资源共享:只需要点击发送,即可在几分钟甚至是几秒的时间内完成文件的传输和共享。

(5) 有利于学生获取更多信息

互联网是信息的"海洋",利用搜索引擎可以实现信息的获取,也可以实现利用网上发帖求助的方式向全球各地的用户提出问题,广交朋友。

(6) 有利于学习者的积极参与

信息技术支撑的教学环境具有的上述功能,充分调动了学生的好奇心,唤起了他们的求知欲望,使更多的学生参与其中,扩大了受众面。

1.1.7 环境变化与教学模式创新

随着现代教学环境的改变,尤其是信息技术的引入,为教学模式的创新带来了崭新的契机。同时,现代教学模式的发展也需要教学环境随之发生变化,二者相辅相成。

首先,环境变化促进教学模式的创新。信息技术的飞速发展使教学走进了交互式多媒体时代,多媒体教学环境特有的信息显示方式、信息搜索方式和信息传输方式等推动了自主学习、协作式学习和个性化学习等模式的发展。可以说,这些新模式的研究和发展都离不开多媒体这一教学环境。多媒体教学环境可以把传统课堂教学中比较难以展示的原理、实验和规律用图像、视频和动画等形式表现出来,使课堂教学变得生动活泼,吸引学生的注意力,调动学生的学习积极性,从而大大增强了学习效果,为交互式学习、协作式学习等教学模式的实施创造了有利条件。

其次,教学模式的创新也为开辟新的教学环境指明了方向。随着教学理论研究的深入和教学实践的创新开展,原有教学模式已经不能满足学生对知识的渴望,一些新的教学模式随之产生。例如,网站开发教学模式、游戏化教学模式、虚拟实验模式和微型世界中的发现学习模式等,都要求有较高的教学环境与之相适应。教学环境在这些新模式的引领下,朝着网络化、趣味化、虚拟化的方向发展。多媒体教学环境是多种环境中的一种,教学环境不能拘泥于多媒体,而是要随着模式的发展而改变。总之,教学环境与教学模式都处于不断发展和变化之中,两者相互影响、相互促进,共同服务于信息化时代的教育教学。教师要分清两者的关系,努力创造新的教学环境以适应教学模式的发展。

1.2 信息技术对教学媒体的影响

1.2.1 教学媒体

"媒体"一词来源于拉丁语"Medium",音译为媒介,意为两者之间。它是信息在传递过程中,从信息源到受信者之间承载并传递信息的载体和工具,也能够把媒体看作为实现信息从信息源传递到受信者的一切技术手段。媒体有2层含义,一是指承载信息的物体,二是指存储和传递信息的实体。

加拿大著名传播学家马歇尔·麦克卢汉(Marshall Mclvhan)1964年提出,"媒体是人体功能的延伸"。他认为,"面对面的交流是五官的延伸,印刷品是人眼的延伸,电声广播是人耳朵的延伸,电视是眼睛和耳朵的共同延伸"。每一种新的媒体的出现,都会产生一项新的或进一步增强人体功能的延伸,如DV摄像机的出现进一步增强了人眼的延伸,计算机的出现是人类大脑的延伸。媒体的出现,极大地改变了信息传播的模式,媒体在教育中的应用影响着人类知识的结构、组织、传递与获取,提高了人们获取知识、学习知识的效率。

1.2.2 教学媒体的概念

教学媒体是指在教育和培训过程中使用的各种工具、设备和技术,以帮助学生更好地理解和掌握知识,包括传统的教学媒体,如黑板、幻灯片、录音机等,也包括现代化的数字化媒体,如电子白板、多媒体投影仪、计算机软件等。通过使用适当的教学媒体,老师可以更加生动形象地呈现知识点,并且提高学习者对所学内容的兴趣和参与度。

习惯上,教学媒体有传统教学媒体与现代教学媒体之分。通常来说,把过去传统教学中常用的媒体称为传统教学媒体,如教科书、黑板、粉笔、挂图、标本和模型等,而将新时代利用科技成果发展起来的电子传播媒体称为现代教学媒体,如幻灯片、投影、影视、计算机和网络等。现代教学媒体通常包括以下 2 个相关的要素。

实际上,这里所谓的"传统教学媒体"与"现代教学媒体"并没有严格的界限。通常,一种新媒体刚刚产生时,对师生来说非常新鲜,被称为"现代教学媒体";而经过一段时间的教学应用,被广大师生所熟悉,成为日常教与学的工具时,也就渐渐被列为"传统教学媒体"了。

1.2.3 教学媒体的特性

英国现代教育学专家贝茨(Bates)认为各种教学媒体既有共性,也有各自的特性。他指出,媒体的应用是灵活的、可替代的,同样的教学目标可通过不同的媒体实现;每种媒体都有其独特的内在规律,任何媒体都有各自的优势和劣势,对任何教学目标而言,使用效果都是最好的"超级媒体"是不存在的。教学媒体具有以下教学功能特性:

表现力:各类媒体在呈现事物的空间、时间、运动、颜色、声音等特征的能力方面是不同的。

重现力:指对信息的重现能力,如书本可以反复阅读,录音、幻灯可以反复放映,有些媒体则不具有良好的重现性,如现场的无线电广播与电视新闻。

接触面:任何媒体都具有扩散性,以各种符号形态把信息传递给接收者,只是不同媒体在传播的范围上各有差别。

参与性:能在活动中给学习者提供参与活动的机会,包括行为参与和感情参与。

受控性:使用者操纵控制媒体的难易程度。

1.2.4 信息技术环境下的教学媒体

通常情况下,人们把信息技术环境下的教学媒体归类为现代教学媒体,又根据它们的表现方式不同,分为视听媒体(Audiovisual Media)、交互媒体和远程教学媒体。

(1) 视听媒体

视听传播教学中的媒体称为视听媒体,是传递音像信息的媒体。这里所指的主要是现代视听媒体,如电视机、电影机、影碟机以及计算机等能同时播放视频和声音的媒体。视听媒体通常用来呈现过程,解释原理,可以产生如下效果:时、空的自由变换。上、下镜头之间的连接只要符合蒙太奇语言,即可方便地省去事物发展的某一过程。当然,这一过程可能为时间过程,也可能为空间过程。例如,上一镜头为某人伸手开门,接下一镜头时此人已在室内走动,这里省去了开门、进门的过程,方便地从室外空间转换到室内空间。

可表现宏观、微观世界,展现正常情况下难以观察的变化。例如,星球运行规律,细胞分裂过程等。视听媒体生动、直观、逼真地再现了事物面貌,这是用传统的模型和挂图达不到的效果。

可以定格画面或反复重放,有利于学习者更清晰地观察自己需要进一步了解或复习巩固的部分。这样的功能有利于学生自学,尤其是对没有掌握或者存在疑义的问题可以反复推敲,用在体育技能的演示或分步演示上比较广泛。

能让学习者有身临其境的现场感,特别是那些有毒、危险的环境,如山洪暴发、火灾救援等。一些危险的化学实验即使在学校的实验室演示也不能保证学生的安全,但是通过视听媒体可以清晰地展示操作过程,安全又可控。

(2) 交互媒体

交互是指2个或2个以上的个体之间进行的双向信息交流。所谓交互媒体,是指媒体系统具备类似于机体的行为特征,能够独自与用户发生互动并相互影响。交互媒体在媒体与学习者之间构建起双向的通道,使学习者处在一个积极的学习状态中。学习者与媒体既是接收者,同时也是信息的发送者,它们之间构成了信息流通的闭环系统。

计算机就是一种很强的交互性媒体,特别适合因材施教的个性化教学。学习者可利用个性化学习软件(例如 Moodel 在线学习平台),按需要、按自己的水平,不受任何时间、地点的限制进行自我学习,完全突破了传统课堂教学模式。这样的交互环境有利于调动学习者的主动性与积极性,使其处于学习的积极状态中。另外,利用个性化学习软件进行教学,把一些机械性工作(如出题、评分、统计等)事先编制成计算机程序,由计算机来完成,可以把教师从简单的重复劳动中解放出来,以更多的精力和时间从事教学设计工作。

个性化学习并不能忽视教师的存在,教师从"台前"走到了"幕后",主要体现在对学习活动的"预安排"。这种预安排是由教师花费成倍于课堂面授的精力去设计教学活动,而且往往需要教师具备更丰富的教学经验和对学习的科学理解。此外,个性化学习活动中,教师仍要发挥指导答疑的作用,必要时还需要结合集体授课的方式,对学生个性化学习中反映比较集中的问题进行补充教学。

(3) 远程教学媒体

实现网络化远程教学,需要借助一些通信工具软件。根据通信工具的不同功能,可对它们做适当的分类:第一类工具主要用于支持用户之间的信息传输;第二类工具主要用于支持信息空间的共享;第三类工具兼有前面2类的功能,可以用于支持远程用户之间的协同工作,通常称为"群件"(Groupware)。对每类工具,又可分为同步和异步2种工作方式。

在实现网络化远程教学时,应根据不同的教学要求和设备条件选用不同的通信工具。应当指出,在远程教学中,用得较多的教学模式和通信工具是异步方式的,因为只有这样才能充分发挥计算机网络通信所赋予的时空灵活性。Web 浏览器是目前最常用的远程教学通信工具。

1.2.5 媒体变化与教学模式创新

在教育的历史长河中,教学媒体从投影仪、幻灯机、电声媒体等逐渐进入了多媒体交互时代。在教学过程中引入多媒体实施教学,导致教学思想、教学内容、教学的方式方法、课堂体系及课堂结构都发生了巨大的变化,最终使新型教学模式应运而生。新模式对于优化教学过程、增强教学效果、提高教学质量将起到重要作用。

首先,多媒体优化了课堂演示模式。这种模式利用多媒体教室或计算机网络教室,由教师向全体学生播放多媒体教学软件(PPT)片段,其目的通常是为了创设教学情境,或演示教学内容,或进行标准示范。

其次,多媒体促进了个性化教学的发展。计算机的交互性为实施个性化教学打开了方便之门,学生利用个人计算机终端,通过事先编制好的学习软件进行交互式学习或协作式学习,教师可对学生进行监控或个别指导。这种计算机辅助个性化学习方式是目前多媒体教学应用的主要模式。

最后,多媒体推动了网络教学模式的深入研究。网络技术的出现,使用于单个计算机的多媒体课件可以发布到互联网上,实现资源共享。有时还根据需要开发专门用于网络远程教学的网络课程。网络远程教学是在师生不在同一时空背景下发生的,依赖于一定的网络学习平台(例如 Moodle 学习平台),学生可以根据自己的需要和当前水平选择不同学校、不同教师,在自己合适的时间内进行学习。它通常以个性化学习方式为主,必要时辅以集体学习。

总之,媒体的变化是教学模式创新的必要条件,如果教学媒体一成不变,新的教学模式就无从谈起。随着多媒体技术的发展,多媒体已经普遍走进课堂,成为教师上课的好帮手。但是多媒体又是一把"双刃剑",如何做到用而不依,多而不杂,是摆在广大教师面前的一道难题。

1.3 信息技术对教学工具的影响

工具原指工作时所需用的器具,后引申为达到、完成或促进某一事物的手段。而当将这种器具或手段用于完成某种教学活动时,即为教学工具。

1.3.1 教学工具的分类

教学工具的分类方法有很多,如从学科角度,可以分为数学教学工具、物理教学工具、地理教学工具等;从用途角度,可分为常规教学工具,如黑板、挂图、粉笔等,以及实验教学工具,包括酒精灯、吸管、凸透镜等;大多数学者将教学工具按时间发展来划分,分为传统教学工具和现代教学工具2大类。

(1) 传统教学工具

传统教学工具一般是指信息技术广泛应用之前使用的教学工具,又分为直观工具(包括模型、挂图、活动图、黑板等)和实物直观工具(包括生物标本、生物化石等)。这些工具是教学中历史最悠久的传统教学工具,直观性强,使用方便,经久耐用,经常用于呈现生命体形态结构的知识信息(如细胞亚显微结构)和生命活动过程的知识信息(如光合作用过程),在人类的教育史上曾发挥了巨大的作用。但是,它们表现的图像总是平面的,没有立体效果,不能逼真地反映客观事实,因此现在已经很少用到。

(2) 现代教学工具

现代教学工具一般是指利用信息技术的教学工具,如电子白板、电子绘图器、电子教鞭等都属于现代教学工具。由于这些工具需要信息技术的支持,因此现代教学工具必须用于特定的环境下,一般指多媒体教室。而且要在多媒体计算机上安装特定的软件来支持这些工具的运行。如在多媒体计算机上安装制图工具后,才可以利用其进行绘图等操作。现代教学工具具有传统教学工具无法比拟的优势:利用现代教学工具,可以快速制作出理想的图形图像,可以精确地计算出复杂的数据,可以用很少的时间搜集到海量的资源,可以实现师生远距离交流等。但是,由于其对多媒体计算机和相关软件的依赖性,配置这些工具必须先配置多媒体教室等配套设施,花费较高。另外,如果课堂使用工具过多,会流于形式,分散学生的注意力,反而不利于学生学习。

总之,传统教学工具与现代教学工具各有优点,在教学中,教师要进行优化组合,扬长避短、物尽其用,从而提高教学水平和教学效率。

1.3.2 教学工具的特点

(1) 精确性

精确性是作为教学工具的必要特征,例如量角器、试管、计算器等。教学工具要帮助教师解决问题,而教学必须是严谨的,因此教学工具必须精确,绝不能因为客观原因任意替换,学生避免依葫芦画瓢,影响以后的学习。

(2) 直观性

教学工具要辅助教学就不能抽象难懂,而是要直观地表达问题。如果使用教学工具后学生仍然难以理解,就失去了使用教学工具的意义。例如,用地球仪可以直观展现我们的国家和山川河流等,用几何画板可以很容易理解一次函数的性质等。

(3) 便捷性

常用的教学工具是服务于课堂教学的,当然要走进课堂。如今,新式教学工具体积越来越小,方便教师携带;像音乐课中常使用的钢琴一般都在专用的教室摆放,不再需要教师和学生搬动。便捷性是教学工具得以广泛推广的重要前提。

(4) 可控性

教学工具是学生和教师共同使用的,它的使用应该是在学生和教师的操作下按照步骤完成的,尤其是针对当前比较流行的信息化教学工具,工具的使用是按照事先设定好的程序或者数据的输入来控制的。在整个操作过程中,以人为核心,绝不能让工具代替人的思维和活动。

1.3.3 信息技术支撑的教学工具

从广义上讲,信息技术支撑的教学工具是指围绕教学设计开发的,能够为教与学提供支持与帮助的各类工具,不仅包括现代计算机软件类工具,还包括传统的字典、词典等工具书类工具;从狭义上讲,信息技术支撑的教学工具是指围绕学科特点设计和开发的,能够为信息化学科教学提供支持与帮助的计算机软件类工具,包括几何画板、仿真实验室等。

教育的信息化必然要求教学方法和教学手段的信息化,而教学工具的信息化是这二者实现的先决条件。在职业院校课堂上,在教学和教师备课过程中常用到信息化教学工具,它们的出现使课堂变得丰富多彩,同时也对教师也提出了更高的要求。下面介绍几个常用的信息技术支撑的教学工具。

(一) 信息检索工具

网络信息检索是目前人们获取信息最普遍的一种方式。因特网中蕴含着越来越多有价值的教育资源,这些资源需要使用有效的信息检索工具来查找和获取。最大的中文搜索引擎百度(baidu)是目前国内著名的搜索引擎网站,越来越多的教师经常使用它来搜集教学中所需的各种资料。因此,掌握信息的查询方法和技巧,学会下载或引用网络资源已成为信息化时代教师的一项基本技能。

(二)教学交流工具

(1)电子邮件

电子邮件是一种非实时的、异步的网络交流工具,是目前人们使用最多、最基本的网络交流方式。E-mail 通过因特网,以电子文件的格式(如文本、多媒体文件等)将信息发送到收件人的邮箱中,收信人可随时随地读取,具有使用方便、传递迅速和费用低廉等优点。由于 E-mail 的方便快捷,在教育领域的应用日益广泛,成为师生之间、学生之间相互交流的一种方式。国内使用较多的是 QQ 邮箱、126 和 163 邮箱。

(2)网络即时通信

QQ、微信、钉钉都属于网络即时通信工具,它们的功能基本相同。相对于 E-mail,即时通信工具的最大特点是实时、同步传输信息。教师可以使用 QQ 与同事或学生进行即时发送和接收信息、语音视频聊天、传送文件等。QQ 还具备群组功能,使用它可以建立网络工作小组或专题学习小组,方便进行多人同时交流。即时通信工具方便易用,功能强大,用户群不断扩大,特别是在学生群体中的普及率更高。

(3)思维导图

思维导图是指围绕特定主题创建知识结构的一种视觉化表现,是语义网络的可视化表示方法,是人们将某领域内的知识元素按其内在关联建立起来的一种可视化语义网络。在知识领域学习中,思维导图以视觉化形式表现了学习者建立概念之间联系的方式和结果,同时也表现了知识结构的细节变化。思维导图的构成主要包括节点、连线、连接词 3 个部分。

1.3.4 工具变化与教学模式创新

与之前提到的环境变化和媒体变化相比,工具的变化是最快的,有的软件经过改造和重组即可作为新的教学工具服务于教育,而这或许只需要几天甚至是更短的时间。因此,它与模式的作用最频繁,影响也最直接。尤其是现在广泛使用的信息技术支撑的教学工具,更是对教学模式的创新影响深远。

首先,工具变化推动了新型教学模式的产生。例如,几何画板的出现直接推动了"基于几何画板的数学教学模式"的产生,包括创设情境、提出问题、解决问题和综合运用。可见,一种工具就可以推动 1 种或几种新模式的产生,而这并不是必然的,是由这种工具的性质决定的。例如几何画板可以创设情境,激发学生的学习兴趣,使枯燥、抽象的数学概念变得直观、形象,还能培养学生的发散思维和直觉思维等。几何面板正是有了这样强大的功能,才能推动模式的形成。

其次,工具变化是对原有教学模式的完善和补充。例如,在协作学习模式中,教师和学生利用交流工具发布信息,有的学生因为没有及时在线而失去了和其他人讨论的机会。而讨论留言的出现弥补了这一不足,教师在讨论区中将教学资料和课后作业等发布后,学生可以根据自己的时间去下载,不再受时间的束缚。教师要善于发掘工具变化对原有教学模式的补充点,真正发挥教学工具的作用。

总之,工具变化是促进教学模式创新的有力手段,它可以促成新教学模式的诞生,也可以辅助原有教学模式变得更完整和流畅。但是,教师不能一味地使用教学工具,而要去发掘工具背后的教学理论、教学策略和教学模式等深层次的问题。

1.4 信息环境下教学模式创新与课程整合

1.4.1 信息技术与课程整合的内涵

随着大数据、云计算、人工智能的不断发展,信息技术与课程整合成为教育界研究的热点问题。为了更好地理解其内涵,首先要弄清楚整合、课程整合的含义。

(1) 信息技术与课程整合的定义

整合是指一个系统内各要素的整体协调、相互渗透,使系统发挥最大效益。整合强调了对个体特征的承继性,即被整合的个体并不丧失自身特性,使当前行为保持在过去已经形成的某些理念之上的同时,又强调了个体中一些要素的交叉与融合,使处于同一过程的不同个体在某个目标的引导与要求下,呈现出高度的和谐与自然。

课程整合是使分化了的教学系统的各要素及其成分形成有机联系,成为整体的过程。课程整合意味着对课程设置、各课程教育教学的目标、教学设计、评价等诸多要素做研究,探究教育过程中各种教育因素之间的关系。比较狭义的课程整合通常指的是,考虑到各门有分列课程之间的有机联系,将这些课程综合化;相对广义的课程整合即指,课程设置的名目不变,但相关课程的课程目标、教学与操作内容,包括例子、练习、学习的手段等课程要素之间互相渗透、互相补充。

信息技术与课程整合意味着在已有课程的学习活动中结合使用信息技术,以便更好地完成课程目标,培养创新精神和锻炼实践能力。它是在课程教学过程中把信息技术、信息资源、信息方法、人力资源和课程内容有机结合,共同完成课程教学任务的一种新型的教学方法。

(2) 信息技术与课程整合的目标

信息技术与课程整合的实质是基于信息技术在教育中的功能优化组合,并系统设计、处理和实施课程的各个方面(如课程内容、课程资源、教学环境、教学过程、学习评价等),从而更好地完成课程的目标。

信息技术与课程整合的宏观目标可以定义为:"建设数字化教育环境,推进教育的信息化进程,促进学校教学方式的根本性变革,培养学生的创新精神和实践能力,实现信息技术环境下的素质教育与创新教育。"

具体可以阐述如下:

1) 培养学生具有终身学习的态度和能力。
2) 培养学生掌握信息化的学习方式。
3) 培养学生具有良好的信息素养。
4) 培养学生的适应能力、应变能力与解决实际问题的能力。

1.4.2 信息技术与课程整合的理论基础

建构主义(constructivism)也译作结构主义,其最早的提出者为瑞士的皮亚杰(J. Piaget)。在研究儿童认知发展基础上产生的建构主义理论,不仅形成了全新的学习理论,也正在形成全新的教学理论。建构主义学习理论认为,知识不是通过教师传授得到的,而是学习者在一定的情境即社会文化背景下,借助其他人(包括教师和学习伙伴)的帮助,利用必要的学习资料,通过意义建构的方式获得的。"情境""协作""会话"和"意义建构"是学习环境中的四大要素。Moodle 在线学习平台是基于建构主义理论开发的。

情境:学习环境中的情境必须有利于学生对所学内容的意义建构。这就对教学设计提出了新的要求。也就是说,在建构主义学习环境下,教学设计不仅要考虑教学目标分析,还要考虑有利于学生建构意义的情境的创设问题,并把情境创设看作是教学设计的最重要内容之一。

协作:协作发生在学习过程的始终。协作对学习资料的搜集与分析、假设的提出与验证、学习成果的评价直至意义的最终建构均有重要作用。

会话:会话是协作过程中不可缺少的环节。学习小组成员之间必须通过会话,协商如何完成规定的学习任务。此外,协作学习过程也是会话过程,在此过程中,每个学习者的思维成果(智慧)为整个学习群体所共享,因此会话是达到意义建构的重要手段之一。

意义建构:这是整个学习过程的最终目标。所谓建构的意义是指:事物的性质、规律以及事物之间的内在联系。在学习过程中帮助学生建构意义,就是要帮助学生对当前学习内容所反映的事物的性质、规律以及该事物与其他事物之间的内在联系达到较深刻的理解,也就是关于当前所学内容的认知结构。由以上所述的"学习"的含义可知,获得知识的多少取决于学习者根据自身经验去建构有关知识的意义的能力,而不取决于学习者记忆和背诵教师讲授内容的能力。

1.4.3　信息技术与课程整合的途径与方法

(1)要用先进的教育理论(特别是建构主义)指导整合

学习理论、教学理论、传播理论、系统方法及建构主义学习环境下的教学设计方法可以为课程整合提供强有力的理论支持,离开了理论的支持,整合就是一副空架子,没有灵魂,建构主义理论为信息技术与课程整合提供了先进的理论基础,是开展实践研究的基础。

(2)要紧紧围绕"主导－主体"新型教学结构的创建进行整合

传统的课堂教学是以教师为中心的教学,学生处于被动的接受地位,又被称为"填鸭式"和"灌输式"。而整合的实质是改变这种以教师为中心的教学结构,构建既能发挥教师主导作用,又能体现学生主体地位的新型教学结构。"主导－主体"就是这样一种教学结构。教师不再是课堂的主宰,而是设计者、提供者、帮助者和引导者;学生成为学习的主人,积极主动地学习知识和技能,这种知识的学习是学生自己建构的,真正做到了理解和长时记忆。

(3)要注意运用"学教并重"的教学设计理论和方法进行整合

信息技术既是辅助教师上课的形象化教学工具,也是促进学生自主学习的认知工具与协作交流工具。在信息技术飞速发展的今天,信息技术走进课堂已经成为普遍的事实,但是如何合理充分地利用信息技术,成为摆在教师面前的新挑战。用得多了,课堂华丽而迷乱;用得少了,又无法将整合体现出来。"学教并重"的教学设计理论和方法正好可以协调两者之间的矛盾。"学教并重"的教学设计主要围绕自主学习策略和学习环境两个方面进行。前者是整个教学设计的核心,即通过各种学习策略激发学生去主动建构知识的意义(诱发学习的内因);后者则是为学生主动建构创造必要的环境和条件(提供学习的外因)。

(4)要重视各学科教学资源的建设和信息化教学工具的搜集与开发

这是课程整合的必要前提。要运用这些模式的前提就是要有丰富的教学资源,没有丰富的、高质量的教学资源,就谈不上学生的自主学习,更不能让学生进行自主发现和自主探索,新型教学结构的创建更无从谈起,创新型人才的培养也就无从谈起。教师也不能一味地使用已有的工具,有能力的教师可以自主研发适合自己使用的教学工具和方法。

(5)要结合不同学科的特点探索能支持新型教学结构的教学模式

"主导－主体"教学结构的教学模式主要有讲授型(同步与异步)模式、个别辅导模式、讨论学习模式、探索学习模式、协作学习模式等。这些教学模式适合不同学科的不同教学内容,没有永远的适合与不适合。因此,教师要深入研究本学科自身特点,不拘泥于某一模式,而要探索适合本学科的新型教学模式,在教学中不断实践和完善,并最终推广应用。

1.4.4 信息技术与课程整合的误区

(一)重技术轻理论

(1)唯技术主义,过度依赖技术支持

随着信息技术发展,许多领导和一线教师都过分依赖技术,认为没用网络就不是好课,甚至认为技术是万能的,反而忽视了教学规律。这样盲目追求技术高、精、尖、全,重硬轻软,往往忽视了最重要的是人的价值。

(2)过多的多媒体展示

有的教师认为多媒体是万能的,在课堂上从头至尾都是用多媒体教学,甚至用它代替教师的板书。在文科教学中,用多媒体创设过多的情境会剥夺学生的想象力和对优美文字的感悟力;在理科教学中,过分的形象化会影响学生抽象思维的培养。

(3)大而全的完整课件

很多教师在对课件的认识上存在误区,认为一节好课就要从始至终使用同一课件,因而为了制作这样大而全的完整课件往往用去很多时间和精力,由于技术等方面的原因制作的效果又不理想。教师应把精力集中在每堂课的重点和难点问题上,课件不用面面俱到。另外,教师也可以根据自己的教学意图,利用现成的课件,通过抓图、抓动画等方法截取其中所需部分,重新组织加工。

(二)错误理解学生的主体地位

(1)课堂拓展的迷失

课堂拓展应该以教学内容、教学主体为核心,而不是漫无边际,教师事先什么也不做,就让学生在课上长时间地上网查资料。教师要做到有的放矢,合理有效地利用课堂时间,做到有意义的课堂拓展。一般来说,教师应把一些有用的信息整合到一个小的专题网站上,学生只要上这个网站搜索就可以了,这样可以大大提高学习效率,真正做到有意义的课堂拓展。

(2) 无效的协作

学生之间的合作有形式而无实质,信息化教学要求的协作应该是有主题、有分工、有差异的合作,而且协作之后有评价,有教师指导,有思考。一般来说,在时间比较充裕的课堂里,协作学习比较有效。而对于时间不足的课堂,应把学生分成两三个人一个小组,而不是十几个人的争论。另外,电脑一排排摆放的多媒体网络教室不适合协作学习,应采用圆桌式的设计。

(3) 游离于群体之外的学生

在信息化课堂中,对于成绩好、自主学习能力强的学生来说,会很自觉地进行自主学习;而对于计算机技术掌握不好、自控能力较差的学生来说,可能会对教师的操作,以及协作学习产生抗拒,以至于差生更差。因此,教师要关注每一名学生,让"差"生找回自信,融入集体,避免两极分化的产生。这点至关重要,教师要防微杜渐,防患于未然。

(4) 无边界的自主

把"自主"变成"自流",没有指导、没有提示、没有具体要求、没有检查、没有反馈,过度弱化了教师的作用。例如,有的教师在教学中放手让学生在网络中自学而不进行监控,让他们在讨论区中自由发言而不围绕主题,不但信息技术环境下数字化学习的优势没有发挥出来,连传统教学中教学任务的完成、必要的师生情感交流、教师人格魅力的熏陶等都丢失殆尽。

1.4.5 教师主导地位的错位

(1) 教学活动中注重形式,而忽视效果

课堂中的教学活动要和本节课的教学目标密切相关,所有的教学设计都要围绕教学目标进行。然而在很多课堂教学中,有些教师花了很多力气设计的活动,只重视活动形式,而忽视了活动效果,尤其是技工院校的工学一体化课程教学中,教师频繁使用各种活动形式,而忽略了教学效果,收效甚微。

(2) 以信息作为知识

信息即知识,这是严重的认知错误,它们有着本质的区别。信息是静态的、外在的,易复制、易传播、缺乏意义。信息只有内化到人的认知结构中,并对人的思考与行动产生影响,才能称为知识。因此,课堂上的复制与粘贴,无意义的阅读与无效的活动皆属于此。在教学设计中,教师要分清哪些是知识、哪些是信息。

(3) 教学情境创设偏离教学目标

建构主义理论强调对情境的创设,但是有一部分教师并没有真正理解什么是情境创

设,以及如何创设。很多教师在课堂开始阶段用课件播放与本节课程有关的音视频资料,如果不使用多媒体就无所适从,无法进行情境创设。真正意义上的创设情况应力求真实、生动、直观,而又富于启发性。

1.4.6 教学资源认识上的偏差

(1)对网络资源过分依赖,忽视其他教学资源

当今是互联网时代,网络因其许多无可比拟的优势而在教学中发挥着越来越重要的作用,但是作为学习资源的提供者来说,网络并不是唯一的。比如报告会、辩论会、戏剧表演等也应该作为教学资源被引入到教学中。另外,自然风光、文化古迹、风俗民情、思想政治等也应该成为进行思想政治教育的有力资源。教师不能认为资源就是网络资源,也不能认为信息技术就是网络技术,这样会以偏概全,得不偿失。

(2)只重视物质资源,忽视人力资源

提起学习资源,大多数教师反应的是物质资源,但是人力资源的重要性也不能忽视。教师可以让某方面有特长或经验的学生为其他学生提供帮助,学校也可以通过与本地区的学校甚至是国外的学校建立学习伙伴关系,发挥不同地域不同层次的专家、教师、学生的优势。而这些都属于人力资源,教师不能忽视其重要作用,毕竟,人是最主要的因素。

(3)产教融合力度不够

教育资源的建设不是某一个人或某一个部门的任务,而应该是一项日常的、持续的任务,资源建设要由企业、教师和学生共同参与完成,三方相互补充,校企合作,产教融合,共同建设优秀资源。信息技术与课程整合应从有机的教学系统来考虑,不能任意夸大其中某一因素的作用,也不应忽视其中某一方面,否则将会对教育信息化最终的效果带来负面影响。只有从思想观念上产生根本的改变,才能实现信息技术与学科课程的深层次整合,才能实现教育的真正信息化。

本章小结

本章主要阐述了什么是教学环境,信息技术对教学环境的影响,信息化环境下在线教学模式的创新与课程整合,使读者对教学环境和信息化教学环境有初步的了解,为后续章节的学习奠定基础。

第二章 信息化课程教学设计概述

学习目标

掌握信息化课程的概念

掌握信息化课程设计的原理

掌握信息化课程设计平台的介绍

掌握信息化课程教学评价

知识图谱

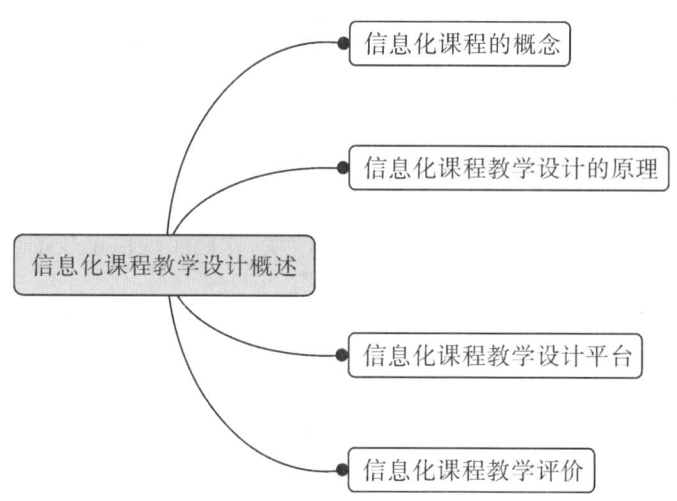

2.1 信息化课程的概念

信息化课程教学设计是进入信息化社会以后,在课程与教学的实践和理论方面的新发展、新探索。其主要标志是:网络、云计算、人工智能、大数据等技术的发展,为课程、教材、教学提供了新的信息化环境,特别是 Web2.0 技术的飞速发展,一些建构主义教学平台(例如 Moodle)不断出现,使每一位教师都可以参与到课程的教学设计、管理和创造中,教学关系也在发生翻天覆地的变化,基于课程管理系统和学习管理系统的信息化课程设计逐渐改变了每位教师和学生的日常教学生活。为了比较全面地了解信息化课程设计的概念和方法,首先应明白相关的基本概念,包括课程、课程设计、信息化教育和信息化课程设计,从而了解信息化课程设计在课程教学中所处的地位和作用,加深对信息化课程教学设计的理解。

"课程"是教育教学领域中出现频率最高的词汇之一,也是学界见仁见智、众说纷纭的概念。下面简要介绍有关课程的定义,供读者参考。

2.1.1 课程概念的萌芽

"课程"一词始于唐朝孔颖达对"奕奕寝庙,君子作之"句作注:"维护课程,必君子监之,乃依法制。"这里的"课程"并不是我们现在所说的科目,而是指"礼仪的活动形式"。朱熹在"宽着期限,紧着课程","小立课程,大作工夫"中把"课程"解释为功课及其进程。英国教育家斯宾塞(Herbert Spencer)在《什么知识最有价值》中把"课程"用于教育科学的专门术语,"课程"被斯宾塞解释为教学内容的系统组织。而课程作为专门研究领域的诞生是美国学者博比特(Bobbitt)1918 年所著的《课程》为标志。

2.1.2 几种典型的课程定义

课程的定义反映了人们对课程的看法,即课程观。可以说,每一个从事教育的人都会有自己对课程的理解。分析各种课程的定义,可以帮助我们更全面地理解课程的概念。下面根据国内外的相关文献,整理出几种类型的课程定义。

(1) **课程即学校教学的科目**

国内出版的《辞海》《中国大百科全书》和众多的教育学教材都认为,课程即学科,指学生学习的全部学科(广义的课程),或指某一门学科(狭义的课程)。这种课程观是强调学校通过教学向学生传授学科的知识体系,关注学科课程与教材的建设。

(2) **课程即有计划的教学活动**

这种课程观认为,课程本质上是人们制定的教学计划。塔巴(H. Taha)认为,课程是一种学习计划。奥利瓦(P. F. Oliva)指出,课程是"学生在学校指导下经历的所有经验的一种计划"。我国也有学者提出:"课程是指一定学科有目的的、有计划的教学进程。这个进程有量、质方面的要求,也泛指各级各类学校某级学生所应学习的学科总和及其进程和安排。"

(3) 课程即预期的学习结果

预期学习结果的课程观认为,课程应该关注学习的结果或目标,通过事先制定的一套有结构的、有序列的学习目标开展教学,所有的教学活动都是为达到学习目标而服务的,课程的实质就是人们预期的学习结果。

(4) 课程即学习者的学习体验和经验

这种课程观认为,课程实质上是儿童的学习体验和获得的经验。课程是指学生体验到的意义,经验是学生在对所从事的学习活动的思考中形成的。卡斯威尔和坎贝尔(H. Caswell & D. Campbell)提出:"课程是儿童在教师指导下获得的所有经验。"史密斯(B. O. Smith)指出:"学校为了通过集体思考和行动的方式来训练青少年儿童,专门开发一套潜在经验的系列,这套经验就被称为课程。"课程论学者吕达提出:"广义的课程,是指受教育者在走向社会之前的过程中所经历的全部经验。但是我们通常所说的课程,是指学习者在学校的指导下获得的全部经验。"

近年来,这种课程观渐渐受到人们的重视。该观点强调,在各种基于活动的课程中,活动的本身并不是关键所在,重要的是学习者个体的学习体验和通过教学活动获得的经验。每一个学生都是独特的学习者,学生从活动中所获得的经验都各不相同。因此,学生的学习取决于学生自身做了些什么和体验到什么,而不是教师做了些什么,学生获得的学习经验才是学生学习到的课程。课程关注的中心从教材转向了学生。

(5) 课程即社会文化的传递

这种课程观认为,课程实质上是进入教育领域的文化,学校的职责是通过课程教学使学生适应未来社会生活的需要,实现个体的社会化。课程是根据国家对下一代公民的基本要求实施全面的教育,培养学生适应现代社会的能力,使其成为能够推动社会发展的接班人。课程关注的中心从教材、学生转向社会。

(6) 课程即学生认识活动的媒体

这种课程观认为,教学是学生的一种特殊的认识活动,课程实质上是学生认识活动的媒体。课程教学论学者廖哲勋指出:"课程是由一定的育人目标、基本文化成果及其学习活动方式组成的,用以指导学校育人的规划和引导学生认识世界、了解自我、提高自身的媒体。"

(7) 课程即师生共同的生命活动历程

这种课程观认为,课程实质上是学生和教师人生中一段重要的生命经历,是他们生命中有意义的构成部分,对于参与者具有个体生命价值。该课程观是在对教学科目课程观,学生认识活动课程观,教学计划课程观,预期学习结果课程观等的反思基础上提出的。教育专家叶澜教授深入批判了一些传统观点,包括:在教学中,学生不是独立的,而是在教师指导下进行学习的;学习的内容不是随意、自发产生的,而是经过选择和加工的人类已经创造出来的、最基本的文化知识;教学过程是有目的、有计划、有组织的活动过程,不是在日常生活中随机进行的认识过程,等等。她进而提出了从更高的生命层次,用动态生成的观念,重新全面地认识课堂教学,构建新的课程观,以期让课堂焕发出生命的活力。

(8) 课程即学校教学活动中各要素的集合

这种课程观认为,课程是学校教学活动各要素的集合。课程论专家陈侠先生指出:"课程可以理解为为了实现各级学校的教育目标而规定的教学科目及其目的、内容、范围、分类和进程的总和。"美国新教育百科辞典对"课程"条目的定义为:"所谓课程,是指在学校教师指导下出现的学习者学习活动的总和,其中包含了教育目标、教学内容乃至评价方法在内的广泛的概念。"

上面介绍的不同的课程定义,是人们从不同的角度看课程,从不同的方面阐述了课程的属性。事实上,课程是涉及教学活动各个方面的复杂事物,人们的研究和关注点不同,自然就会有不同的观点和见解。归纳上述几种定义可以看到,课程有广义与狭义之分。广义的课程就是一切有目的、有计划、有组织的人的学习生命存在及其活动;而狭义的课程是指学校的课程,其实质就是学校组织进行的有目的、有计划、有组织的学习者的学习生命存在及其活动。通过这样的活动,学习者获得一定水平的知识经验,达到特定的预期教育结果,并被授予社会承认的专门的资格证书。

本书的目的是帮助读者学会运用课程管理系统和学习管理系统进行课程设计和管理,以提高教学质量。因此在信息化的时代背景下,我们从一线教师的立场出发,紧密结合教育科学的发展和新课程改革的实践,广泛吸收已有的研究成果,将"课程"概念定义如下:

课程是学校和教师对学生的学习环境进行设计、开发、管理、评价的理论与实践,通过师生互动的生命活动过程,学生获得一定水平的知识、技能和经验,达到学校课程标准预期的教育结果。

2.1.3 课程设计的概念

课程设计是人们根据一定的课程观,对课程的各个要素做出规划和安排,形成一定的课程结构的过程,是连接课程理论与教学实践的桥梁。不同的课程观会有不同的课程设计方法和模式。根据课程设计的任务性质,可以将课程设计分为宏观、中观、微观3个层次。

宏观层次的课程设计,主要关注有关课程的基本理论与政策问题,如课程的价值、根本目的、任务、性质、结构、内容等。

中观的课程设计,是在宏观课程设计确定的基本框架下,将宏观课程设计提出的思想和政策转化为具体的课程标准、课程大纲,并最终形成体现课程理念的教材、教学资源、相关的制度和规范等。

微观的课程设计,是在宏观课程设计和中观课程设计已经确定的课程基本框架、课程标准,以及审定的教材、大纲等基础上,由具体实施教学的教师根据当前教学活动的具体情况进行的课程再设计。微观的课程设计不涉及课程的总体目标、学科目标、课程标准、教材等的设计,而是强调认真执行相关课程标准,要求教师根据课程标准的要求开展教学。由于受不同区域、学生差异等因素影响,教师的微观课程设计有着非常大的潜力。在同样的宏观课程设计和中观课程设计的条件下,教师的微观课程设计将直接影响学生的学习效果。

本书主要针对教师为主体来设计、开发和管理课程,探讨教师如何进行课程设计以促进教学。因此,本书采用课程设计的微观层次概念,将课程设计界定为教师在相关课程标准的指导下,对自己所实施的教学活动的微观课程设计。

2.1.4 信息化教学的概念

信息化教学是信息技术在教育教学领域中的应用,与电化教育、教育技术、信息化教育、信息化学习(E-Learning)的发展密切相关。20世纪30年代以来,受到西方发达国家视听教育的影响,我国一些学者将当时国外先进的视听教育设备、技术、理论引进中国,普及推广电化教育。90年代后期,国外教育技术理论被引进国内,教育技术理论开始在我国发展。2004年后,新中国电化教育(教育技术学)创始人南国农与一批中青年教育工作者,根据信息化时代的发展变化,将电化教育发展为信息化教育。与此同时,国际上兴起的E-Learning也传入国内,反映了中国教育面临的时代背景正在进入信息化时代。南国农教授认为:"信息化教育,就是在现代教育思想和理论的指导下,主要运用现代信息技术,开发教育资源,优化教育过程,以培养和提高学生信息素养为重要目标的一种新的教育方式。这是电化教育在信息时代的新发展。国外与信息化教学相关的概念有很多,如Online-Learning(在线学习)、Web-based Learning(基于网络的学习)、Computer based Learning(基于计算机的学习)、Virtual Learning(虚拟学习)、Virtual Schools(虚拟学校)、Distance Education(远程教育)、Open Education(开放教育),等等。目前,最为流行的是 E－Learning,指"利用计算机促进和提高学习的一种方法,与使用先进学习技术的领域有关,包括在学习中使用网络或多媒体技术的技术和方法论"。这是与信息化教学最接近的概念。

国外与信息化教学相关的另一个重要概念是 Online－Learning。全球著名的"北美在线学习协会"(NACOL)认为:"在线学习是指教学活动和教学内容主要通过因特网传递,包括基于网络的资源、媒体、工具、互动活动、课程、教学方法等。"

根据中国目前的网络普及状况和教育传统,我们所说的信息化教学不是全部依赖网络的在线教学,而是充分利用信息化环境的"信息化学习"。它包括各种可以利用的学习资源和学习环境,如在线学习、微视频、计算机、数字化实验室、互动白板、各种学习软件、课程管理系统(CMS)、学习管理系统(LMS)、学习活动管理系统(LAMS),以及传统的黑板、教具、实验器材、图书馆等,还包括各种教学方法策略、面对面的讲授、小组协作学习、在线提交作业和互动评价、投票系统、论坛、聊天室、视频会议,等等。

2.1.5 信息化课程教学设计的概念

在明确了课程、课程设计、信息化教学的概念之后,本书对"信息化课程教学设计"定义如下:信息化课程教学设计是根据相关学科,对课程的各个要素作出规划和安排,形成一定的课程结构和信息化学习环境,促进学习者获得一定水平的知识、技能和经验,达到相关课程标准预期的教学效果。

根据信息化课程设计的定义,本书的重点是帮助教师体验和掌握利用课程管理系统和学习管理系统 Moodle 平台进行课程设计,将自己对新课程标准的理解转化为可以实施的学习环境。在 Moodle 平台上,教师可以根据自己的教学实际,在课程教学设计中,充分利用各种技术策略、模式促进教学质量的提高。

2.2 信息化课程教学设计的原理

2.2.1 课程教学设计的基本类型

为了根据教育目标开发特定课程,课程设计者需要明确课程的主线或中心是什么,根据什么原则来组织课程教学的内容与活动,即课程的组织结构类型。美国著名教育学家泰勒(Ralph W. Tyler)根据课程的组织结构,将课程教学分为4种类型:

1)学科课程,如地理、历史和代数等;

2)广域课程,如社会、科学和语言艺术等;

3)核心课程,与学科课程或广域课程结合起来使用,满足普通教育需要;

4）完全未分化的课程,即把整个教学计划作为一个单元来处理。

我国课程专家陈侠提出根据课程设置、教材选择、教材组织的不同主张来区分课程类型,可以分为:

1）学科课程教学,即"为了教学的需要,而把某一门学科的内容加以适当的选择和排列,使它适合学生身心发展的阶段和某一级学校教育应达到的水平";

2）活动课程教学,即"基本出发点是儿童的兴趣和动机,它试图用儿童的某些基本动机作为教学组织的中心,以代替学科作为课程的基础";

3）综合课程(也叫广域课程)教学,即"采用合并相邻领域学科的办法,以减少教学科目,把几门学科的教材组织在一门综合的学科中,于是产生了一种综合课程或广域课程"。

4）核心课程教学,即"主张以社会为中心,在一定时期内,儿童的学习有一个中心,所有的学习活动都围绕这个中心来进行……这样编订的课程就叫核心课程"。在我国的课程改革中,以学科为中心、学习者为中心,还是以问题为中心来组织课程结构,成为人们关注的热点。

（1）以学科为中心的课程教学

以学科为中心的课程强调,要根据学科知识本身内在的性质和逻辑结构组织学校课程,强调客观的科学概念、基本事实、基本原理和科学体系的教学。以学科为中心课程的基本观点是:学科是传递社会文化遗产的系统、经济有效的形式;学科以合理的方式向学生提供有关的课程要素及其关系,而不是孤立的事实和概念。

在传统的课程体系中,主要采用以学科为中心的课程设计,直接以学科的名称命名课程教学,如中学语文、大学数学,等等。大部分学校的教学活动的组织都是以学科内容教学为中心展开的。学生被要求掌握有关学科知识的基本概念、定理、公式、法则等,考试和测验是评价学生对学科知识的掌握程度。课程设计者则是围绕给定的学科领域知识,设计教学内容,组织有关的教学活动,目的是促进学生对学科知识的理解。

（2）以学习者为中心的课程教学

以学习者为中心的课程强调学生的需要、兴趣和目的。这种课程有2个基本特征:

一是课程围绕的中心是学生,而不是学科体系;二是课程内容不是既定不变的,而是随着学校教育中学生的变化而动态变化的。

以学习者为中心的课程观认为,人只学习他自己所经历的事情,学生学得最好的是那些有助于满足他们兴趣和需要的东西,是那些与解决他们实际问题有关的东西。因此,课程设计的首要任务是发现学生的兴趣和需要,与学生一起设计学习的情境,从事学习活动,评价学习结果。

（3）以问题为中心的课程教学

通过"基本问题""单元问题""内容问题"的设计,让普通教师能够在自己的课程教学中实施问题导向的教学策略,通过问题设计组织课程内容。以问题为中心的课程设计的基本要点是:通过问题设计组织教学内容,激发学生的高级思维,维持高的学习动机;课程问题是跨学科的,联系学生真实的生活情境,针对复杂问题的解决;课程设计面向社会问题,根据课程框架问题的设计重新组织课程教学。

美国著名的教育技术与设计理论专家梅里尔(M. David Merrill)提出了"首要教学原理(The first Principles of Instruction)",他认为最有效的学习效果或学习环境是以问题为中心的,并提出了促进有效教学的5项首要原理:

1)当学习者介入解决实际问题时,才能够促进学习;
2)当激活已有知识并将它作为新知识的基础时,才能够促进学习;
3)当新知识展示给学习者时,才能够促进学习;
4)当学习者应用新知识时,才能够促进学习;
5)当新知识整合到学习者实际生活中时,才能促进学习。

在实际的教学活动中,教师在进行信息化课程设计与管理时,不会只是按单一模式的课程结构来组织教学,往往需要根据自己的教学实际,将以学科为中心、以学习者为中心和以问题为中心的课程类型融合在一起,灵活地组织课程结构。

2.2.2 基于 Moodle 的课程教学设计模式

(一)课程教学设计模式

课程教学设计模式是指影响课程设计的那些最基本、最抽象的结构,例如用什么作为课程安排的主线、课程的组织方式、课程教学内容和活动的类型,等等。课程设计模式类似于建筑设计,是指那些影响设计者决定课程元素如何安排的最基本的想法。无论是中小学课程,还是大学课程,或者是职业教育、远程教育的课程,是按照学科知识点安排课程,还是按照技能训练的序列安排课程,就是课程设计模式。一般来说,课程设计模式分为以下3大类:

1)以传递课程内容为中心的课程设计模式;
2)以技能发展训练为中心的课程设计模式;
3)以理论研究讨论为中心的课程设计模式。

Moodle 官方网站上介绍 Moodle 课程设计的教程指出,一门课程究竟选择何种课程模式,是课程设计者必须考虑的第一个问题。每一位教师都有自己的教学风格和教学习惯,如有的教师习惯按周讲解学科知识,有的教师习惯按照课程训练学生掌握基本技能。不同教学风格的教师,可以选择适合自己教学风格的 Moodle 课程设计模式。

(1)以传递课程内容为中心的课程设计模式

以传递课程内容为中心的课程设计模式,关注提供大量的学科知识给学生,促进学生掌握基本的学科概念、词汇、基本的原理等，帮助学生发展基本概念框架，作为学生学习更高级课程的基础。如何使用Moodle提供的功能，创建一个优质的以传递课程内容为中心的课程呢？给读者的建议如下：

【分组】设计：针对班级教学的成功策略是分组，分组可以促进学生主动学习，让学生获得机会，在一个学期中参与小组的项目研究，相互帮助，协作学习。

【资源】设计：在课程和每个单元开始的时候，为学生提供提示、说明或单元教学提纲，帮助学生了解即将学习的内容，让学生提前做好自己的学习计划。

【测验】设计：利用Moodle的测验设计工具，为每一个阅读材料提供测验，可以检验学生对所阅读材料的理解，并及时给予学生鼓励。每道测验的难度不大，若干个小的测验集中起来就成了学生成绩单上有意义的部分。这些小的测验都应该提供评价和即时反馈。

【论坛】设计：班级和小组论坛与讨论区的混合模式，有助于促进学生主动学习、互相协作，加强课后与教师的联系。在教学中，可以先分组，在小组的讨论区中争论和研究与课程教学相关的问题，然后在全班的论坛上面由各个小组提交自己的讨论成果，让每个学生都可以看到研究的问题和项目，都可以参与讨论，提出自己的见解。

【词汇表】设计：让学生每周创建不同的小组词汇表，并让学生对词汇表的有用性进行排序打分。一个设计优秀的词汇表，可以促进学生主动学习。

【Wiki】设计：让学生分组管理和设计小组的Wiki，用于自己的课程项目学习。一般以一个学期为单位开展Wiki的教学使用活动，可以大大促进学生的主动学习和协作。

【程序教学】设计：对于那些需要反复练习的学习内容，如词汇表的记忆，可以为学生提供程序教学的机会，老师在程序教学中创建若干词汇的卡片，让学生自己在程序教学模块中学习和理解词汇概念。

将上述的工具结合起来使用，为学生创建一个高质量的以传递课程内容为中心的学习环境。例如，每周（星期格式）或每个主题（主题格式），在单元的开始，给出提示，建立词汇表、测验、论坛；在课程开始处，设计课程词汇表、课程论坛，给出教学大纲；在课程结尾处，放置课后练习项目。

(2) 以技能发展训练为中心的课程设计模式

以技能发展训练为中心的课程设计模式，通常是配合课堂教学的课后练习、技能训练、背诵练习、实习等。课程的核心是给学生提供机会，将在以传递课程内容为中心的课程中所学到的理论运用到实践中去，讨论和思考理论，进行更为细致、深入的研究和练习，促进学生技能的发展。这更加需要持续的评价和更及时的反馈。教师可以利用Moodle学习管理系统为学生提供必要的资源和机会，创建促进学生技能发展的有效实践环境。具体建议如下：

【资源】设计：当学生自己参与实践时，他们需要资源帮助自己判断是否发生了错误，教师需要给学生提供示范案例,进行一步一步的教学指导,以及学生需要的其他帮助。这样可以帮助学生成功开展活动,并有效减少那些反复出现的问题。

【论坛】设计:论坛为学生提供了互相帮助的机会,可以针对不同的实践项目设置论坛,也可以按周次设计论坛,以便对学生普遍关心的问题进行讨论。这有助于鼓励学生开展协作学习和拓展课外的交流沟通。

【测验】设计:教师可以设计丰富的测验类型和题目,拓展学生的学习兴趣,给学生创造更多的练习机会。

【互动评价】设计:对于基于项目或写作练习类的课程,Moodle 中的【互动评价】是一个促进学生主动学习的好工具。学生可以在这里提交作业、互相评价,教师可以指导每个学生的评价活动,对于评价学生操作类的项目活动十分有用,如学生的讲演、绘画以及一些表演性的活动。

(3)以理论研究讨论为中心的课程教学设计模式

以理论研究讨论为中心的课程设计模式,是指一些讨论型等聚焦于对理论、思想、概念的分析和研究的课程。在大学,这类课程往往是研究生讨论学术论文、分析理论思想的课程;在中小学,这类课程往往是放在某一个研究项目中的一个教学单元。这类课程没有实践操作类的活动,主要是讨论、讲演、辩论、说理,需要运用论述、分析、批判性思维等高级思维技能。Moodle 为这类课程提供的工具有【角色分配】、【任务分配】、【投票】、【论坛】、【Wiki】、【互动评价】等。

(二) Moodle 的课程教学模式设置

Moodle 的课程教学模式设置中提供了 3 种课程模式:【星期格式】、【主题格式】、【社区格式】。这 3 种课程格式可以对应上述 3 类课程设计模式。

【星期格式】课程设计按照"周"为时间单位组织教学内容。课程有一个明确的开始日期和结束日期,每个星期都可以组织很多教学活动。这种课程模式比较适合以传递课程内容为中心的课程。

【主题格式】课程设计按照"主题"为单位组织教学。与【星期格式】很近似,但是每个"星期"被改为一个一个"主题"。一个"主题"不会有任何时间限制,不需要指定任何日期。这种模式适合按照主题组织课程内容(支持以传递课程内容为中心的课程设计模式),也适合按照技能训练的主题组织课程内容(支持以技能发展训练为中心的课程设计模式)。

【社区格式】这种格式以一个显示在主页的主论坛-社区论坛为主导,适合需要更多自由讨论形势的课程,支持以理论研究讨论为中心的课程设计模式。

2.2.3 Moodle 课程教学设计的步骤

根据使用 Moodle 开展信息化课程设计的实践,总结出基于 Moodle 进行信息化课程设计的模型,如图 2-2-1 所示。

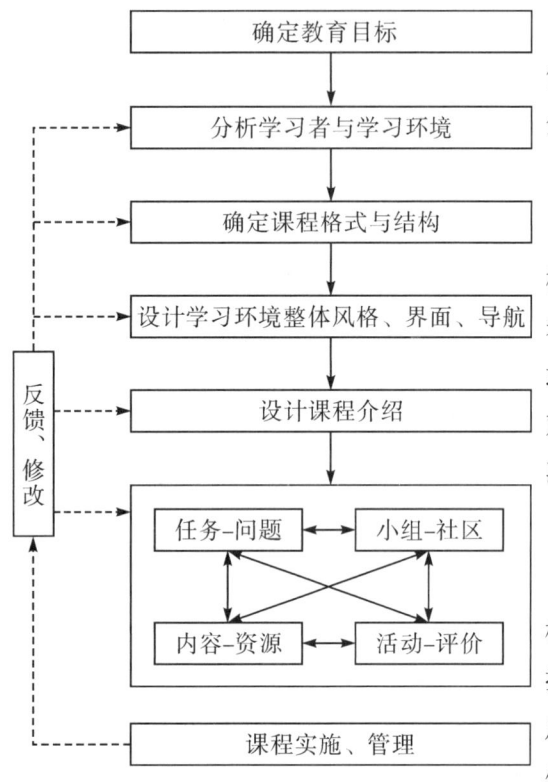

图 2-2-1 信息化课程设计的模式

信息化课程教学设计模型反映了设计信息化课程的基本步骤和组成要素,具体介绍如下:

(1) 确定教育目标

信息化课程设计的第一步是根据课程标准确定课程的教育目标,即课程的设计者希望学生学习该课程后要达到什么要求,能够知道什么,能够做什么,态度价值观要发生什么变化。教师可以根据课程标准的三维目标拟定具体的课程教育目标。

(2) 分析学习者与学习环境

信息化课程设计与传统的课程设计一样,要根据课程标准和学生的具体特点选择教学内容和方法。在确定了教育目标之后,需要进一步分析课程设计所针对的学生对象的情况,如学生现有的起点水平、个性特点、文化背景、技能状况、认知风格、生活习惯,等等。在以学生为中心的课程设计中,学生现状分析是后续的课程设计的出发点和基础。同时,要全面分析学生所处的学习环境,包括班级、学校甚至学生家庭的学习环境状况,这对于后面设计课程安排、教学策略和教学活动的组织有重要的参考价值。

(3) 确定课程格式与结构

根据教育目标、课程内容的特点决定课程的格式(确定是以课程内容和知识点传授为中心,还是以培养学生技能或理论认识为中心的课程类型,从而确定课程的格式),并通盘考虑整个课程的结构。课程设计者不仅要从教师实施教学的角度考虑课程的结构,更重要的是要从学生的角度考虑课程的结构和安排。

(4) 设计学习环境整体风格、界面、导航

教师要从课程整体考虑本课程的风格、界面、导航,要符合学生的心理特征和认知水平,吸引学生的注意力,激发学生的学习兴趣。

(5) 设计课程介绍

这是学生进入本课程的第一个模块,是引导学生进入课程的桥梁和门槛。课程介绍模块的任务是吸引学生进入课程,帮助学生明确信息化课程学习的基本方法、学习的规则,了解课程的主要内容、指导教师或教师团队的基本情况,等等。

(6) 课程单元设计

在决定了课程的格式后,教师将为课程设计每周的单元学习内容与活动(星期格式),或者每个主题的内容与活动(主题格式)。对于社区格式的课程则不必设计单元模式,而是由学生和教师在参与社区讨论中发起讨论话题。教师可以在课程设计时把一个学期的全部单元(16周/主题数目)的每一个单元设计好,也可以先设计几个模块,然后随着课程教学的进展,在备课时逐步完成余下的模块设计。无论是哪一种课程格式,都需要考虑以下几个模块的设计:

任务-问题:课程的内容按照学科知识点的逻辑顺序组织。为了促进学生的高级思维能力发展,改变灌输式教学方法,倡导启发式教学方法,课程单元要围绕学科基本概念教学设计研究任务或活动项目,以及问题导向式教学的问题。

小组-社区:教师设计基于社会建构主义的学习环境,需要认真考虑学生的学习共同体的建设,包括如何建构学习社区、如何对班级学生进行分组、如何设置项目活动中的角色扮演等,目的是促进学生的社会性学习和集体智慧的发展。

内容-资源:学科知识的教学要正确选择和安排教学内容,并以教学资源设计的方式导入 Moodle 系统中,这是 Moodle 课程设计的一项重要内容。

活动-评价:教学活动设计和教学评价设计是 Moodle 创建学习环境的一大特点,过去教师在教案上无法完成学习活动环境的创建,Moodle 把教案上面有关教学活动的构思转化成了可以操作的学习环境,而且是可以显性化的、能够与教师分离的、供学生使用的在线学习环境。

(7) 课程实施、管理

在课程主要模块设计好后,就可以进入课程实施阶段。在这个阶段,教师同时担负起课程管理的任务。

(8) 反馈、修改

在整个课程设计、实施、管理的过程中,教师需要根据教学的反馈信息,及时动态地修改和完善课程。反馈、修改贯穿整个课程设计的始终。

教师在学习了解了 Moodle 的基本功能时,可以参照信息化课程设计模型,提高课程设计的效率和质量。表2-2-1是 Moodle 课程设计模板,它将信息化课程设计的主要步骤概括在一张表格上,便于教师构思自己的课程架构。

表 2-2-1 信息化课程设计模板

教师信息				
主讲教师姓名			电子邮箱	
学校名称			考研组名称	
邮政编码			联系方式	
团队教师				
姓名	学科	手机	QQ 或微信号	
版权信息				
如果你/你们的课程设计被选中放在网络上共享学习,你是否愿意?			[ ]是 [ ]否	
课程基本信息				
学科			年级/班级	
课程名称			班级人数	
课程类别			所用教材	
课程描述:				
课程标准:				
课程目标:				
课程格式	星期格式[ ] 主题格式[ ] 社区格式[ ] 其他格式[ ]			
教学内容:				
教学活动:				
课程资源	材料			
	印刷材料			
	实训设备			
	网络资源			
	软件与工具			
	其他资源			
分组策略				
评价设计:				
备注				

课程设计时间: 年 月 日

2.2.4 Moodle 课程教学设计的基本原则

(1) 教学第一原则

教师使用 Moodle 进行信息化课程设计,是为了给学生创建一个信息化的学习环境,区别于建设一个普通的门户网站、教育主题网站、教育资源库或辅助教学的课件。Moodle 学习环境区别于其他教育主题网站和课件设计的 2 个关键特征是:教学目标、教学反馈。

Moodle 学习环境的第一个关键特征是设计了针对特定学生群体的特定教学目标,学习者在教师的指导下参与学习活动,为达到教学目标而努力。其他的网站则是由用户根据自己的需求决定上网获取信息或参与活动(如购物、交友、搜集信息等)。教学目标规定了学生的学习内容、学习方式、与同伴互动的方式、接受教师指导的方式、获得学习反馈的方式,等等。

教师根据课程标准实施课程教学活动。教师使用 Moodle 为学生设计学习环境,必须根据课程标准的要求,有明确的教学目的。例如,教师设计 Moodle 课程究竟要解决什么问题,是促进学生的认知,还是训练技能、培养情感道德。如何引起和维持学生的学习动机,激发学生高级思维,将在学生的认识、情感、行为上引起哪些变化等等都需要在课程设计时全盘考虑,并通过教学活动的过程不断生成和发展。

Moodle 学习环境的第二个关键特征是教学反馈。基于教学目标导向的反馈是学生在达到教学目标的进程中的关键因素,也是信息化课程设计的一个重要标志。如果学生在学习活动中不能够获得来自教师和同伴的反馈,他就很难知道自己是否达到了课程教学目标的要求。其他的网络环境不能给用户提供反馈,这是因为用户上网的目标是由他自己确定的。Moodle 学习环境中的反馈可以有多种方式,如测验、考试、作业等。

正是教学目标和教学反馈这两大特征,使 Moodle 作为课程管理系统和学习管理系统区别于其他的教学软件或主题网站。同时也看到,Moodle 只是众多教学元素中的一个部分。教师设计信息化课程和学习环境,所有的安排都要有助于实现教学目的。教师要清醒地认识到,Moodle 的强大功能仍然需要与传统教学的其他教学元素结合起来,互动配合,才能够共同促进学生的发展。

(2) 适用性原则

教育技术发展的历史经验告诉人们,世界上没有一种万能的媒体,任何技术、工具、软件或网络系统都有自己的长处和短处。技术在教育中的应用,就是发挥每一种技术的长处,扬长避短。同样,在丰富多彩的教学活动中,教师要根据教学的需要,选择合适的技术和手段来支持教学,要避免对技术的滥用或不恰当的使用。教师在使用 Moodle 的活动功能时,要考虑如何与自己的教学恰当地结合起来。

(3) 先进性原则

在教学中应用信息技术的目的是改变教学内容的呈现方式、教师的教学方式、学生的学习方式和师生的互动方式。教师使用 Moodle 建设信息化课程是为了变革教学，而不是单纯为了用技术。这种变革是一个循序渐进的历史过程。从改变教学内容的呈现方式入手，逐渐改变教学方式、学习方式、教学环境，乃至人们的工作、生活和思想方式。今天，教师用 Moodle 进行信息化课程设计，要始终坚持转变教学方式的发展方向，这就是 Moodle 课程设计的先进性原则。

2.3 信息化课程教学设计平台

2.3.1 信息化课程教学设计平台的选择

教师开展信息化课程设计，必须有一个能够支持课程设计和组织教学活动的平台或工具。教师选择信息化课程设计的平台，可以从以下几方面进行：①支持中文显示；②易用性、易操作性（降低教师培训和入门的难度）；③免费；④可以替代商业软件（如云班课、学习通等）；⑤支持信息化教学的国际标准，保证资源的可重用性；⑥充分支持教师的各种教学管理需求；⑦支持教师自主设计课程和管理课程的理念；⑧适合各类学校教学管理；⑨开放源代码（用户可以自己设计扩充功能）；⑩在全球许多国家广泛使用并得到验证；⑪可以不断发展和升级（具有可持续发展性）。

2.3.2 Moodle 概况

Moodle 是由澳大利亚 Martin－Dougiamas 博士主持开发的一款免费开源的课程管理系统和学习管理系统。Moodle 一词有 2 层含义：第一层含义是作为名词，Moodle 是 Modular Object－Oriented Dynamic Learning Environment 的缩写，翻译成中文为"面向对象的模块化动态学习环境"。Moodle 是在我们过去熟悉的课件、积件、资源库、论坛等软件基础上发展起来的，是针对课程教学活动的管理设计的，覆盖了整个教学活动的管理，是支持教学活动的信息化学习环境。Moodle 的第二层含义是作为动词，意为让教师想起什么就做什么，自由发挥创造力和想象力。使用 Moodle 的人被称为 Moodler。

Moodle 是一个基于社会建构主义教育理论（Social Constructionist Pedagogy）而开发的课程管理系统，也是一个信息化的教学管理平台。它的一个很重要的特色就是以社会建构主义的教学思想为其设计的理论基础，即在教学活动中，教师扮演指导者、帮助者和促进者的角色，为学生创造尽可能真实的环境，提供交流、对话、合作的机会，引导学生从原有的知识经验中不断生长出新的知识经验。

Martin-Dougiamas 博士是 Moodle 创始人兼首席执行官,他曾经是一所大学的网络管理员,研究生期间主修计算机科学和教育学 2 个学位,而他的博士论文研究的主题就是基于互联网的开源软件支持基于网络的教学。从 1999 年开始,他把大部分精力都花在对 Moodle 的研发上。Moodle 是基于社会建构主义的教育模式开发的。这种教育模式可以创造一个功能强大的学习社区,在这种社区里,所有的学习者都可以帮助同伴学习。图 2-3-1 是 Martin 在西交利物浦大学演讲。

图 2-3-1　Martin-Dougiamas 博士

　　Moodle 软件安装方便,平台的界面简单,易于操作,用户只需要掌握基本的计算机操作技能,会使用 Chrome 浏览器(支持 H5 的浏览器),就可以方便使用 Moodle。其在线教学模块采用可以自由组合的动态模块化设计,教师在使用这些教学功能模块时,可以任意指定其显示位置,可以灵活地移动、修改或关闭这些模块。

　　Moodle 平台提供多种主题风格供用户选择,用户还可以根据自己的喜好改变平台的页面布局。另外,Moodle 还支持多达 75 种语言环境,包括简体中文和繁体中文。用户可以指定系统的显示语言,并可以通过菜单切换。让教师组织教学感到得心应手的是,Moodle 提供了强大的创建教学活动的功能,包含【SCORM】【Wiki】【互动评价】【讨论区】【作业】【测验】【投票】【聊天室】【问卷调查】【词汇表】等,而且这些活动可以根据需要灵活选配。

　　Moodle 特别重视整个系统的安全性,它的所有模块和用户管理都可以使用口令系统,还设置了域名地址安全管理、课程模块的开放和时间关闭管理、角色权限分配、资料备份等多种安全管理措施。这对于要求安全程度较高的教育教学系统来说,非常必要。

Moodle 注重教学过程中的及时反馈,加强了师生间的互动。再加上 Moodle 的易用性、易操作性、免费等特点,它非常适合广大中小学教师用来辅助教学,也适合各大职业院校、成人教育、企业培训、家庭教育、社会教育等领域,应用范围非常广泛。但这不代表所有的课程都适合用这种基于网络的建构式学习方式。因此,教师应该对课程、学习者和学习目标等进行综合分析,合理地、选择性地运用 Moodle 进行课程教学。

2.3.3 Moodle 在世界各地的发展状况

截至 2023 年 2 月,注册的 Moodle 网站遍布全球 238 个国家,站点数量达到了 165429 个,被翻译成 75 种语言,注册用户达 3 亿人,而且这个数字还在不断增长。随着在教育教学中知名度的提高,Moodle 迅速在全世界普及开来。如图 2-3-2 所示。

Moodle 全球使用统计

站点数	课程数	用户数	注册课程	发帖量	课程资源	在线测验	使用国家
165429	43426996	352139803	2126305399	723644754	38615017	7868288279	238

图 2-3-2 全球注册 Moodle 人数

Moodle 是一个非营利性的社区组织,主要是为广大的一线教师提供一个尝试使用 Moodle、互相帮助、交流讨论的地方。

2.4 信息化课程教学评价

2.4.1 课程教学评价

(一)课程教学评价的模式和原则

课程教学评价是根据一定的课程价值观或课程目标,通过系统搜集有关课程的信息、资料,经过分析、整理,对课程方案、课程实施过程和结果的价值进行判断,从而为课程设计提供可靠信息的过程。

课程教学评价从资料收集到结果的分析,必须采用科学的评价方法和程序,才能够保证评价的客观性。在课程理论发展史上,美国心理学家泰勒(R. W. Tyler)的课程评价理论比较有影响力。泰勒认为:"评价过程实质上是一个确定课程与教学计划达到教育目标的程度的过程。"泰勒本人建立了完整的课程评价模式,即七步骤目标评价模式:

1)确定教育计划的目标。
2)根据行为和内容来解说每一个目标。
3)确定使用目标的情境。

4）设计呈现情境的方式。

5）设计获取记录的方式。

6）确定评定时使用的计分单位。

7）设计获取代表性样本的手段。

莫尔（Moore）和柯斯俐（Kearsley）提出，在评价课程设计的时候需要考虑以下12个原则：

1）结构好。分散于课程不同部分的内容组织良好，具有内在一致性。

2）目标清楚。教学目标要清楚、适度。

3）小单元。最好1个单元只对应1个教学目标或1个学习活动。

4）注重参与。课程材料中包括了很多让学生与内容和与同学交互的机会。

5）完整性。要提供各种注释或实例。

6）循环重复。重要的思想要反复强化，促进记忆。

7）综合。通过总结等手段将重要的观点综合在一起阐述。

8）刺激。材料能够通过多种形式的内容吸引并保持学生的注意力。

9）多样性。通过多种形式的媒体吸引不同背景、兴趣和学习风格的学生。

10）开放性。作业、举例和问题等可以取材于学生身边的环境。

11）反馈。定期对学生作业和学生表现进行反馈。

12）不断评价。使用不同的方法定期评价材料、内容和教学策略。

（二）课程教学评价的步骤

课程教学评价一般要经过以下6个阶段：

1）组成课程评价小组。由负责实施课程评价的部门组织评审专家，组建评价机构或组织，形成课程评价小组，确定评价工作程序。

2）确定课程评价的对象。评价小组具体落实课程评价的对象，起草评价方案，详细说明评价活动的目的，确定评价的程序和方法。

3）搜集课程评价信息。评价小组要鉴别所需的评价信息的来源和准确性，确定搜集评价信息的手段，根据评价的时间表安排搜集信息的日程。

4）分类组织材料。评价小组分析获得的信息，以便进一步作出解释，评价者要注意信息编码组织、储存和提取的手段。

5）分析资料。评价小组要选择和使用适当的分析技术和评价标准。选择什么技术和标准，取决于该项评价的关注点是什么。

6）报告结果。评价小组要决定评价报告的性质，并注意到该报告的读者是谁。评价报告可以是非正式的，也可以是正式的；可以是描述性的，也可以是定量分析的。

(三)课程教学评价的维度

课程教学是一个由多种因素组成的复杂的活动系统,在这个复杂系统中,各因素相互联系、相互作用,因此不能孤立看待信息化课程环境,需要收集参与课程各方的信息,包括对教师"教"的方面和学生"学"的方面进行评价。

(1)对课程"教"的方面进行评价

教师在教学过程中起主导地位,教师教的质量好坏直接影响学生学习效果的好坏。对教师的教进行科学的评价,是评价课程的一个重要方面。对教师教的评价需要通过多种途径,常用的评价方法有:

1)领导评价。由领导集体定期或不定期地对课程的教学效果、教学行为进行评价。这种评价的主要方法有听课,检查教师的课程设计,检查学生的笔记、作业、考试情况,召开教师或学生座谈会,发放调查表等,并与学生、同行的评价相互参照、相互补充。

2)同行评价。由同一学科教研室(组)、年级组的其他教师对被评价的教师的课程设计与教学活动进行评价。由于教师相互间彼此了解,对本专业或本学科具有一定的专业知识,熟悉课程标准,有教学实践经验,熟悉被评价的师生的背景情况,因此,同行评价易于作出恰如其分的判断,易于发现问题和提出合理的建议。同行评价采取的基本方法是听课、座谈、填写评价表格等。

3)学生评价。学生是教学过程的主体,他们对教学有切身的体会,对师生关系有最直接的了解。学生评价采取的方法是座谈,对教师的教给予口头的描述和评价;问卷调查,对教师的教给予书面的描述和评价,对教学效果进行打分或划分等级。

4)自我评价。教师对自己的教学活动进行评价,一般采用自我分析和反思的方法。教师在授课后对自己的教学工作进行分析,寻找教学的成功之处和薄弱环节。

(2)对课程"学"的方面进行评价

学生是教学活动中的主体,课程教学质量的好坏直接反映在学生学习的效果上。对学生的学习进行评价,是评价课程的重要方面。对学生学习效果的评价方法很多,常用的评价方法有:考试测验、调查、问卷、个别访谈、座谈会、网上投票,等等。

2.4.2 Moodle 课程教学设计的评价

Moodle 课程教学设计的评价,可以根据教学目标、课程设计要求、教师教学效果、学生学习效果等多方面的信息进行评价。组织信息化课程评价活动的单位,可以委托课程设计专家、教育技术专家、教师教育培训专家、教师技能大赛选手、教研室成员、一线学科教学代表组成评审小组。目前,国内的教育机构尚无统一的权威评价标准,各校可以根据当地教学需求和信息化课程设计的发展水平,提出自己的评价指标。信息化课程设计评价指标如表 2-4-1 所示。

表2-4-1 信息化课程教学设计评价指标

评价项目	一级评价指标	二级评价指标	评价等级				得分
			优 4	良 3	中 2	合格 1	
教育目标	1. 全面性:课程目标与国家课程标准的一致性	对"一体化课标"中"过程与方法""情感、态度与价值观"目标的体现程度					
		对"一体化课标"中"知识与技能"目标与要求的覆盖程度					
课程内容	2. 基础性:学科基本知识技能的标准程度	体现学科基本的和重要的概念、原理、规律、方法、示例、事实等内容的必要性、准确性					
		体现学科内容的经典性					
	3. 思想性:体现正确的人生观、世界观、价值观	体现辩证唯物主义和历史唯物主义思想					
		体现正确的人生观和价值观					
		体现民族精神和生命教育观					
	4. 科学性:知识正确,内容先进。培养科学思维方法	课题内容体现科学性					
		课程内容具有时代性					
		课程内容组织符合学科逻辑					
课程组织	5. 促进教师的教:课程引导教师教学	教学资源丰富,有利于教师实施教学					
		学习活动适合,有利于教师组织教学					
	6. 促进学生的学:促进以学生为中心的学习	课程内容和活动的编排与学生年龄匹配,能引起学生的学习愿望与兴趣					
		过程性评价和及时反馈促进学生学习					
		有利于个性化学习、差异化教学					
界面设计	7. 技术性:课程页面整体设计合理,界面设计与互动设计得当,有个性化风格	界面设计符合学生认知水平,清晰、简单,导航设计好					
		互动设计好,运用多种方式促进学生与教师和同伴的互动、与课程内容的互动					
		个性化,界面设计有自己的个性特色					
课程特色:						特色加分:	
综合评价:						总分:	

评价人签名:_____

本 章 小 结

本章首先介绍信息化课程教学设计的基本概念,介绍信息化课程教学设计和课程管理系统 Moodle 在教育信息化过程中的作用,然后具体介绍了教师进行信息化课程教学设计的基本步骤、技巧和评价方法,帮助教师做好学习运用 Moodle 进行课程教学设计的理论基础。

第三章 信息化课程教学创建基础

学习目标

Moodle 学习环境入门体验

运用 Moodle 建立课程

学会运用板块设计个性化课程界面

掌握如何添加教师和学生

学会添加板块内容

基本掌握各种板块内容的使用

知识图谱

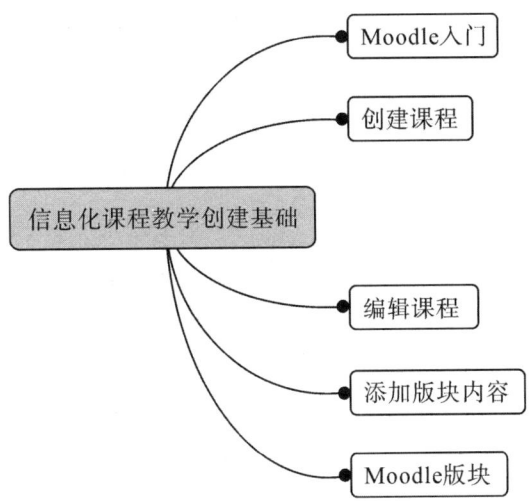

3.1 Moodle 入门

3.1.1 Moodle 首页

教师要学习使用 Moodle,可以在自己电脑上安装单机版 Moodle,也可以在校园服务器上安装网络版 Moodle,最方便的是在一些 Moodle 网站上创建课程。例如笔者开发的 Moodle 在线教学平台,进入站点首页后看到如图 3-1-1 所示界面。该站点首页顶部为菜单栏,左边是功能区,右边是课程列表。

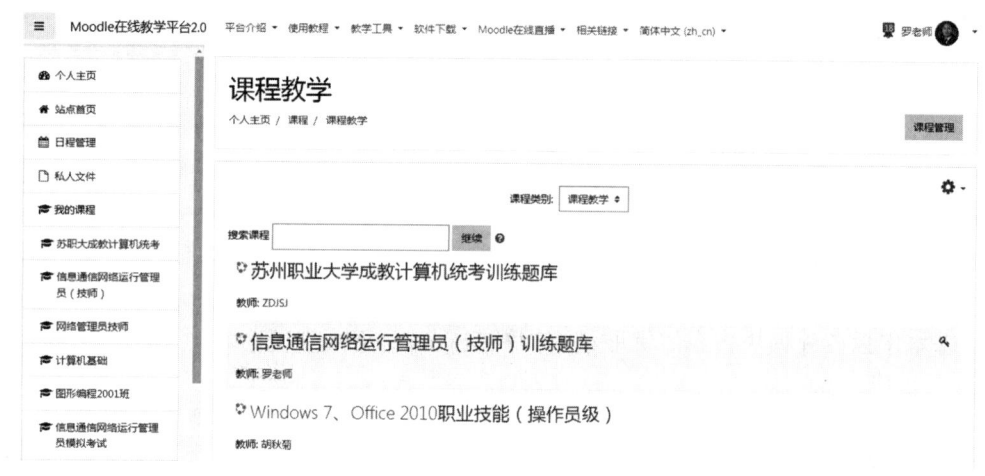

图 3-1-1 课程页面

3.1.2 如何注册

图 3-1-2 登录窗口

如果想进入某门课程中学习,首先需要注册。在图 3-1-2 中的登录窗口中,选择下面的注册新账号。单击【注册新账号】链接,打开如图 3-1-3 所示页面。按要求填写注册信息之后,点击【注册我的新账号】按钮,出现如图 3-1-4 所示页面,Moodle 将自动发送一份电子邮件到你的邮箱,进入邮箱确认后即可完成注册。注册后,用户默认的权限为学生。

新帐号

▼ 选择您的用户名和密码

用户名
- 用户名没填

密码必须包含至少8个字符,至少1个数字,至少1个小写字母,至少1个大写字母,至少要有1个特殊字符(!@#$%^&)

密码
- 密码没填

▼ 更多细节

电子邮件地址

电子邮件(重复)

图 3-1-3 注册用户窗口

一封邮件已经发送到你的地址 student@163.com。

这封邮件简要说明了您如何完成注册。

如果您还遇到什么困难,请和站点管理员联系。

图 3-1-4 接收电子邮件

3.1.3 进入课程

单击图 3-1-2 所示的登录页面,输入刚才注册的用户名和密码,点击【登录】按钮,以学生身份登录课程。首先选择一门课程学习,这里选的是"BLOCKLY 图形编程"课程。在进入课程时,如果该课程设置了选课密码,则需要输入选课密码后才可以学习该课程。输入选课密码后,单击【将我加入】进入课程,如图 3-1-5 所示。

图 3-1-5 "BLOCKLY 图形编程"选课密码窗口

进入课程后的页面如图 3-1-6 所示。

如图3-1-6 "BLOCKLY图形编程"课程界面

3.1.4 学习和参与活动

进入课程后,学习者可以看到课程中包括课程章节列表、学习活动、最新的学习动态,以及学习者的成绩、能力、勋章和参与人等。

在第一部分设计了一个小测验,该活动是一个投票。进入投票【你对BLOCKLY了解多少?】,可以投票反映你对BLOCKLY的了解程度,如图3-1-7所示。第二部分有关于该课程的描述,包括课程简介、学习目标等。点击【课程描述】,可以对该课程有初步的了解。

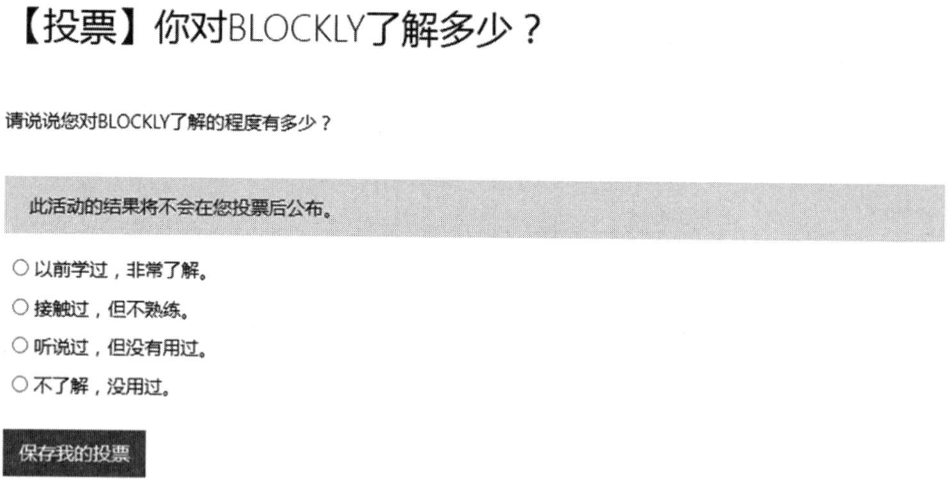

图3-1-7 投票活动窗口

接下来进入讨论区,参与关于【都学过哪些图形编程语言】的话题讨论。在这里,可以直接回复其他人的帖子,也可以发起一个新的帖子,如图3-1-8所示。

图3-1-8 讨论区窗口

学习资源既可以包括文本资源,也可以包括音频、视频、动画、图片等多种媒体资源。学习活动包括投票、知识点测验、学习反思,以及聊天讨论等。学习者可以利用自己的【成绩】模块,了解自己通过该课程学习所取得的成绩。当然,如果学习者不想学习这门课,可以选择从课程中注销,退出该课程。

3.2 创建课程

3.2.1 课程角色

用户注册后的默认权限是学生,在注册成为课程教师之前,先简单了解一下Moodle中的角色概念。在Moodle中的角色主要有4个级别:整个站点、一个课程类别、一门课程和课程中的具体活动或模块。因此,对应的课程教师也有4个级别。其实Moodle中的角色还有很多,这里主要介绍2个级别,即整个站点和具体到一门课程。

3.2.2 建立课程

当管理员在系统后台委派给普通用户一个课程创建者的权限时,这个角色是站点级别的。课程创建者单击右上角的【课程管理】按钮,进入如图3-2-1的窗口,单击【建立新课程】按钮,打开"添加新课程"界面,如图3-2-2所示。

图 3-2-1　课程管理界面

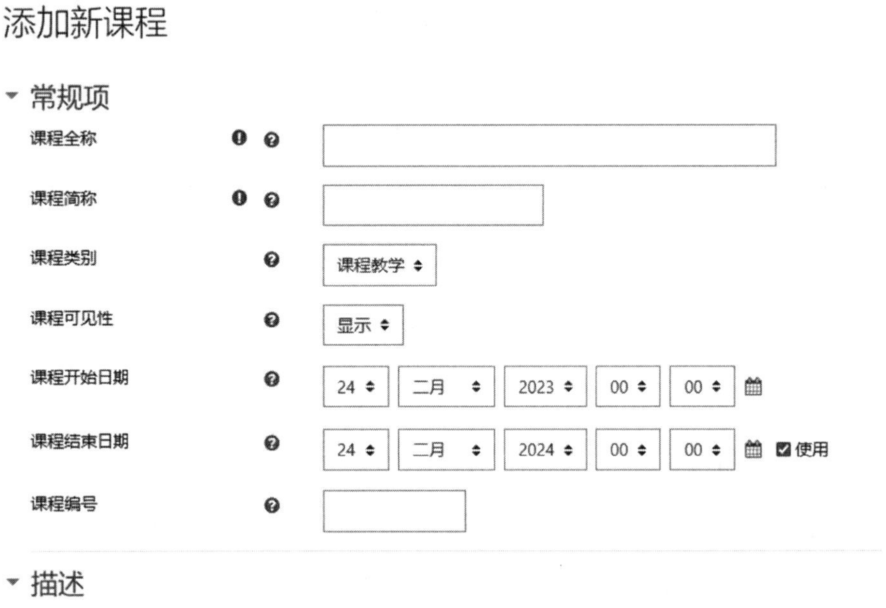

图 3-2-2　"添加新课程"窗口

添加新课程是创建课程教学的关键,包括设置课程的名称,该名称将会显示到 Moodle 首页上。设置课程的简称,该名称将会显示在课程内部的导航菜单栏中,设置新建的课程放在该课程类别中,是否显示和隐藏,设置课程开始的具体时间,设置课程结束的具体时间。指定课程 ID 编号,设置课程是否分组,文件资源上传的设置和其他权限等内容,详细内容在下个章节讲解。

3.3 编辑课程

3.3.1 课程设置

教师登录自己创建的课程后,可以单击板块中的齿轮图标 ![gear] 进入【更改设置】,如图3-3-1所示。进入课程编辑设定页面,如图3-3-2所示。在该页面中,可以看到有许多设置选项,下面将逐一介绍。

图3-3-1 设置菜单

图3-3-2 编辑课程设定

3.3.2 常规设置

【课程全称】设置课程的名称,该名称将会显示到 Moodle 首页上。
【课程简称】设置课程的简称,该名称将会显示在课程内部的导航菜单栏中。
【课程类别】设置新建的课程放在该课程类别中。
【课程可见性】是否显示和隐藏。
【课程开始日期】设置课程开始的具体时间。
【课程结束日期】设置课程结束的具体时间。
【课程编号】用于指定课程 ID 编号。
【课程概要】在这里可对课程作简单描述。
【课程镜像文件】可以上传的课程资料。

3.3.3 课程格式

【课程格式】包括以下 6 种格式:主题格式、社区格式、单一活动格式、星期格式、星期格式、默认为星期格式。前 2 种需要特定的课程包支持;社区格式类似于 BBS 讨论区格式,课程的内容由所有的参与者采用发帖子、跟帖子的形式呈现;主题格式以 1,2……数字的形式呈现课程内容;星期格式使用严格星期的时间来呈现。最常使用的是社区格式、星期格式和主题格式。

【隐藏小节】可以选择折叠式隐藏还是完全不显示隐藏。
【课程布局】在一页显示所有小节还是每页显示一个小节。

3.3.4 外观

【指定课程语言类型】可以设置课程语言的类型。
【显示的新闻通告数】指定课程中【最新新闻】中的新闻显示数。
【向学生显示成绩单】选择是否向学生通报成绩。
【是否显示活动报表】指定是否将学习者的活动动态显示出来。

3.3.5 文件上传

【最大上传文件】指定课程中允许上传的最大文件大小。
【启用进度跟踪】可以跟踪课程进度。

3.3.6 小组

【小组模式】设置是否将课程分组。
【强制小组模式】指定是否在课程中强制进行分组及分组的形式。如果上面的【小组模式】选择"无小组",那么课程中所有的活动都不能进行分组操作。

【默认大组】选择默认的组别。

3.4 添加板块内容

进入课程首页,可以看到如图3-4-1所示的课程界面。从图中可以看出,该界面由2部分组成,即左边的【参与人】,【勋章】,【能力】,【成绩】,【常规】,【主题】,【个人主页】,【站点首页】,【日程管理】,【私人文件】,【我的课程】,【网站管理】;右边是【主题目录】。我们把左边的这些元素统称为Moodle板块。或许你会问,Moodle中只有这些板块吗?这些板块位置能调整吗?是否可以任意添加或去掉一些不需要的板块呢?下面介绍Moodle是如何定制个性化板块的。

图3-4-1 课程界面

1) 单击课程页面右上角的齿轮 按钮,在下拉列表选择【打开编辑功能】按钮,界面将变成如图3-4-2所示。可以看到左右两边的每个板块多出了很多可选项。

图3-4-2 课程编辑界面

2)鼠标拖动左侧滚动条,在左侧板块最下面单击 ➕ 添加一个版块 按钮,打开板块添加列表。如图 3-4-3 所示。

图 3-4-3 添加板块窗口

将鼠标移动到某个板块名称上,点击选择后,课程界面上将会显示选用的板块。下面将详细介绍各个板块的内容。

3.5 Moodle 板块

3.5.1 HTML 板块

HTML 板块是一个可以提供资源列表,插入 Flash 动画、音乐、图片等资源的板块。该板块设置简便,在点击【添加一个板块】中【添加一个板块】下拉列表中的【HTML】后,出现【(新 HTML 板块)】界面,如图 3-5-1 所示。

图 3-5-1 HTML 板块

1)点击该板块的 ⚙ 图标弹出配置窗口,选择【配置(新 HTML 板块)板块】,进入编辑状态,如图 3-5-2,图 3-5-3 所示。

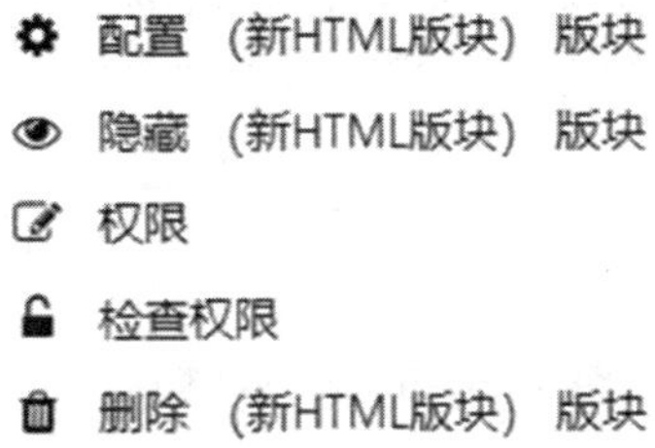

⚙ 配置（新HTML版块）版块

👁 隐藏（新HTML版块）版块

✏ 权限

🔒 检查权限

🗑 删除（新HTML版块）版块

图3-5-2 板块设置选项

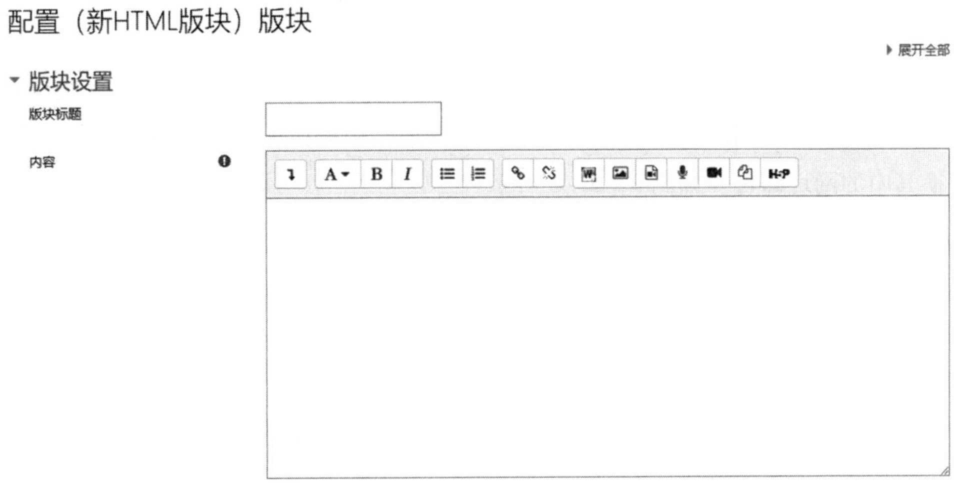

配置（新HTML版块）版块

▸ 版块设置
版块标题
内容

图3-5-3 板块设置窗口

2）在【板块标题】中填入"咨询列表"，在【内容】中分行输入"咨询一、咨询二、咨询三"，单击【保存更改】按钮后，该板块如图3-5-4所示。

图3-5-4 板块添加效果

如果需要进行修改，可以再次点击 ⚙ 图标。

例如通过HTML板块插入天气预报，首先点击HTML板块的 ⚙ 图标进入编辑状态。板块标题中输入"天气预报"，内容区编辑区选择 ↓ 按钮，然后选择 </> 按钮，切换到代码编辑窗口，如图3-5-5所示。

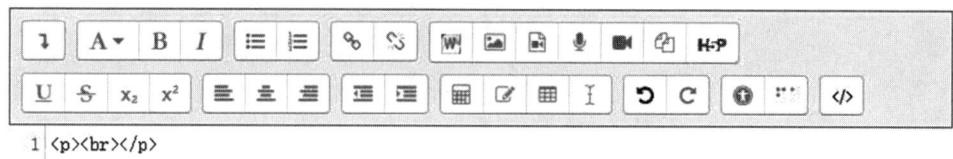

图 3-5-5　代码编辑窗口

键入下面这段有关天气预报的 HTML 代码：

< iframe width = ″242″ height = ″95″ frameborder = ″0″ scrolling = ″no″ hspace = ″0″ src = ″https：//i. tianqi. com/？ c = code&a = getcode&id = 16&py = chongqing&icon = 3″ > </ iframe >

也可以在网上找其他有关天气预报的 HTML 代码。单击【保存更改】按钮，天气预报就加进来了。采用相同的方法插入其他的实用工具，如百度搜索引擎、Flash 动画等，只需替换其中的网址即可。如图 3-5-6 所示。

图 3-5-6　加入天气预报的 HTML 板块

3.5.2　小结链接

【小结链接】是为访问课程首页中不同的主题目录而提供的一个便捷通道，类似于导航栏。特别是当课程中呈现的内容非常多的时候，这个板块的作用更加重要。

在点击【添加一个板块】中【添加一个板块】下拉列表中的【小结链接】后，就可以直接添加该板块到课程首页。它将根据课程编辑中提供的主题或者星期模块数，显示对应的链接数目。比如，这里设置了 21 个主题，则结果如图 3-5-7 所示。

图 3-5-7　小结链接

3.5.3　博客标签

可以采用相同的方法将【博客标签】板块加入课程界面中，添加后可以按以下方法对该板块进行配置。

1）单击博客标签板块中的 ✿ 图标，进入配置界面，如图 3-5-8 所示。

图 3-5-8　配置博客标签

2）在该界面中可以配置【博客分类的板块名称】【要显示的分类数】【显示最近使用的分类】和【分类排序】，设置好以后，单击【保存更改】按钮，博客标签创建完成。

3.5.4　最近博客更新

采用同样的方法将【最近博客更新】板块添加到课程界面中，添加后的界面如图 3-5-9 所示。

图 3-5-9　博客更新列表

3.5.5　即将到来的事件

这个板块主要具有对相关事件的提醒功能，类似于手机上的日程助理。当教师对课程内容更新、进行考试、提醒学生交作业或完成某项任务时，就需要用该板块提醒学生。

在点击【添加一个板块】中【添加一个板块】下拉列表中的【即将到来的事件】后，就可以直接添加该板块到课程首页。添加后如图 3-5-10 所示。

图 3－5－10　即将到来的事件

3.5.6　在线用户

该板块主要呈现 40 分钟（时间可以通过管理员设置）内学习该课程的用户，添加方法与前面几个板块的添加方法一样。如图 3－5－11 所示为添加【在线用户】板块后的课程界面。

图 3－5－11　课程在线用户

3.5.7　最新通告

图 3－5－12　最新通告板块

该板块主要显示任课教师发给学生的一些公告，如要求学生上课前预习，或者布置课后作业等。由于是最新通告，应该让学生进来后第一眼就能看见，所以特意将该板块放在网络课程的右上角，如图 2－5－12 所示。点击该板块中【添加一个新话题…】超链接后，出现如图 3－5－13 所示的界面。

图 3－5－13　最新通告编辑器

设置好选项和填写好内容后,单击【发到讨论区】按钮,这时看到【最新通告】板块的界面如图 3-5-14 所示。从图中可以看出,在【最新通告】板块中,除了可以添加一个新话题外,还可以查看【旧话题…】。

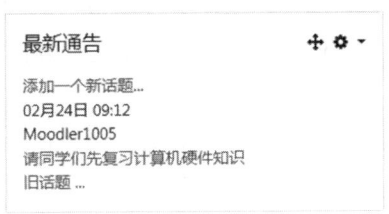

图 3-5-14 "最新通告"板块

3.5.8 课程

该板块主要呈现 Moodle 网站中的所有课程的种类。考虑到界面美观性,将其移动到右上侧,如图 3-5-15 所示。点击该板块中的【所有课程…】超链接,可以查看到 Moodle 网站中开设的所有课程列表,在列表中【搜索课程】,可以搜索自己需要的网络课程。

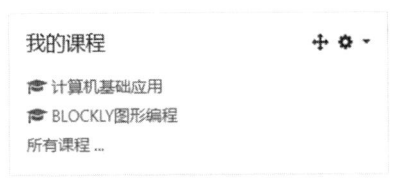

图 3-5-15 课程板块

3.5.9 课程简介/网站简介

在创建课程时,可以写一段简明扼要的文字加以介绍。在课程界面添加【课程简介/网站简介】板块后,课程介绍的内容就会在该板块中呈现出来。学生看后能够对该课程有个总体的认识,然后进行有针对性的学习。添加【课程简介/网站简介】板块并调整其位置,如图 3-5-16 所示。

图 3-5-16 课程简介板块

3.5.10 远程新闻种子

过去,我们要想通过因特网获得一些最新的信息,需要登录到相应的网站上,这种方式在现在看来非常烦琐。远程新闻(RSS)种子可以帮助用户通过主动订阅新闻,由网站将每天最新的新闻准时发送给我们。Moodle 中的【远程新闻种子】板块就可以实现这一功能。

1)添加【远程新闻种子】板块后,其界面如图 3-5-17 所示。

图 3-5-17　远程新闻种子

点击 ✱ 图标,选择【配置远程新闻种子板块】,就可以进入远程新闻种子的配置界面,如图 3-5-18 所示。

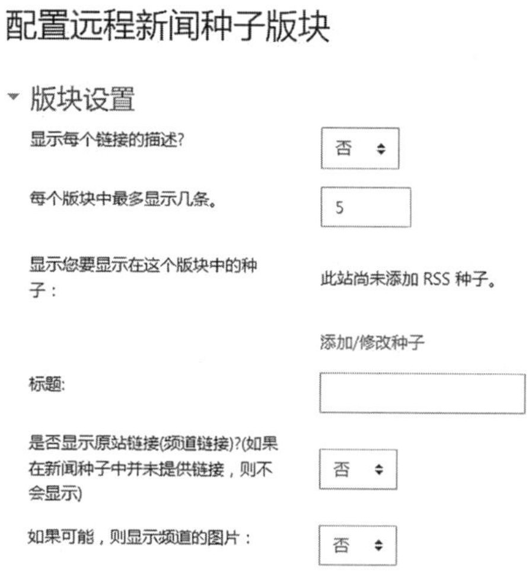

图 3-5-18　配置远程新闻种子板块界面

2)点击【添加/修改种子】选项,打开如图 3-5-19 所示界面。

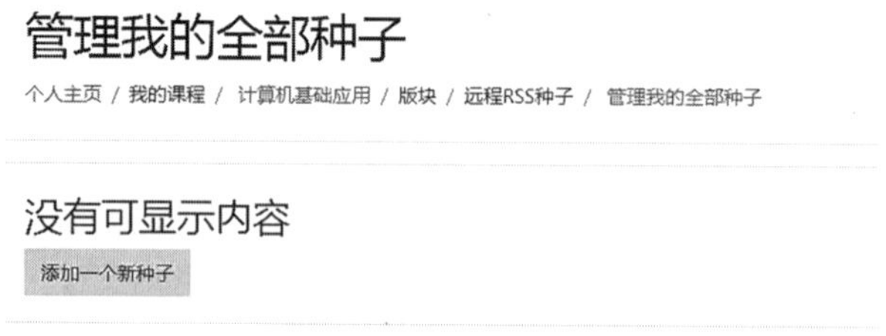

图 3-5-19　管理种子

选择【添加一个新种子】,添加远程新闻种子链接和自定义标题,然后点击【添加】按钮,这样就完成了一颗新闻种子的添加,如图 3-5-20 所示。

图 3-5-20　添加新闻种子

3)点击【保存更改】,回到课程首页,远程新闻种子配置完成。

3.5.11　人工选课

课程创建完成后,课程创建者就是该课程的"教师"。如果还要为该课程指定其他任何教师,就使用人工选课。

单击课程主页左侧的 课程参与人图标,再单击页面右侧的 加入用户 按钮,在 选择用户 中输入姓名,在 分配角色 中选择 教师 ,再单击 加入用户 ,该用户就成为本课程的"教师"了。

3.5.12　指定角色

课程中的角色有:教师、无编辑权教师、学生,一般只使用教师和学生 2 个角色即可。无编辑权限教师有点类似助教,能给学生的作业评分,但不能编辑课程内容。

单击课程主页左侧的 课程参与人图标,在课程参与人名单的 角色 列中点击某个用户的 图标,选择要指定的角色,或删除现有的角色,再单击 图标,该用户在本课程中的角色就改变了。

3.5.13　分组

课程内的学生,如需分组管理,便于平行班、分类班级的管理,可将每个班的学生分成一个小组,每个小组指定一个独立的密码。

单击课程右上角的 设置菜单,点 更多……,点 用户 页,点 小组 ,点 创建小组 按钮,在 组名 中输入班级名称,在下面的 选课密钥 中 点击输入密码 ,单击 保存更改 按钮,这个小组就创建好了。若要建立其他小组,按此步骤创建。任何时候,都可以再来创建新的小组,或删除旧的小组。也可以随时从这里进来查看、修改小组的密码。这里要强调的是,设置了分组选课,就要设置不同原来课程的自助选课密码和分组密码,否则无法分组。

3.5.14 自助选课

班级小组创建好后,需要设置自助选课,目的是让每班学生通过自己班级小组的密码,加入你这门课程当中,同时自动划分到相应的班级小组中。本步骤的自助选课功能,首次设置好后就无须再设置了。

单击课程右上角的 ⚙️·设置菜单,点 ⚙️ 更多……,点 用户 页,点 选课方法,点 自助选课(学生) 这行右边的 ⚙️,在 允许自助选课 中选择 是的 ÷;在 选课密码 的 点击输入密码 ✏️ 👁️ 中,随机输入一个自助选课密码;在 使用分组选课密码 中选择 是的 ÷,最后单击 保存更改 按钮。这样,教师只要在班级里,把这个班的小组密码告诉学生,这个班的学生就可以加入课程中,并且会被自动划入到相应的小组中去。图3-5-21是学生分组自助选课界面。

图3-5-21 分组自助选课

学生通过任课教师给的分组密钥自动选课成功后,自动被分配到指定的分组中,节约了教师的工作量,方便后期管理学生。同时,教师可以在后台【参与人】下对学生的权限进行修改。如图3-5-22所示。

姓氏 ▲ / 名	电子邮件地址	角色	小组	最近课程访问	状态
Moodler1005	1005@qq.com	学生,课程创建者 ✏️	1701班 ✏️	12分钟32秒	活动的 ℹ️ ⚙️ 🗑️
Te100	1002@qq.com	学生,课程创建者 ✏️	1701班 ✏️	2分钟20秒	活动的 ℹ️ ⚙️ 🗑️
ZDJSJ	1001@qq.com	学生,课程创建者 ✏️	1701班 ✏️	4小时19分钟	活动的 ℹ️ ⚙️ 🗑️
罗老师	2225@qq.com	教师,课程创建者 ✏️	无小组 ✏️	现在	活动的 ℹ️ ⚙️ 🗑️
老师1003	1003@qq.com	学生,课程创建者 ✏️	1701班 ✏️	1分钟23秒	活动的 ℹ️ ⚙️ 🗑️

图3-5-22 管理分组

3.5.15 系统管理

该板块是所有板块中最重要的部分,它为教师提供了一个管理课程的控制面板。添加【系统管理】板块后的界面如图3-5-23所示。

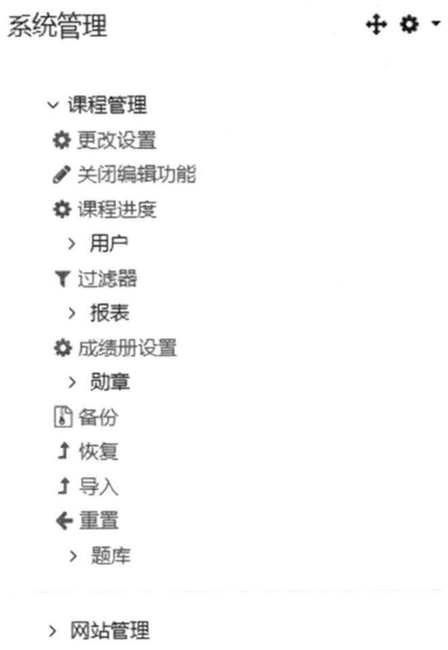

图3-5-23 "系统管理"板块

【关闭编辑功能】用于开启、关闭编辑功能。

【更改设置】用于编辑课程的参数。

【备份】用于备份课程管理。

【恢复】用于课程的恢复。

【导入】用于管理其他课程或课程活动的导入。

【重置】用于将课程初始化,这样将删除课程中所有的用户和课程信息。

【报表】用于管理和查看学生的所有日志,包括活动参与等。

【题库】用于管理和维护现有的试题库。

【成绩侧设置】用于显示所有学生的成绩,教师可以自定义显示的方式。

3.5.16 课程备份/恢复

【系统管理】板块中的【备份】和【恢复】链接,可以用来对课程备份打包或将课程包导入。

(1)课程备份打包

1)点击【系统管理】中的【备份】链接,进入如图3-5-24所示的页面。在该页面选择哪些课程资源、课程活动要备份,默认是全选。

图3-5-24　课程备份窗口

2)完成后,点击【下一步】按钮,进入如图3-5-25所示的页面。该页面显示了备份文件的名称和详细内容。

图3-5-25　备份文件详细内容

3)按界面提示,一直点击【下一步】按钮,最后点击【开始备份】按钮,出现如图3-5-26所示的页面。可以看到课程文件备份成了一个zip的压缩包,点击可以将该zip文件下载到本地。

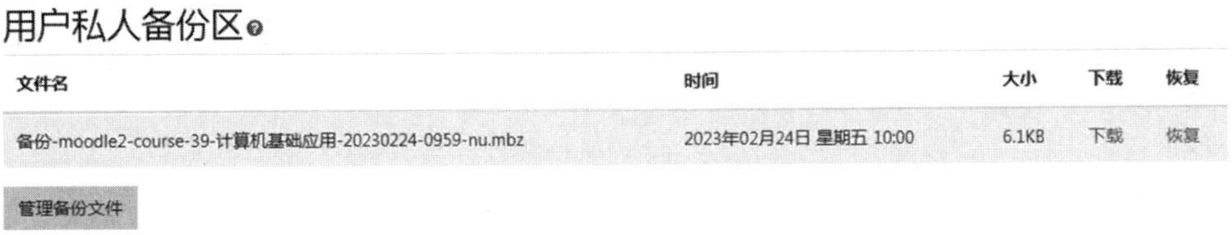
用户私人备份区
文件名
时间
大小
下载
恢复
备份-moodle2-course-39-计算机基础应用-20230224-0959-nu.mbz
2023年02月24日 星期五 10:00
6.1KB
下载
恢复
管理备份文件

图 3－5－26　课程备份文件

(2)课程的恢复

利用【系统管理】板块中的【恢复】功能,可以将自己或别人备份的课程包导入到课程中。

点击【系统管理】板块中的【恢复】链接,进入如图 3－5－27 所示的页面。拖动备份文件到恢复窗口,然后,点击【恢复】按钮,课程备份细节和课程细节如图 3－5－28、图 3－5－29 所示。点击【继续】,选择课程分类和恢复课程选项,如图 3－5－30 所示。

恢复课程
个人主页 / 我的课程 / 计算机基础应用 / 恢复
导入一个备份文件
文件
选择一个文件...
新上传文件的最大体积：100MB
您可以通过拖放文件到此处来添加文件。
恢复
此表单中的必填字段标记为 。

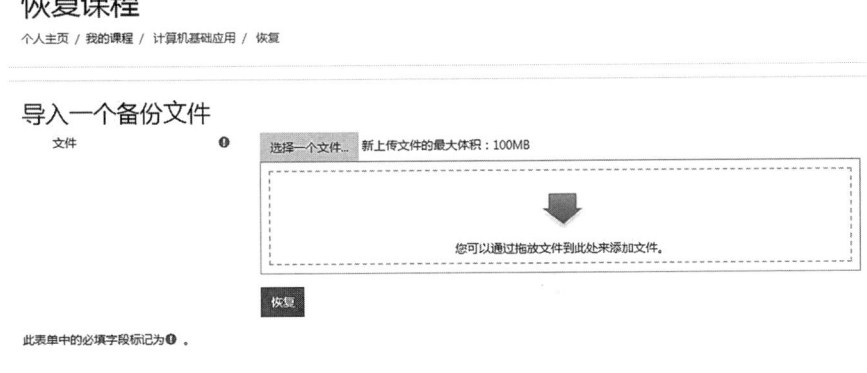

图 3－5－27　“恢复课程”窗口

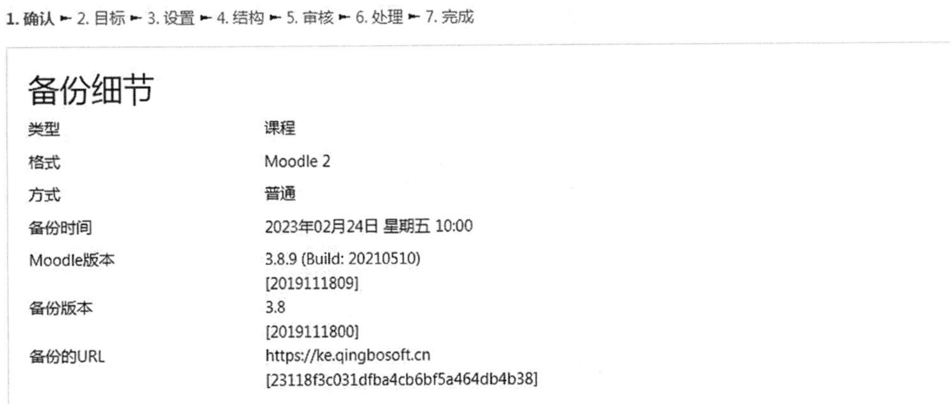
1. 确认 ► 2. 目标 ► 3. 设置 ► 4. 结构 ► 5. 审核 ► 6. 处理 ► 7. 完成
备份细节
类型
课程
格式
Moodle 2
方式
普通
备份时间
2023年02月24日 星期五 10:00
Moodle版本
3.8.9 (Build: 20210510)
[2019111809]
备份版本
3.8
[2019111800]
备份的URL
https://ke.qingbosoft.cn
[23118f3c031dfba4cb6bf5a464db4b38]

图 3－5－28　“备份细节”板块

图3-5-29 "课程细节"板块

图3-5-30 "恢复课程"选项

在这个页面,可以选择是向现有课程添加数据,还是先清空现有课程,然后再导入课程包中的内容;还可以选择将课程包中的哪些内容导入到现有课程。完成后,点击【继续】按钮,进入一个新页面,然后在出现的页面中点击【继续】按钮和【下一步】按钮,然后选择是否覆盖原有课程,点击【开始恢复】直到课程恢复完成。

上面只介绍了一些常用和重要的板块,还有很多板块读者可以自行添加,然后试着了解板块的用法和用途,如日历、活动、评论等板块。

本章小结

本章介绍 Moodle 板块的设置和使用方法。在信息化教学环境设计中,教师可以利用板块构建课程的整体框架。对于教师来说,Moodle 可以根据教学活动的需要,自主选择和设置相应的板块。

第四章 信息化教学资源设计

学习目标

掌握文本页和引用资源的建立

掌握网页和引用资源的建立

掌握运用站点的外部资源和本地课程文件

掌握建立站点目录和组织站点目录结构

掌握在课程中添加教学管理系统（IMS）包

掌握标签的使用

知识图谱

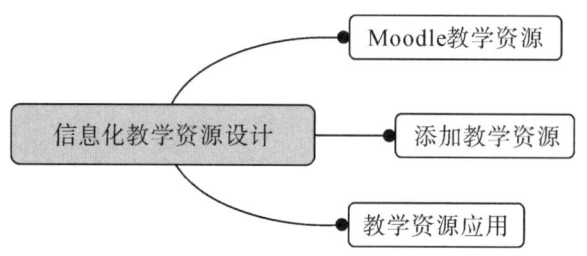

4.1 Moodle 教学资源

4.1.1 教学资源介绍

Moodle 中的资源和活动是组成信息化课程教学的 2 个重要模块。其中，资源模块主要用来呈现课程所需要的各种教学内容和资料。利用 Moodle 课程的资源模块，教师可以将电子文档、PowerPoint、Flash、视频、图片、音频等文件上传，添加到课程中，并能在 Moodle 课程服务器上进行管理;也可以直接在 Moodle 中编写文档,使用 HTML 编辑器编辑网页;还能够将外部网站链接到课程中,直接在课程中呈现外部网页的信息内容。本章将详细介绍如何在 Moodle 中设计信息化教学环境的资源。

4.1.2　进入教学资源

1)以课程创建者身份登录到 Moodle 平台,进入已经建好的课程中,并在课程页面的右上角点击 ✿ 按钮,点击【打开编辑功能】链接。

2)在课程页面中主题下面找到 ✚ 添加一个活动或资源,点击链接,即可看到所有的课程活动和资源类型,如图 4-1-1 所示。

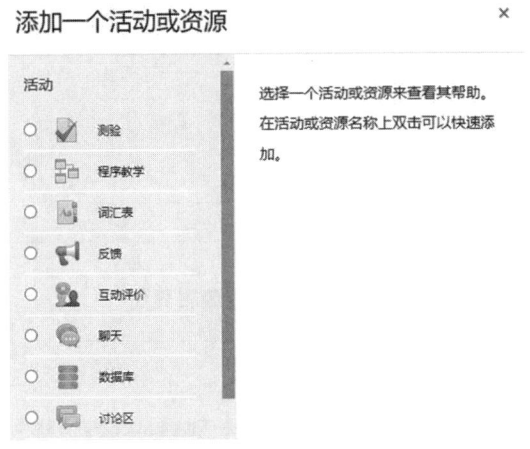

图 4-1-1　活动和资源窗口

Moodle 的课程教学资源有标签、图书、网页、网页地址、文件、文件夹、IMS 内容包。下面将详细介绍各种类型资源的添加方法。

这里要注意的是在 Moodle 课程中,一定要以教师身份登录到课程中,打开编辑功能,并把课程格式设置成常用的星期格式、主题格式或者 LAMS 课程格式,在课程页面主题中才能看到 ✚ 添加一个活动或资源 链接。如果把课程格式设置为社区格式或 SCORM 格式,则没有 ✚ 添加一个活动或资源 选项。

4.2　添加教学资源

4.2.1　标签

当教师在课程中添加了多个资源和活动之后,课程页面会显得很凌乱。那么,如何使这些课程内容变得更有条理、更美观呢？使用标签资源就可以解决这个问题。

利用标签资源,在课程页面中插入文本和图片,能够起到突出强调、呈上接下、美化课程页面等作用。标签资源的编辑界面如图4-2-1所示。

该编辑页面非常简单,只有一个文本框。教师可以利用2行编辑图标符号美化标签内容。编辑好标签之后,点击【保存并返回课程】按钮即可,显示的效果如图4-2-2所示。教师可以根据需要对标签进行移动、编辑等操作。

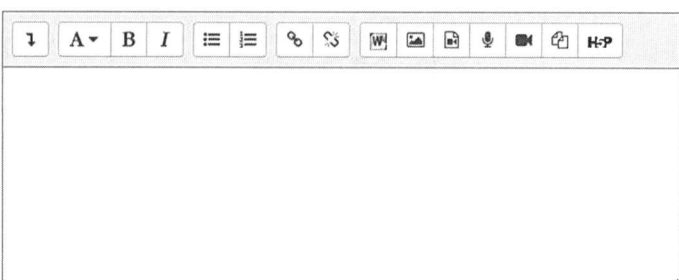

图4-2-1　标签编辑界面

图4-2-2　添加图片标签效果

4.2.2　图书

教师通过图书模块,可以用类似书本的格式创建一份多页的资源,并且可以分章节和子章节。图书可以包含媒体文件和文本,可以有很长的篇幅,并且可以分节。图书可以用来呈现某一学习模块的阅读材料,可以做成教学电子书和学生学习成果的展示台。

1）在课程页面中主题下面找到 ✚ 添加一个活动或资源,点击链接,选中资源下的【图书】,选择添加按钮,打开新建图书界面,如图4-2-3所示。

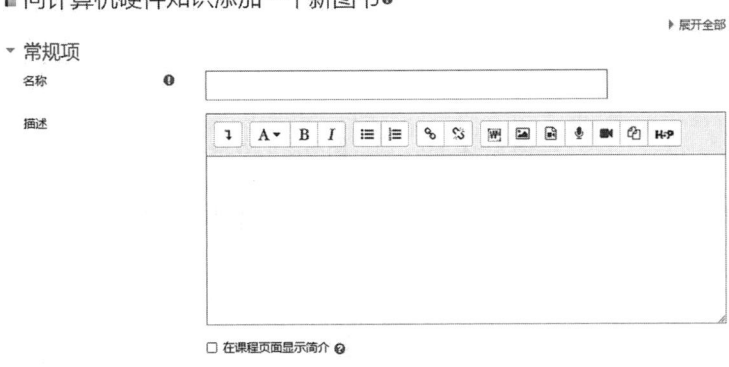

图 4-2-3 添加图书界面

常规项：

【名称】新建图书的名称。

【描述】用于描述课程章节介绍。

【在课程页面显示简介】如果启用，上述简介将显示在活动或资源链接下方的课程页面上。

外观：

【章节格式】（无）章节标题都完全不做格式化，（编号）章节都是编号（1，1.1，1.2，2……），（项目编号）小节的目录中是缩进的并且带有项目符号，（缩进）小节的目录中是缩进的。设置如图 4-2-4 所示。

【导航样式】图像导航以图片作为导航，文字导航以章节标题作为导航，设置如图 4-2-5 所示。

【自定义标题】章节标题通常显示在目录中，并作为正文上方的标题。如果自定义标题复选框被勾选，就不会在正文上方显示章节标题。可以在正文中输入一个不同的标题（可以比章标题长）。

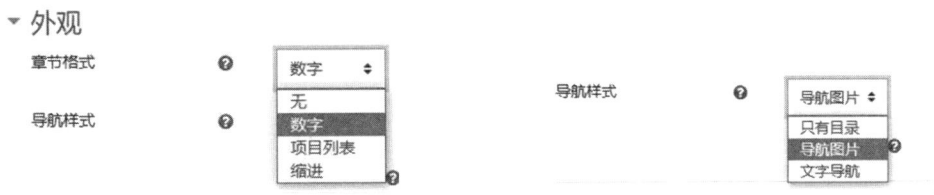

图 4-2-4 章节格式选择　　　　图 4-2-5 导航格式选择

2）输入图书名称和描述信息，外观默认选项，章节格式为数字，导航样式为导航图片，单击【保存并返回课程】。如图 4-2-6 所示。

图 4-2-6 添加图书后的效果

3）单击图书链接，打开编辑章节窗口，输入章节标题和内容，单击【保存并返回】，选择如图 4-2-7 所示。

图 4-2-7 章节编辑窗口

4）添加完第一章节后，在课程设计页面的右面出现目录窗口，如图 4-2-8 所示。

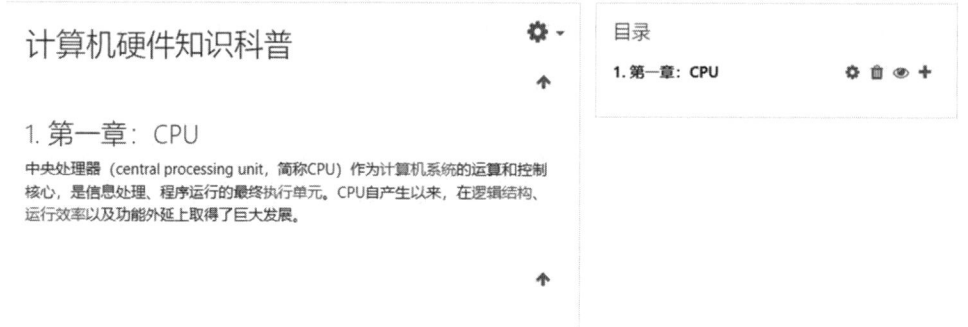

图 4-2-8 章节编辑目录窗口

5）在章节目录里有 4 个编辑选项图标 ✿ 🗑 👁 ✚，分别是编辑、删除、隐藏、添加，单击 ✚ 可以在本章节后继续添加新的章节。图书资源效果如图 4-2-9 所示。

第四章 信息化教学资源设计 69

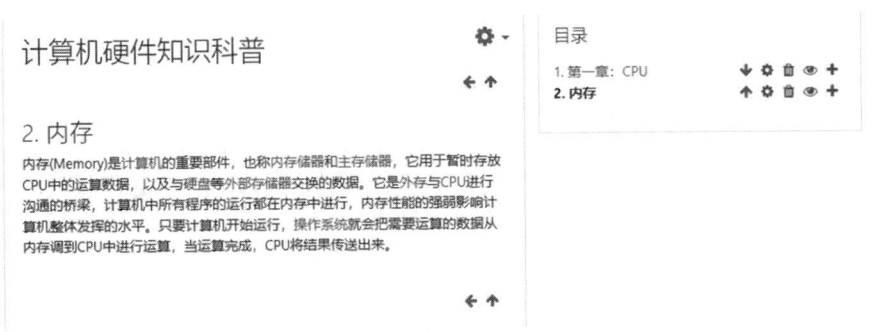

图 4-2-9　图书资源效果

4.2.3　网页

教师不但可以直接在 Moodle 课程中编写文本页,还可以利用网页资源在课程中使用 HTML 编辑器编写网页。编辑网页的界面如图 4-2-10 所示。

图 4-2-10　网页编辑窗口

【名称】和【描述】的功能和文本页的一样,这里不再叙述。

【全文】里也有 2 行编辑图标符号,利用这些操作简单、效果显示直观的图标符号可以丰富美化网页的内容。在该页面上有 2 行编辑图标,可以方便、快捷地编辑网页,也可以点击图标 <> 在文本框里输入 HTML 代码编辑网页,如图 4-2-11 所示。

图 4-2-11　HTML 编辑窗口

此时其他的图标符号变成灰色,表示在使用 HTML 代码编辑网页时,其他的图标符号均不可用。编写 HTML 代码时,可以随时点击图标 <>,切换观看所编辑的网页效果,同时还可以直接在网页上进行编辑,方法和上一章节中添加天气预报相同。

4.2.4　网址地址

教师可以通过网址地址链接 Web 网站作为课程资源。任何在线可以自由查看的资源,如文件或图片,可以作为链接;该链接地址不必是某个网站的主页。某个网页的 URL 可以直接被复制和粘贴,或者老师可以使用文件选择器,从容器中选择一个链接。

1)在课程页面中主题下面找到 ➕添加一个活动或资源,点击链接,选中资源下的【网址地址】,选择添加按钮,打开添加一个新网址界面,如图 4-2-12 所示。

图 4-2-12　添加新网页地址界面

【名称】网址链接的名称。

【外部 URL】输入外部网页资源地址,也可以点击【选择一个链接】添加上传的资源。

【描述】网址链接的相关描述。

【显示】打开网页的显示方式有自动、嵌入、打开、在弹出窗口中。

【参数=变量】可以将一些 Moodle 内部变量自动附加到 URL 上。在每个文本框中输入参数名,然后选择配套的变量。

2)例如在图 3-1-1 所示界面中输入名称"百度学术",外部 URL 中输入百度学术的网址,描述部分输入"百度学术",外观显示选择自动,如果要在独立窗口打开,可以选择"在弹出窗口中"。其他选项默认,完成后选择【保存并返回课程】,网页地址打开如图 4-2-13 所示。这样可以方便、快捷地在课程中使用其他网站的内容信息。

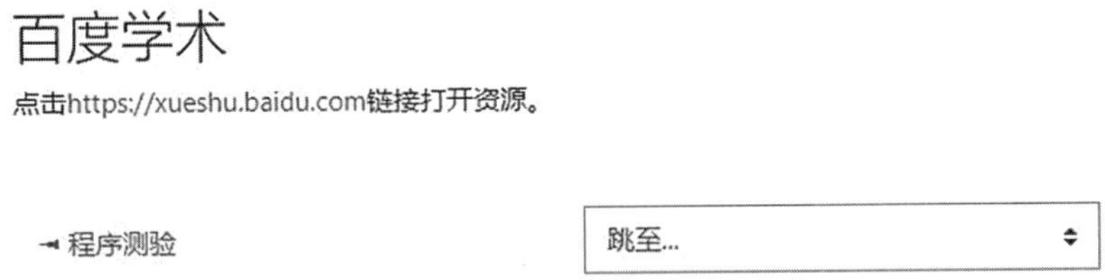

百度学术

点击https://xueshu.baidu.com链接打开资源。

◂ 程序测验　　　　　　　　跳至...

图 4-2-13　新建网页地址

4.2.5　文件

文件模块允许教师提供文件作为课程资源。在可能的情况下,该文件将在课程界面中显示,否则学生将被提示下载。该文件可能包括支持文件,例如一个 HTML 页面可能有嵌入的图片或 Flash 对象。这里要注意,学生需要在他们的计算机上安装适当的软件才能打开文件。文件可以用来分享课堂上的演示。

拖动文件上传时,一定要注意文件的大小,单个文件不能超过大小限制,否则会上传失败。如果文件已经上传到课程服务器中,点击【选择或上传一个文件…】按钮,则会呈现出课程中的所有文件。此时,教师可以点击该页面中的【上载一个文件】按钮继续上传文件,也可以对已经上传到 Moodle 课程中的文件进行编辑和管理。文件模块界面如图 4-2-14 所示。

图 4-2-14 文件模块

4.2.6 文件夹

文件夹模块可以让教师在一个文件夹里批量展示相关的文件,减少在课程页面中频繁使用滚动条。一个压缩的文件夹可以被上传并且解压缩以便显示,或者建立一个空文件夹并把文件上传到这里。新建文件夹模块如图 4-2-15 所示。

文件夹模块可以用于存放同一主题的一系列文件。例如,一整套计算机发展史主题的 PDF 文件,或供学生操作用的一组图片文件。在课程页面中提供教师上传共享文件的空间(保持文件夹隐藏状态,只有教师才能看到)。

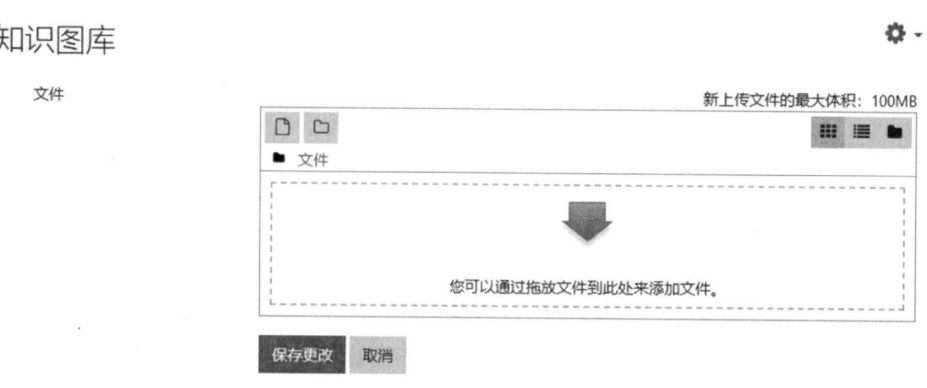

图 4-2-15 文件夹模块

4.2.7 教学管理系统(IMS)包

这类资源的编辑页面和链接到文件或站点资源的编辑页面有些类似,如图 4-2-16 所示。有所不同的是,IMS 包上传的必须是符合 IMS 内容包要求的压缩包文件。

图 4-2-16 添加 IMS 内容包

【名称】和【描述】的功能、编辑方法和前面介绍的一样。进入课程文件页面,选择 ➕添加一个活动或资源,用鼠标将做好的 IMS 压缩包拖动到文件上传区域。编辑完毕,点击【保存并返回课程】按钮即可。该资源也可以随时根据需要进行修改编辑,方法和其他资源的修改操作一样。利用 IMS 包资源,教师可以把已经做好的符合 IMS 内容标准的压缩包文件应用于课程中。这里要强调的是,IMS 包的制作需要使用专门的软件工具。在本书中,只是介绍了如何将做好的 IMS 包添加到课程中。

4.3 教学资源应用

4.3.1 ATTO 编辑器

除常规编辑器使用外,Moodle 集成了 ATTO 编辑器,增加了 Word 文档在线插入、在线语音功能和在线视频功能,如图 4-3-1 所示。

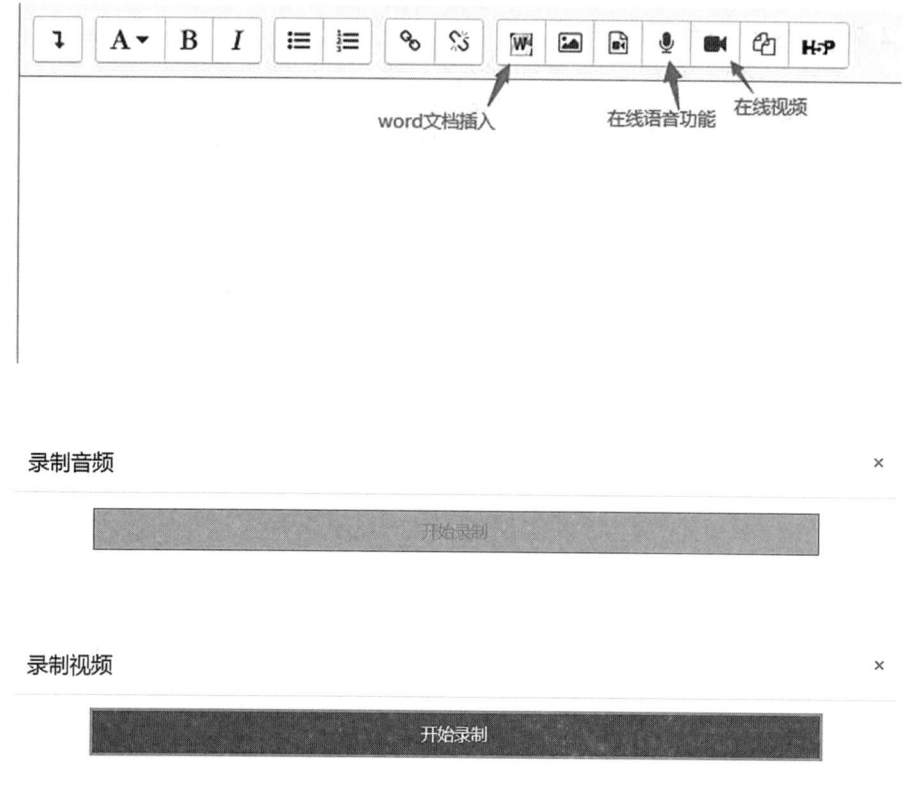

图 4-3-1 ATTO 编辑器

4.3.2 SCORM 课件导入 Moodle

PPT(PowerPoint)文件如果直接上传到课程页面中,浏览器无法播放它,会直接下载。如果需要 PPT 直接在网页里播放,先用 iSpring 将 PPT 发布为 HTML 5 格式的 SCORM 1.2 压缩包,再上传到 Moodle 页面中,就可以实现播放了。

下载 iSpring Free 软件安装后,打开要上传的 PPT 文件,点 [iSpring Free 8] 页,点 发布按钮,选择: ● All slides 、● HTML5 、☑ Generate SCORM 1.2 compliant course ☑ Rate number of slides viewed: 35 of 35,再单击 [Publish] 发布按钮,就生成 [Sparsecoding.zip] zip 包了。点击课程页面右上角的【打开编辑功能】按钮,把这个 zip 包拖到课程页面上去,课程页面中会弹出一个询问窗口,[您想怎么处理文件"Sparsecoding.zip"?],选择 ◉ 添加一个 SCORM 包 后,单击 [上传] 按钮,这个 SCORM 课程包就上传成功了。鼠标点击 ✥ ⊙ Sparsecoding ✎,就会看到这个 PPT 文件嵌入在网页中播放了。如图 4-3-2 所示。

图 4-3-2　SCORM 课件浏览

4.3.3　Word 2010 文档导入 Moodle

只要有 Atto 编辑器的地方，就能看到一个 图标，点击这个 Word 图标，选择一个 Word 2010 文件，扩展名为.docx。扩展名为 doc 的不能用！导入*.docx 文件后，上传文件。扩展名为 doc 的 Word 文件，是 Word 2003 格式的，这里不能用。扩展名为 docx 的 Word 文件，是 Word 2010 及以后版本的新格式。

在课程页面中，点击课程页面右上角的【打开编辑功能】按钮，再单击【添加一个活动或资源】，在【资源】页中，单击【网页】，在【名称】中输入新建网页的名称，再在【内容】右边的 ATTO 编辑器工具栏中单击 图标，单击【上传一个文件】中的【选择文件】按钮，再单击【上传此文件】后，发现此 Word 文件的内容已经导入到编辑窗中了。

4.3.4　H5P 课件制作

H5P 是一款开源免费的交互式多媒体课件制作工具，可帮助用户在浏览器中创建交互式 HTML5 内容，并在所有操作系统和浏览器之间共享。H5P 这项技术给用户提供了便利的创建交互式网页或内容展示的方式，并提供了丰富的展示插件，适合不同领域教学需要，例如在线互动教学、游戏化教学、虚拟情景化教学，等等。H5P 课件插件需要提前安装后才可以使用，具体安装方法参考第九章内容。

1）要在教学活动中添加 H5P 课件，首先选择【打开编辑功能】，然后在需要添加 H5P 的任务区选择【添加一个活动或资源】，选择 H5P 互动内容，如图 4-3-3 所示。

图 4-3-3　添加 H5P

2)添加完成后,在 H5P 互动内容的【描述】部分输入课件的详细描述信息,然后在编辑器部分,会自动打开 H5P 编辑器,如图 4-3-4 所示。

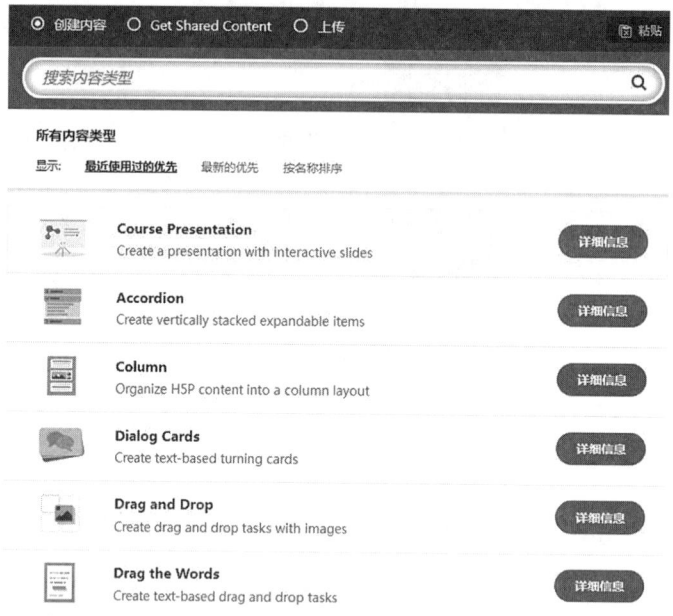

图 4-3-4　H5P 编辑器

在 H5P 编辑器中,可以看到官方提供了很多模板供教师使用,选择需要展示的模板,然后点击右边【详细信息】加载模板。比如这里选择【Course Presentation】模板,如图 4-3-5 所示。

图 4-3-5　Course Presentation 模板

3）H5P课件编辑器。在编辑器右下方有一排按钮，如图4-3-6所示，依次是添加页面、复制相同页面、设置页面的背景色或背景图片、页面向左移动、页面向右移动、删除页面。

图4-3-6　编辑器右下方按钮

当选择添加页面后，在左侧目录 区会自动显示页面的标题，单击 工具可以修改标题名称。

在H5P编辑器右上方也有一排按钮，依次为字体、超链接、图片、形状、视频、站点、音频，以上工具为课件编辑基本工具。除上述工具外，H5P还提供了交互式课件制作工具，包括表单互动和计算等。

本章小结

本章重点介绍了教师如何在Moodle学习环境中设计教学资源。资源是课程的重要组成部分，通过本章的学习，读者能够熟练掌握各种资源的设计、管理和使用，并对资源的构成体系有比较深入的了解。

第五章 交互式信息化教学设计

学习目标

熟练掌握作业的设置和使用

熟练掌握投票的设置和使用

了解如何使用程序教学

熟练掌握如何创建题库和使用题库

熟练使用和分析问卷调查

知识图谱

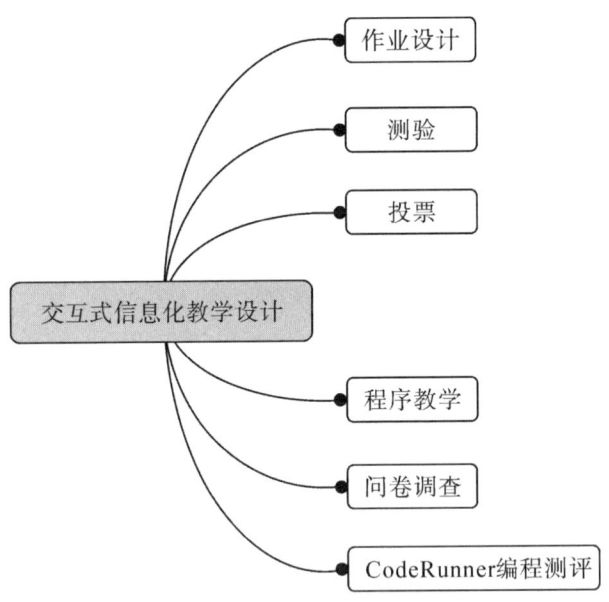

5.1 作业设计

布置作业是教师日常教学中不可缺少的一部分。在 Moodle 平台上,教师可以充分利用 Moodle 中的【作业】模块给学生布置作业。在 Moodle 平台上,可以布置 2 种类型的作业:一种是文件提交,表示学生可以将自己的作业以各种格式的文件上传(如 Word 文档、演示文稿、图片、音频、视频等);另一种是在线文本,这种类型的作业可以让学生使用普通的在线编辑工具编辑文本。教师可以对作业在线评分,甚至可以对学生的作业进行修改或嵌入点评。

5.1.1 文件提交

(1)布置作业

1)进入课程页面后打开编辑功能,在课程页面点击 ➕添加一个活动或资源,在弹出列表选择【作业】,如图 5-1-1 所示。

图 5-1-1 添加作业活动窗口

2）对作业参数进行相应的设置，如图 5-1-2、图 5-1-3、图 5-1-4、图 5-1-5 所示。

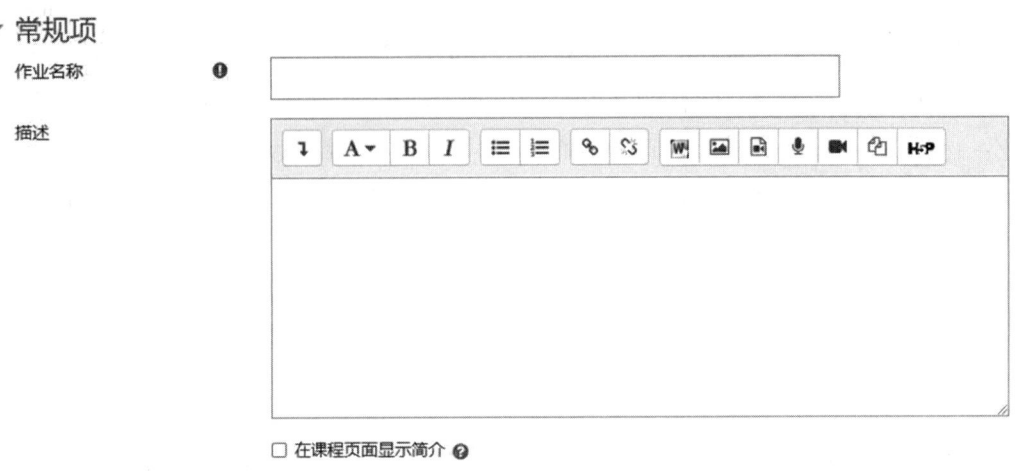

图 5-1-2 作业常规设置

图 5-1-3 作业时间设定

图 5-1-4 作业反馈和作业设置

图 5-1-5 作业成绩设置

【作业名称】对所布置作业进行命名。

【描述】教师可以写一些作业要求,以及学生做作业或提交作业时应该注意的问题。

【附件文件】教师可以上传作业需要的参考资料,包括文档、图片、视频、动画等。

【允许提交】【到期日期】【截止日期】【提醒我评分】可以设定作业上交的开始时间和截止时间。可以让学生在任何时间上传作业,只要将【允许提交】【到期日期】和【截止日期】前的对钩去掉便可,这时【允许提交】【到期日期】和【截止日期】都变为灰色显示。

【作业类型】有2种作业类型:在线文本、文件提交活动项目。

【成绩】教师可以设置对学生作业的评价方式。若选择的是分数,则这一数字表示学生作业可得的最高分数。当然,也可以使用【管理】菜单的【量表】所创建的自定义等级评价学生的作业。

【反馈类型】包括反馈一键、批注的 PDF、离线评分表格、反馈文件。如果需要对 PDF 格式在线作业批改,可以只选择【批注 PDF】,上传文件格式必须为 *.JPG 格式。

【小组作业设置】如果启用,则将根据默认小组或自定义大组将学生分为几个小组。小组作业将在小组成员之间共享,小组中的所有成员都将看到彼此对作业所做的更改。

【作业设置】如果需要学生以单击提交按钮提交,可以选择"是"。接受作业声明也可以开启。

3)在【作业类型】中选择【最大的文件上传数】【最大提交大小】【作业类型】并进行设置,其中作业类型包括文档、图片等丰富的资源,如图 5-1-6 所示。设置好作业相关参数后,如图 5-1-7 所示,然后点击【保存并返回课程】按钮,出现如图 5-1-8 所示界面。各参数具体介绍如下:

图 5-1-6　作业类型种类

图 5-1-7　作业类型设置

图 5-1-8　设置好的作业界面

（2）学生上传作业

学生上传作业时，点击 课堂作业，进入图 5-1-9 所示界面。在该界面点击【添加作业】按钮选择上传作业的路径，然后点击【保存更改】按钮即可。在这里，设置每一项作业只允许学生交 1 份，并且允许学生重交。如果学生多次提交作业，后面所提交的作业会自动覆盖前面的作业，如图 5-1-10 所示。

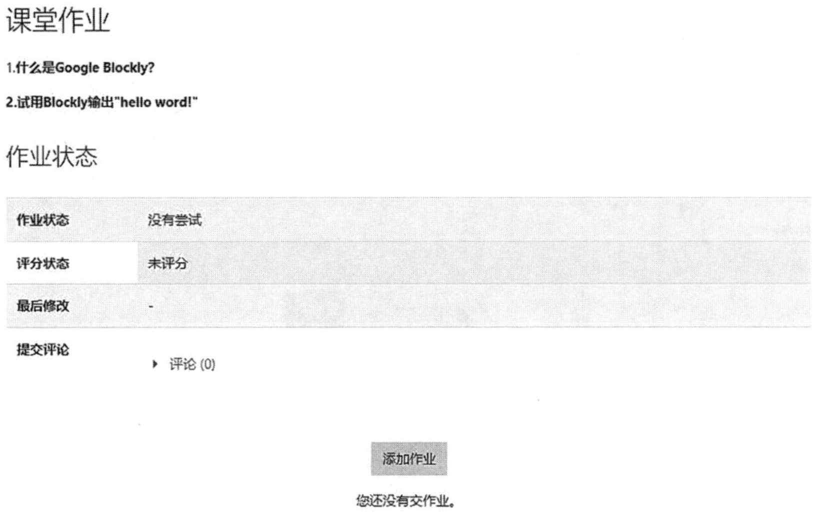

图 5-1-9 作业界面

图 5-1-10 提交作业界面

（3）管理作业

教师不但要学会给学生布置作业，而且还要学会对学生上传后的作业进行管理。如布置的"BLOCKLY 图形编程作业"已有 1 位同学上传，当点击 作业：课后练习 后，在窗口中会出现已提交 1 人的字样，如图 5-1-11 所示。

作业：课后练习

使用blockly编程，结果截屏保存为JPG图片提交。

1.输入一行字符，分别统计出其中英文字母、空格、数字和其它字符的个数。

2.求1！+2！+3！+4！+…+10!的值。

3.输出所有的"水仙花数"。所谓"水仙花数"是指一个3位数，其各位数字立方和等于该数本身，例如153是一个水仙花数，因为$153=1^3+5^3+3^3$。

评分概要

对学生隐藏	否
参与人	37
已提交	1
需要评分	1

图 5-1-11　作业检查页面

点击【查看所有作业】，可以看到学生的姓名、上传作业的时间、作业的文件名。教师可以直接点击学生作业链接查看学生的作业。如果想对学生"史君怡"的作业给出成绩，只要点击其所在行的【成绩】链接，便可以进入图 5-1-12 所示页面。可以在【成绩】中给出分数，并在下面的文本框中输入对作业的评语。还可以用白板笔在作业窗口批改，如图 5-1-13 所示。

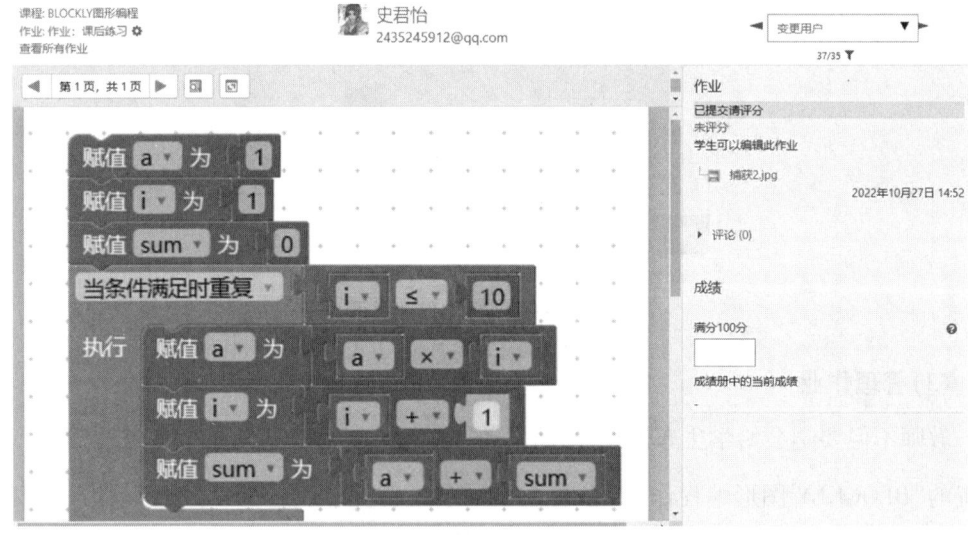

图 5-1-12　作业批改页面

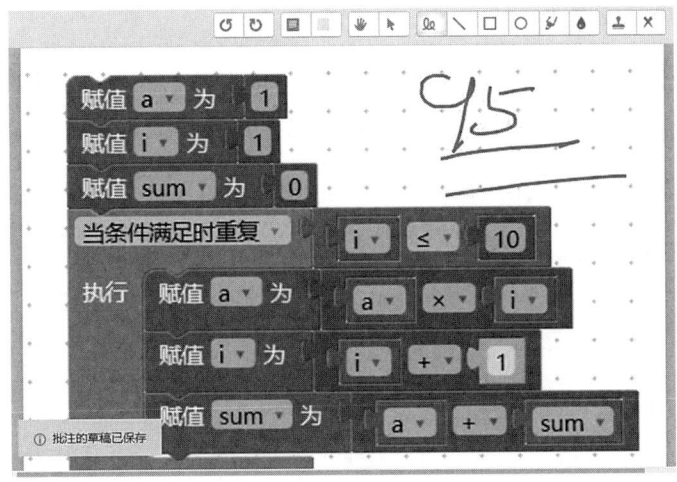

图 5-1-13　作业批改工具

当对学生的作业给出成绩并写好评语后,学生栏最右边的【状态】会由【成绩】变为【更改】。同时,【成绩】列和【评论】会自动添加内容。如果想修改学生的成绩,只要点击【更改】就可以了。

5.1.2　在线文本

(1) 教师布置作业

教师如果要给学生布置在线作业,一定不要忘记在【作业类型】中选择【在线文本】,如图 5-1-14 所示。

图 5-1-14　作业类型选择

对各参数进行设置后,点击【保存并返回课程】按钮,便会出现如图 5-1-15 所示页面。

图 5-1-15　在线作业页面

（2）学生在线完成作业

当学生登录课程后，点击 ![作业：课后练习] 后，在呈现的页面中点击【添加作业】按钮，就可以在线完成作业了，如图 5-1-16 所示。

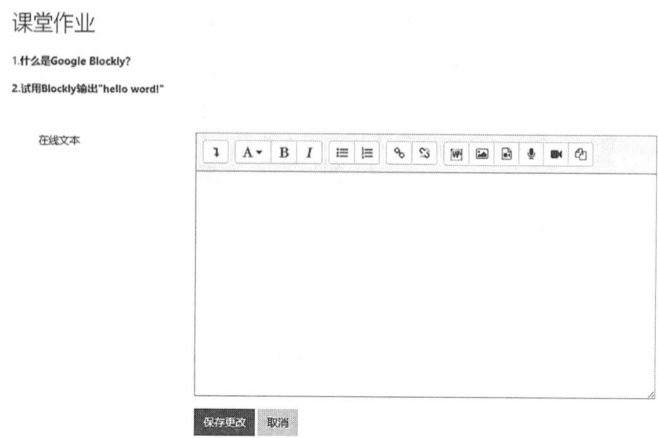

图 5-1-16　在线作业编辑窗口

填写完毕后，点击【保存更改】按钮即可。如果学生对自己的作业不满意，可以点击【重置】按钮重新填写。学生点击【保存更改】按钮后，还可以再次点击【编辑作业】按钮修改作业。如果要删除以上作业，可以单击【移除作业】后重新填写。

（3）教师管理学生的作业

教师进入图 5-1-11 所示界面后，点击【查看所有作业】，便会进入如图 5-1-17 所示界面。在这个界面，教师可以点击【成绩】给学生的作业评分，并且可以用不同颜色的字体修改学生的作业；也可以在这里写一些对学生作业的评语。完成后，点击【保存更改】按钮。学生登录课程后，进入作业，就可以看到老师的反馈了。

图 5-1-17　作业浏览界面

5.2 投票

5.2.1 创建投票

投票工具可以帮助教师在教学中开展各种调查,如调查学生对课程学习内容是否感兴趣、是否有所了解等。在投票活动模块中,教师可以设置一个问题,并提供多个可能的选项,由学生在线选择并提交。投票的结果可以设置成:①在学生投票后显示;②在指定日期后显示;③完全不对学生显示。显示结果时可以显示学生姓名或匿名。创建投票的步骤如下:

1)进入课程教学页面,点击 ➕ 添加一个活动或资源 链接,选择【投票】,然后点击【添加】按钮,如图 5-2-1 所示。

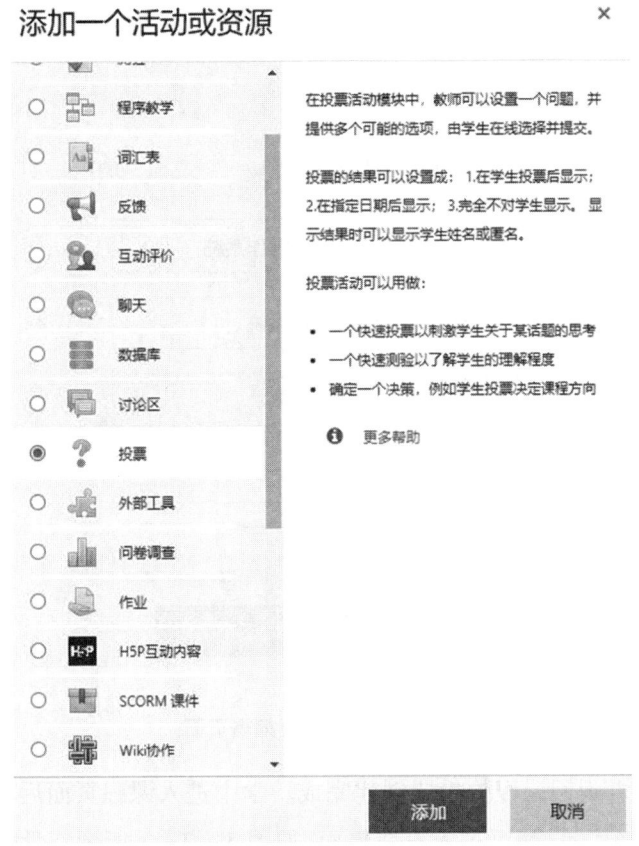

图 5-2-1 选择投票活动

2)进入如图 5-2-2 所示页面,填写【投票名称】和【描述】,然后编辑投票的选项,即填写【选项1】【选项2】……可以指定任意数目的选项,即任意多个投票项,不需要将其全部写满。

3)填写完上述内容后,在同一页面中设置以下参数:

【选项的显示模式】可以垂直显示,也可以水平显示。

【时间有效性】如果想让投票有时间限制,就在此设定一个投票的起始时间和结束时间。

【允许修改投票】如果允许学生在投票后进行修改,就选"是",否则学生只能投1次。

【允许多选】学生可以选多个投票。

【限制可投的票数】此选项允许限制某个选项的投票数。当达到限制时,学生无法再投该选项。如果在小组模式下使用此活动,则限制为每个小组。

【公布结果】可以设定是否向学生公布结果,以及什么时间公布。

图 5-2-2 投票编辑页面

4)点击【保存并返回课程】,投票创建完成。学生进入课程页面后,点击刚才所创建的投票 说说你对操作系统的了解?,就可进入投票界面,如图 5-2-3 所示。学生选择好后,点击【保存我的投票】按钮,即可提交投票。

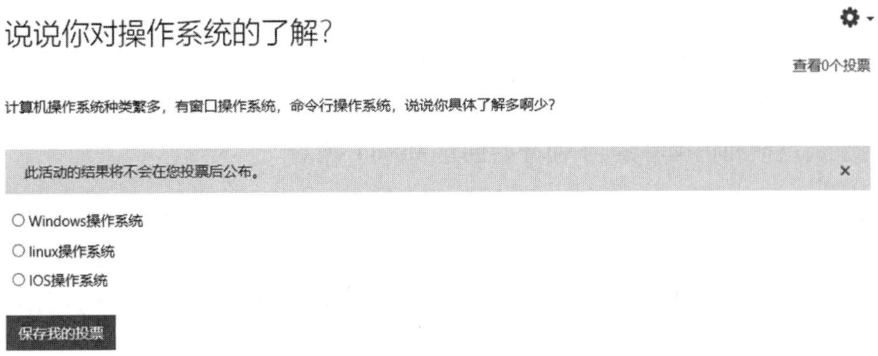

图 5-2-3　投票界面

5.2.2　教师管理投票

学生参与投票后,教师可以点击课程中投票的名称查看投票结果。点击右上角的查看学生回复的链接,将看到一列带有学生图像和名字的回复,如图 5-2-4 所示。

图 5-2-4　投票结果统计

5.3　测验

在课程教学领域,评价是师生互动教学活动中最重要的组成部分之一,测验和反馈方式是在线学习环境设计中的一个重要部分。在 Moodle 的测验模块中,可以利用许多选项和工具,使测验的设计和使用更加灵活。

教师可以在测验模块中设计选择、填空、匹配、数字、判断、简答等多种类型的试题,可以允许设置测验的试答次数,并使用从题库随机抽题、试题顺序随机排列、选择题或匹配题选项随机排列等方式，以减少作弊的可能性。

教师也可以设置测验开启日期，或每次试答的时间限制（如倒计时）。除了简答题外，每次试答都会自动批改，成绩会保存到成绩册中。教师可以选择何时以及是否向学生显示提示、反馈和正确答案，下面开始创建 Moodle 测验。

5.3.1 建立测验

登录课程页面，打开编辑功能，单击相应模块的【添加一个活动或资源】链接，选择列表中的【测验】活动，然后选择【添加】，进入如图 5-3-1 所示页面。

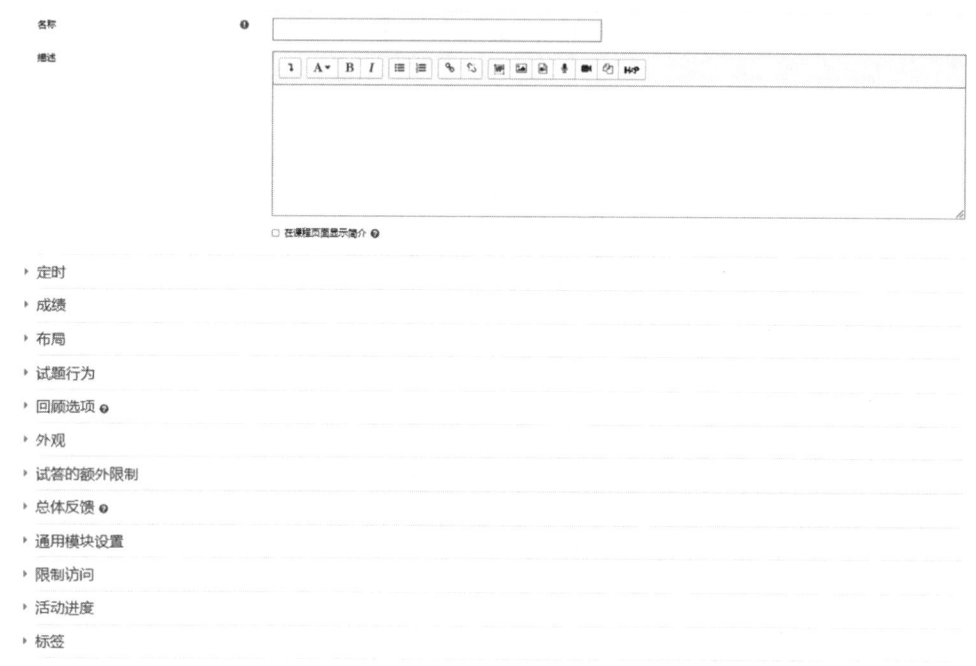

图 5-3-1 添加测验活动页面

在填写完测验的名称和描述信息后，需要对以下参数进行设置：

【开启测验】和【关闭测验】用于指定何时允许学生参与测验。在开启时间之前和关闭时间之后，测验都是不能访问的。

【时间限制】缺省的情况下，测验并没有时间限制，学生花多少时间完成都没有问题。如果指定了时间限制，当限制时间用完时，无论此时学生在答案中写了什么，测验都将自动结束。

【当时限终止时】这个设置控制学生在测验时限终止之前没有提交的试答会发生什么。如果学生当时在积极作答，那么倒计时计时器将总是自动为他们提交答案，但是如果他们已经退出，那么此设置会控制怎么做。默认选择自动提交打开的试答，如图 5-3

-2所示。

图 5-3-2　测验定时设定

【成绩类别】用于设置成绩在成绩册中的类别。

【及格成绩】设置成绩的及格线,一般为 60 分。

【允许试答次数】用于设置学生进行测验的次数,允许学生多次试答测验。如果在前面的设置中设置为随机项,学生每次尝试都是新的排列顺序的测验,这非常有助于练习。

【评分方法】允许多次答题时,可以使用以下 4 种方法计算最终测验成绩:①所有试答的最高分;②所有试答的平均分;③第一次试答(其他试答忽略);④最后一次试答(其他试答忽略)。成绩设置如图 5-3-3 所示。

图 5-3-3　测验中成绩设定

【新页面】对于试题较多的测验,可以设定每页显示试题的条数。

【导航方式】有自由模式和顺序模式。自由模式题目可以自由跳转,如果选择顺序模式,学生必须按照顺序完成测验题目,既不能返回到先前的页面,也不能跳到后面的页面。布局设置如图 5-3-4 所示。

图 5-3-4　测验布局设置

【试题内随机排列】如果启用,且试题设置中也启用了该选项,那么每当学生试答测验时,试题内的选项将被随机排列。此项设置仅适用于具有多个选项的试题,比如选择题和匹配题。

【何种试题行为】学生可以和此测验中的试题有多种交互方式。例如,如果希望学生输入每道题的答案后再提交整个测验,然后才评分和显示反馈,就应该用"延迟反馈"模式;如果希望学生在答题过程中每道题都提交一下,并获得立即的反馈,如果学生没有答对,还有机会再次尝试,但只能得到较低的分数,那么应该用"交互式多次尝试"模式。

【每次试答都建立在上次的基础上】如果允许多次试答并且启用此设置,则每次新的试答结果都将包含上次试答结果,可以允许测验通过几次试答来完成。试题行为如图5－3－5所示。

图5－3－5 测验中试题行为设置

【回顾选项】这些选项控制学生的回顾试答或查看测验报表中的相关信息。①试答期间:此项设置仅与某些行为有关,例如"交互式多次尝试",可以在试答期间显示反馈。②试答后马上:此项设置适用于点击"提交所有并结束"后的前2分钟的反馈。③稍后,当测验仍然开启时:此项设置适用于在此之后和测验关闭日期之前。④测验关闭后:此项设置适用于测验关闭日期过去之后,如果测验没有关闭日期,则永远不会达到此状态。回顾选项如图5－3－6所示。

图5－3－6 测验回顾选项设置

【显示用户的图片】如果启用,在试答和回顾界面会显示学生的姓名和头像,这样在有监考的考试中,就能清楚地检查学生是否是自己本人身份登录。

【分数的小数位数】此项设置指定在显示分数时小数点后显示的位数。但它只影响分数显示,不影响数据库中存储的分数,也不影响内部计算,后两者会使用完整的精度。

【试题分数的小数位数】此项设置指定在显示每道题的分数时,小数点后保留几位小数。

【试答期间显示板块】如果设置是,试答期间显示其他板块,建议默认选择"否"。测验模块外观设置如图5-3-7所示。

图5-3-7 测验模块外观设置

【需要密码】这个字段是可选的。如果指定了一个密码,则参与者必须输入此密码才能参加测验。这个选项对于只允许一个小组进入测验非常有用。

【限制网络地址】可以设置只允许局域网或 Internet 的某个子网访问测验,只需用逗号分隔若干个完整或不完整的 IP 地址。有监考的测验可以使用此功能确保只有在指定地点的人才可以访问测验。

【第一次和第二次试答之间的强制时间间隔】启用后,学生必须等待指定间隔时间才能进行下一次考试。

【网络摄像机身份验证】如果启用此选项,学生将无法开始尝试,直到学生勾选了一个复选框,确认他们了解网络摄像头的政策后才能参加测验,后台会间隔抓取考生状态,默认选择"不需要"。测验效果如图5-3-8所示。

图5-3-8 摄像头捕获考生状态

【浏览器安全】如果选择了"全屏幕弹出窗口(JavaScript 保障安全)",只有学生使用,启用了 JavaScript 的 Web 浏览器时,测验才会启动,测验显示再一个全屏幕的弹出窗口中,覆盖所有其他窗口,没有导航空间,会尽可能地阻止学生使用拷贝、粘贴之类的功能。测验试答的额外限制如图 5-3-9 所示。

图 5-3-9 测验试答额外限制

【总体反馈】这是在测验之后根据学生的分数确定一些分数段(等级)。教师可以根据情况给予某个分数段内的学生一个反馈。例如,100-90 的反馈为"棒极了",90-80 的反馈为"不错",80-70 的反馈为"还可以",70-60 的反馈为"有点问题",60-0 的反馈为"不及格"。以上只是介绍了一些常用的、重要的参数,还有其他许多参数,可以使用系统的缺省设置。总体反馈设置如图 5-3-10 所示。

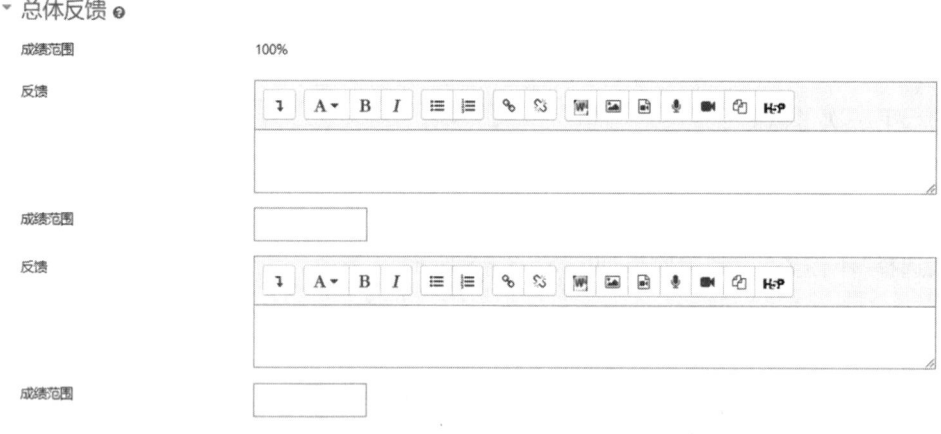

图 5-3-10 测验中总体反馈设置

5.3.2 编辑测验

设置好以上参数后,点击【保存并返回课程】按钮,就进入了测验的编辑页面,如图 5-3-11 所示。

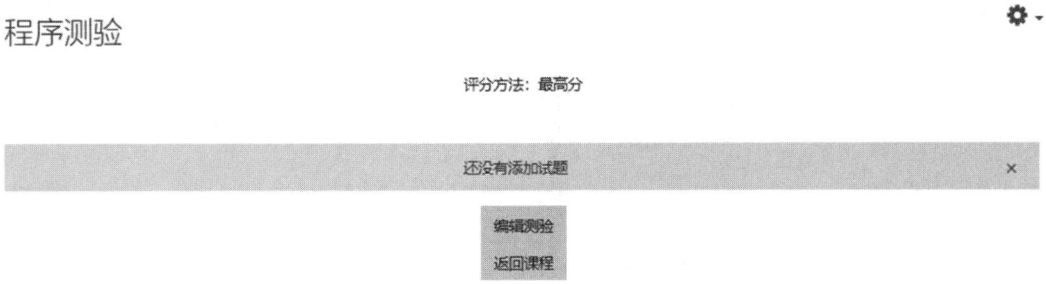

图 5-3-11　进入测验编辑

点击【编辑测验】，选择右边【添加】按钮，如图 5-3-12 所示。

图 5-3-12　测验编辑选项

在测验编辑选项中，教师可以设置最高分，一般设置为 100 分。如果勾选"随机排列"选项，则试题的顺序是随机排列的。点击【添加】后，会弹出 3 个选项：【一道题】每次只能一道道题编辑，【从题库】可以从题库里批量添加题目，【一道随机题】当题库题目大于要抽取的题目时，可以选择随机抽取题库中的一定数目的题目。

Moodle 中测验试题有选择题、判断题、匹配题、填空题、数字题、简答题、计算器、内嵌题、随机填空题、拖放标签题、拖放图片题、拖放填空题、选词填空题、CodeRunner 编程题等。

点击【一道题】按钮，弹出选题窗口，如图 5-3-13 所示。选择相应题目类型，点击【添加】按钮，就可以编辑题目了。

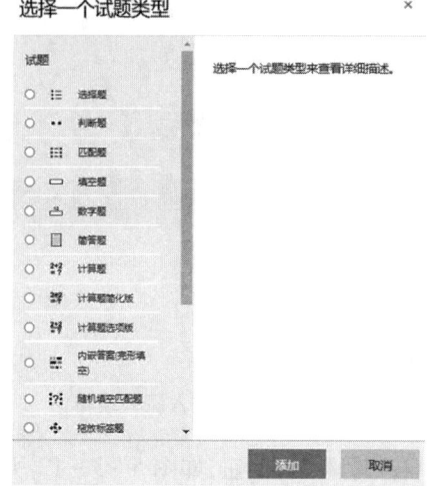

图 5-3-13 试题类型窗口

(1) 选择题

选择题有 2 种类型,一种是单选题,一种是多选题。

举例:对于一封符合规定的电子邮件,下列说法错误的是(　　)。

A. 可以发给发件人自己

B. 可以同时向多个电子邮件地址发送

C. 只能向一个收件人地址发送

D. 写好后可以不立即发送

答案:(C)

把这道题输入到 Moodle 的测验中,如图 5-3-14 所示。

图 5-3-14 题目添加窗口

该页面下面几个参数介绍如下:

【默认分数】用于设置题目的分数。

【一个或多个答案】用于设置该题目是多选题还是单选题。

【对选项编号】用于设置选项前面的编号格式。

【答案】根据题目要求输入选项内容,对于正确的选项将【成绩】设置为100%。

确保以上参数设定完成后,点击【保存更改】就添加好了这道选择题。这里要说的是,判断题和单选题类似,只有正确与错误2个选项。选择题效果如图5-3-15所示。

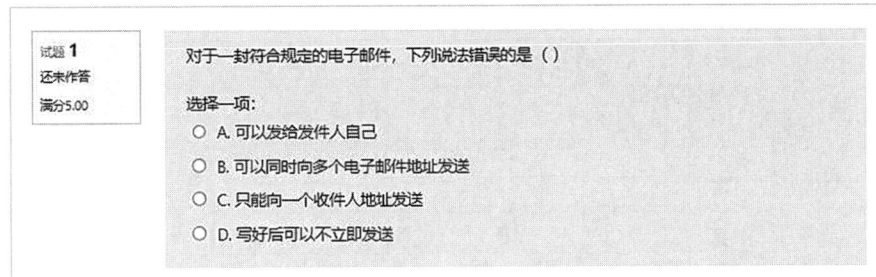

图5-3-15　选择题效果

(2)填空题

考生在阅读题目(图片)后输入一个词或短语作为答案。正确的答案可以有多个,不同正确答案可以有不同的分值。答案可以区分大小写,也可以不区分。

举例:春蚕到死丝方尽,＿＿＿＿＿＿＿。

答案:蜡炬成灰泪始干

在试题类型列表中选择【填空题】,然后选择【添加】按钮,可以进入一个和添加选择题类似的界面中。按要求填写好题干、答案,并设定参数,然后点击【保存更改】,预览一下该题目是否可用,如图5-3-16所示。

图5-3-16　填空题答题页面

(3)匹配题

用于提供一组问题和一组答案,考生将问题和答案正确匹配起来。

举例:按照唐诗《登鹳雀楼》诗句顺序排列下面句子。

（答案）

欲穷千里目　3

白日依山尽　1

更上一层楼　4

黄河入海流　2

从试题类型列表中选择【匹配题】，进入的界面类似【填空题】的界面，将问题和匹配的答案分别填入，如图 5-3-17 所示。完成后【保存更改】，并可以预览，如图 5-3-18 所示。

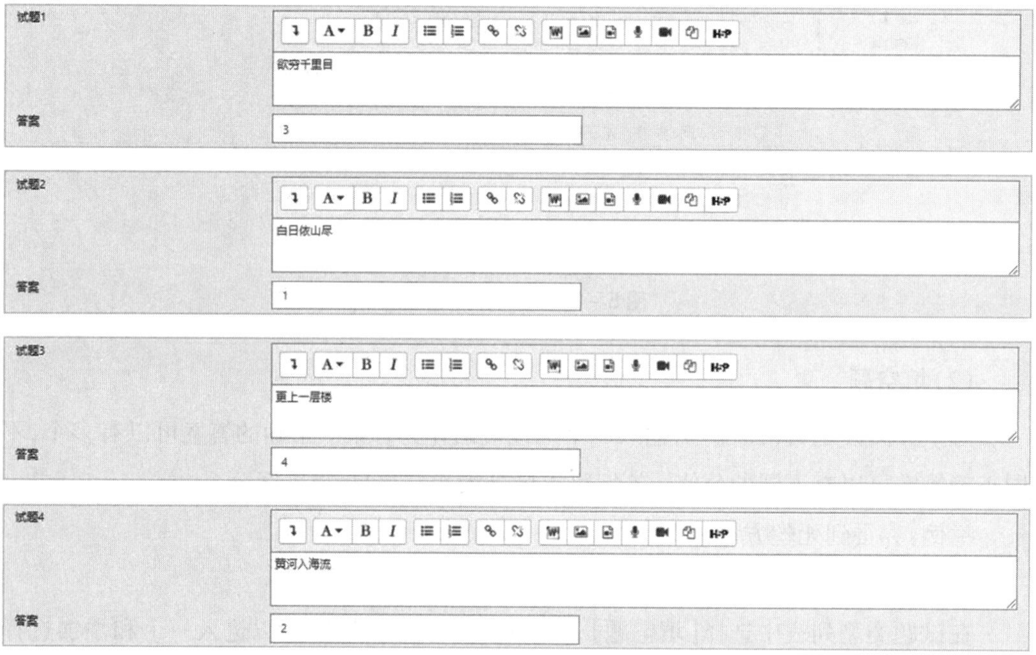

图 5-3-17　匹配题编辑

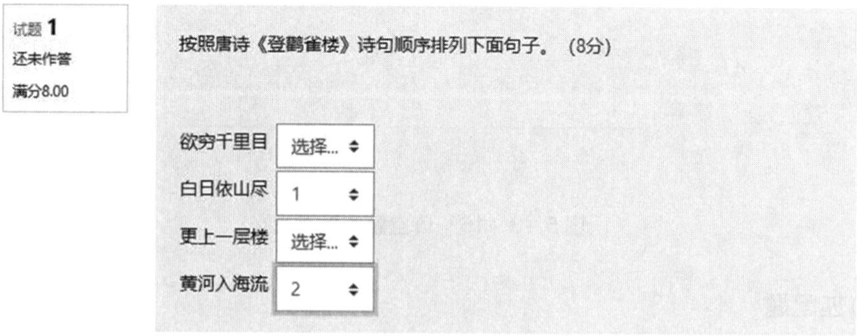

图 5-3-18　匹配题预览

(4) 计算题

Moodle 提供了一种建立单个数字计算题的方法,通过参数的设置实现计算功能。

举例:甲、乙两地相距{x}公里,A、B 两人分别同时从甲、乙两地步行出发,相向而行,A 的步行速度为{a}千米/时,B 的步行速度为{b}千米/时,问 A、B 步行几小时后相遇?

正确答案公式:{x}/({a}+{b})

在试题列表中选择【计算题】,进入编辑界面,输入试题名称和试题正文,默认分数,在答案区域输入答案 1 的公式和需要的误差值,如图 5-3-19 所示。

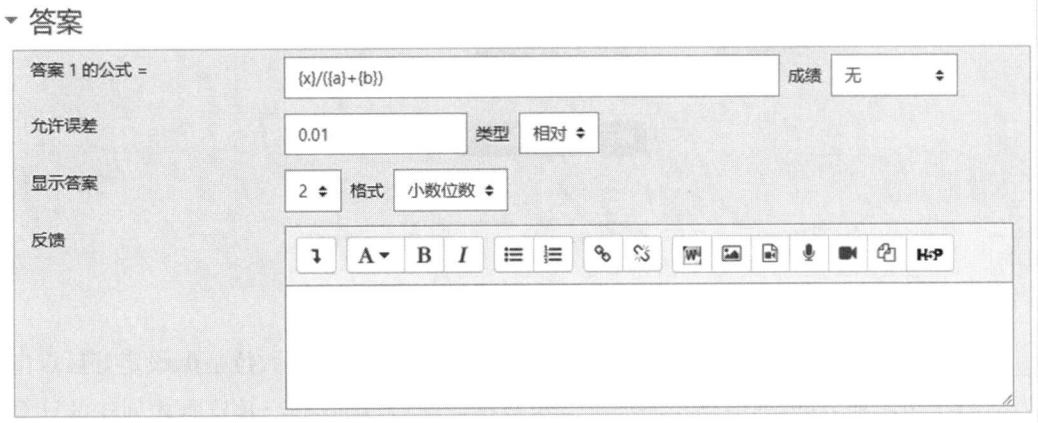

图 5-3-19 计算题答案设置

填写完成后,点击【保存更改】按钮,进入如图 5-3-20 所示界面。

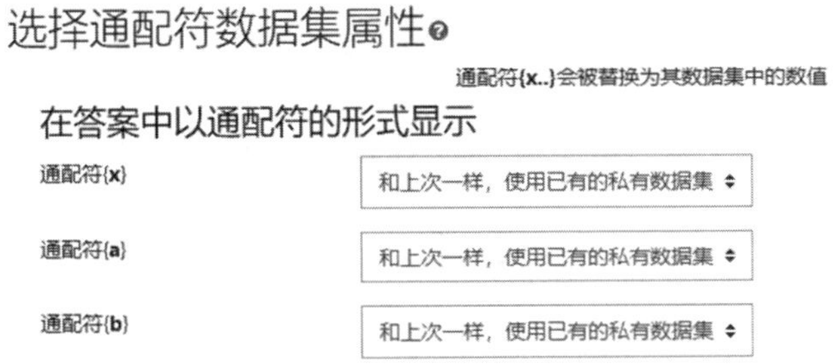

图 5-3-20 设置通配符数据属性

这里选择通配符{x}、{a}、{b}的属性,可以仅限这个题目使用,也可以在其他的题目中使用。此处仅限于在本题中使用。然后点击【下一页】按钮,进入数据收集窗口,如图 5-3-21 所示。

通配符{b}	1.9
取值范围	最小值 1.0 -最大值 10.0
小数位	0
分布	均匀

答案容错参数

{x}/({a}+{b})

1.9/(5.8+8.6) = 0.13
错误！正确答案"0.13"不在真值范围内
最小：0.130625 --- 最大：0.13326388888889

显示更多...

添加

下一个"要添加的数据项"
- ● 如果可能，复用之前的值
- ○ 只对非共享通配符强制重建
- ○ 对所有通配符强制重建

再建一个"要添加的数据项"

添加数据项   添加 添加数据项 1 ÷ 个新通配符数据集合

图 5-3-21　数据收集窗口

把数的范围和小数点后的保留位数选好，这里选择1~10，小数位是0，设定好后点击【添加】按钮添加数据，图中已经添加了2组数据。然后返回测验，预览刚才创建的计算题，如图5-3-22所示。

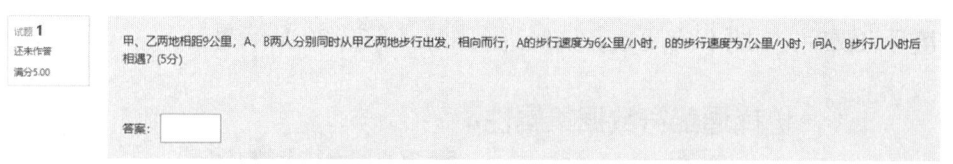

图 5-3-22　计算题预览

如果再次预览，会发现题目的数据会变化，因为Moodle采集的数据随机替换题目中的通配符{x}、{a}、{b}。

(5) 内嵌题(完形填空)

本题型一道题中可包括填空题、单选题、数字题，能实现一道题中有多个填空处的需求，但只能在Moodle平台中在线创建。强调一下，只能做成单选题，不能做成多选题。英语试卷中常见的完形填空题、阅读理解题都可使用本题型实现。

单击课程页面右上角的【打开编辑功能】设置菜单，再单击【更多】菜单项，在【题库】中单击【试题】，点击【新建一道试题】，选【内嵌题(完形填空)】，点【添加】，在【试题正

文】中,把下面这段粘贴进去:

例1:《济南的冬天》作者{5:SHORTANSWER:=老舍~=Lao She},原名{2:SHORTANSWER:=舒庆春},字{3:SHORTANSWER:=舍予},{2:SHORTANSWER:=北京}人,现代著名作家,其代表作有小说{2:MULTICHOICE:呐喊~雷雨~=骆驼祥子}《四世同堂》,话剧《茶馆》等。老舍去世是在{4:NUMERICAL:=1966}年。

再点击下面的【解码和校验题目文本】,如果格式解析没问题,就点【保存更改】按钮,一题多空的试题就出好了。试题效果如图5-3-23所示。

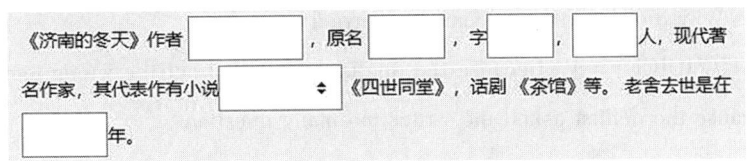

图5-3-23 内嵌题(完形填空题)预览效果

注意:

(a)完形填空题中的一段短文可以同时包括各种题目,如单选题、填空题和数字题等。

(b)有多个答案时,答案间用~分隔。

(c){5:SHORTANSWER:=老舍~=Lao She}。

5:表示这个空5分;

~:2个选项之间的分隔符;

=:表示此选项是正确答案;

=老舍~=Lao She:填"老舍"和"Lao She"都可以,英文字母默认是不区分大小写。

例2:下面是一道阅读理解题,标准答案是BDADC,试题效果如图5-3-24,图5-3-25所示。

Dentists always ask questions when it is impossible for you to answer.

My dentist had just pulled out one of my teeth and had told me to rest for a while. I tried to say something, but my mouth was full of cotton wool. He knew I collected match boxes and asked me whether my collection was growing. He then asked me how my brother was and whether I liked my new job in London. In answer to these questions I either nodded or made strange noises.

Meanwhile, my tongue was busy searching out the hole where the tooth had been. I suddenly felt very worried, but could not say anything. When the dentist at last removed the cotton wool from my mouth, I was able to tell him that he had pulled out the wrong tooth.

(　　) 1. What does the word "dentist" mean?

{1:MULTICHOICE:A. 医生　　~=B. 牙医　　~C. 护士　　~D. 内科医生}

(　　) 2. What did the dentist not ask when the writer was having a rest?

{1:MULTICHOICE:A. Whether the writer's collection of match boxes was growing.

~B. How the writer's brother was.

~C. Whether the writer liked my new job in London.

~=D. Whether the writer was ready to pull out the tooth.}

(　　) 3. Why did the writer become so worried?

{1:MULTICHOICE:=A. Because the dentist had pulled out the wrong tooth.

~B. Because the dentist asked the writer too many questions.

~C. Because the writer could not say anything.

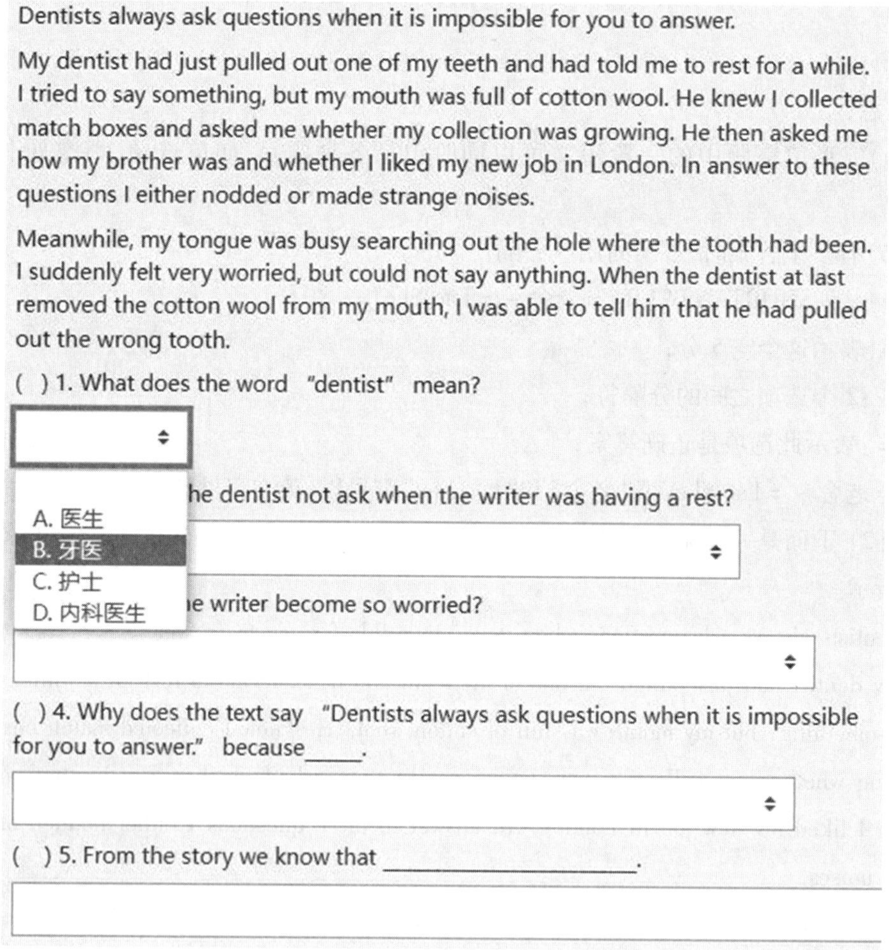

> Dentists always ask questions when it is impossible for you to answer.
>
> My dentist had just pulled out one of my teeth and had told me to rest for a while. I tried to say something, but my mouth was full of cotton wool. He knew I collected match boxes and asked me whether my collection was growing. He then asked me how my brother was and whether I liked my new job in London. In answer to these questions I either nodded or made strange noises.
>
> Meanwhile, my tongue was busy searching out the hole where the tooth had been. I suddenly felt very worried, but could not say anything. When the dentist at last removed the cotton wool from my mouth, I was able to tell him that he had pulled out the wrong tooth.
>
> (　) 1. What does the word "dentist" mean?
>
> [下拉框: A. 医生 / B. 牙医 / C. 护士 / D. 内科医生]
>
> he dentist not ask when the writer was having a rest?
>
> [下拉框]
>
> e writer become so worried?
>
> [下拉框]
>
> (　) 4. Why does the text say "Dentists always ask questions when it is impossible for you to answer." because_____.
>
> [下拉框]
>
> (　) 5. From the story we know that _____.

图 5-3-24　内嵌题(完形填空题)效果预览

~D. Because the writer couldn't find the hole where the tooth had been.}

(　　) 4. Why does the text say "Dentists always ask questions when it is impossible for you to answer." because_____.

{1:MULTICHOICE:A. The questions are about your privacy.

~B. The questions are too difficult to answer.

~C. Your mouth is aching（疼）for you have just been pulled out a tooth.

~=D. Your mouth was full of cotton wool and couldn't say anything.}

(　　) 5. From the story we know that _____.

{1:MULTICHOICE:A. The dentist actually pulled out the right tooth.

~B. The dentist didn't like talking too much.

~=C. The writer finally knew the dentist had pulled out the wrong tooth.

~D. The dentists don't always ask questions when it is impossible for you to answer.}

例3：下面是一道完形填空题：

Jim is an American boy. He likes ___1___ football matches, ___2___ he doesn't have enough money to buy tickets. He has to watch the matches ___3___ TV at home when he has quite a little homework. He must go to school from Monday to Friday, so he missed a lot of important football matches.

A big football match would be held（举行）in the afternoon the next day. Jim wanted to watch it very much. But he ___4___. He would have a physics test in ___5___ afternoon. "Can we have a video, mom?" Jim asked his mother ___6___ he went to school. "Then from our TV set you can record the match ___7___ me."

"I'm ___8___ we can't afford（买得起）one," said his mother. The next morning Jim went home with a smile, ___9___ a new video. "But where did you get the money, Jim?" His mother asked in surprise.

"That's ___10___, mom. I sold our TV set."

(　　)1. {1:MULTICHOICE:=A. watching　~B. seeing　~C. looking at　~D. hearing}

(　　)2. {1:MULTICHOICE:A. and　~=B. or　~C. but　~D. so}

(　　)3. {1:MULTICHOICE:A. in　~=B. on　~C. at　~D. with}

(　　)4. {1:MULTICHOICE:A. can't　~B. wasn't　~=C. couldn't　~D. didn't}

(   )5. {1:MULTICHOICE: = A. the same   ~ B. the different   ~ C. the   ~ D. as}

(   )6. {1:MULTICHOICE:A. after   ~ = B. as   ~ C. because   ~ D. before}

(   )7. {1:MULTICHOICE:A. to   ~ = B. for   ~ C. of   ~ D. give}

(   )8. {1:MULTICHOICE:A. glad   ~ = B. pleased   ~ C. afraid   ~ D. frighten（恐惧）}

(   )9. {1:MULTICHOICE: = A. carrying   ~ B. carries   ~ C. carry   ~ D. to carry}

(   )10. {1:MULTICHOICE:A. difficult   ~ = B. easily   ~ C. difficulty   ~ D. easy}

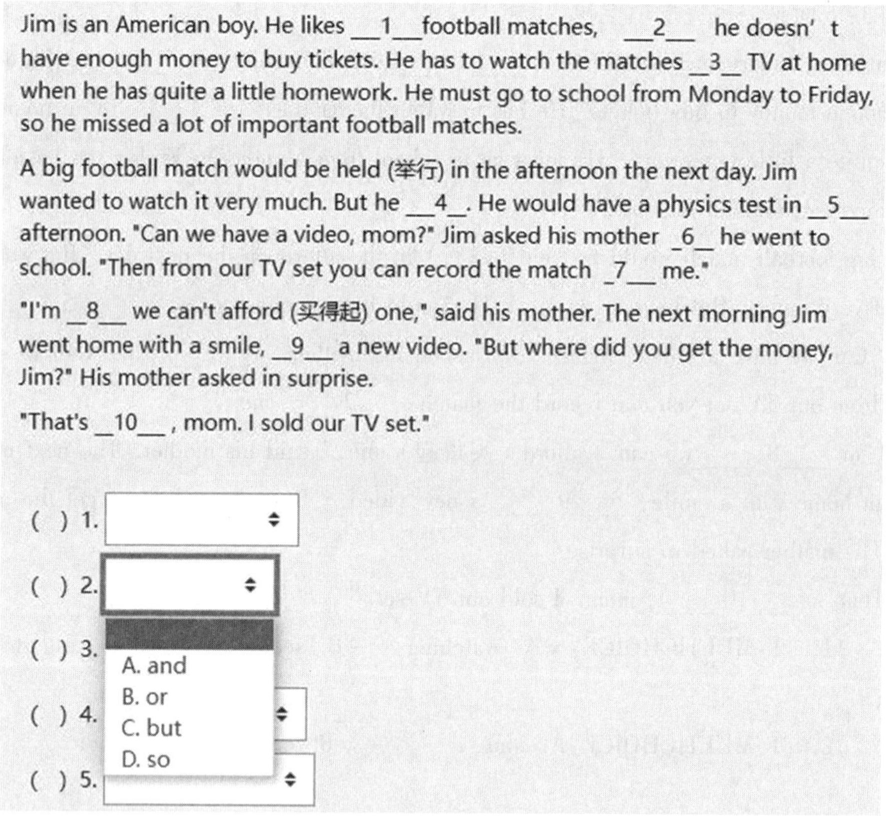

Jim is an American boy. He likes __1__ football matches, __2__ he doesn't have enough money to buy tickets. He has to watch the matches __3__ TV at home when he has quite a little homework. He must go to school from Monday to Friday, so he missed a lot of important football matches.

A big football match would be held（举行）in the afternoon the next day. Jim wanted to watch it very much. But he __4__. He would have a physics test in __5__ afternoon. "Can we have a video, mom?" Jim asked his mother __6__ he went to school. "Then from our TV set you can record the match __7__ me."

"I'm __8__ we can't afford（买得起）one," said his mother. The next morning Jim went home with a smile, __9__ a new video. "But where did you get the money, Jim?" His mother asked in surprise.

"That's __10__, mom. I sold our TV set."

(   ) 1.

(   ) 2.

(   ) 3.   A. and
           B. or
           C. but
(   ) 4.   D. so

(   ) 5.

图 5-3-25　内嵌题（完形填空题）效果预览

(6) 选词填空题

这种题型可用来做完形填空题,较上面的内嵌答案(完形填空题)来说,在 Moodle 平台网页中操作会显得直观一些,但题目中只能出单选题。

本题型在题目中用[[1]]、[[2]]、[[3]]之类的符号标识单选题,每题的正确答案就是下面可选项中对应的可选项符号。默认的有可选项分为一组,但可以通过组号 A、B、C 等,将选项分为不同的组别,相同组别的可选项才会出现在同题的下拉列表中。效果如图 5-3-26 所示。

在 Moodle 试题中,新建一道【选词填空】题,在相应的输入框中输入下列文字:

题目名称:Horn of Africa

题干:

The Horn of Africa region occupies Africa's easternmost [[1]], which extends into the Guardafui Channel, Somali Sea, and the Gulf of Aden. The peninsula's northern boundary lies on the Red Sea's southern [[4]]. The Horn is home to four Eastern Africa countries, Somalia, Ethiopia, Djibouti, Eritrea, and disputed Somaliland. However, other definitions of the region exclude parts of Eritrea, Djibouti, and Ethiopia, while a broader definition includes parts or all of Uganda, Kenya, South Sudan, and Sudan. The Somali Peninsula is part of the Horn of Africa and is a term used to refer to eastern Ethiopia and Somalia.

可选项:

可选项 1	答案:peninsula	组:A
可选项 2	答案:island	组:A
可选项 3	答案:mainland	组:A
可选项 4	答案:coast	组:B
可选项 5	答案:shore	组:B
可选项 6	答案:bank	组:B

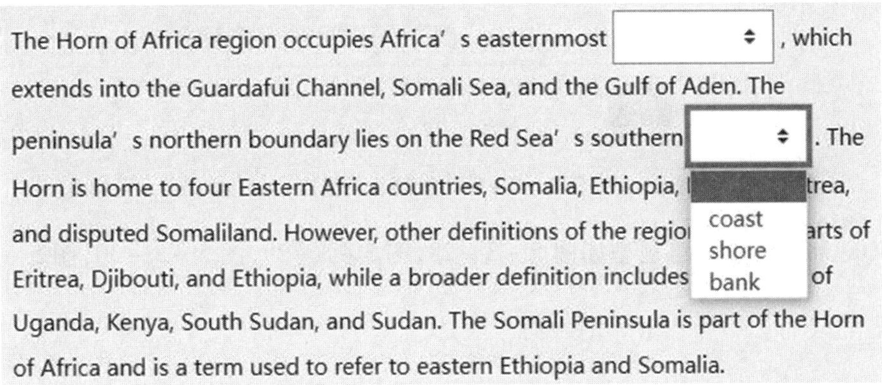

图 5-3-26 选词填空题效果

5.3.3 批量导入试题

按照前面介绍的方法直接在课程页面中添加题目,点击课程页面右上方的【打开编辑功能】设置菜单图标,再点击【更多】菜单项,点击【题库】中的【试题】链接,再点击【新建一道题】按钮,可再添加题目。这样建题库优点是题干和选择项中都可以插入图片,缺点是网页上输入框太多、效率太低,添加试题和编制测验似乎略显烦琐。所以,应该把包含图片的题目,使用在线添加题目的方式进行,而不含图片的题目可以使用MQE_Moodle 试题制作软件直接编辑,最后一次性导入到 Moodle 题库当中。使用 MQE_Moodle 制作题库格式为 XML 格式,简洁、高效,唯一的缺点就是无法处理包含图片的题目。

(1)选择题

运行 MQE_Moodle 软件,左边选择【选择题】,录入题干和答案,保存为 XML 文件,然后选择【更多】【题库】【导入】,在导入页面选择 Moodle XML 格式,将生成的 XML 文件拖动到上传区域,选择导入,就完成了试题的批量导入,如图 5-3-27 所示。

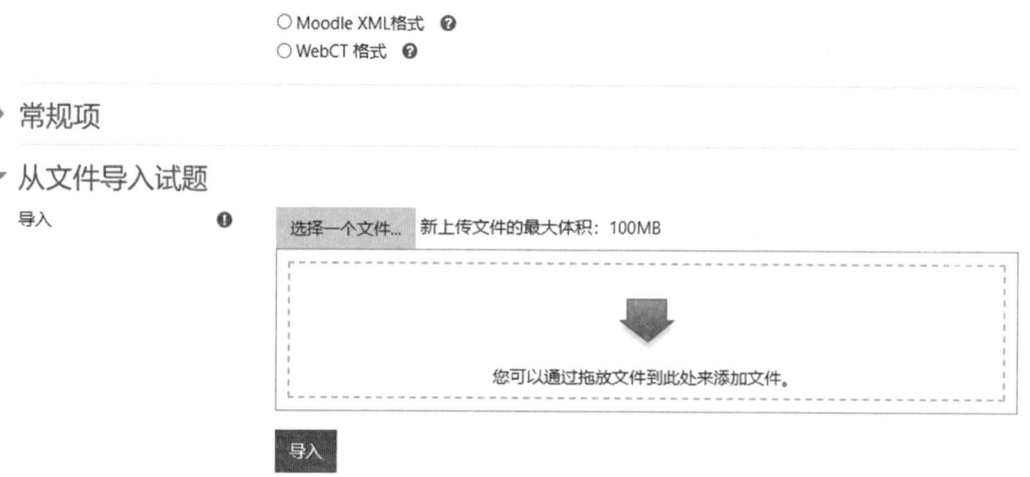

图 5-3-27　试题导入窗口

MQE_Moodle 中试题题型如图 5-3-28,图 5-3-29,图 5-3-30,图 5-3-31 所示。

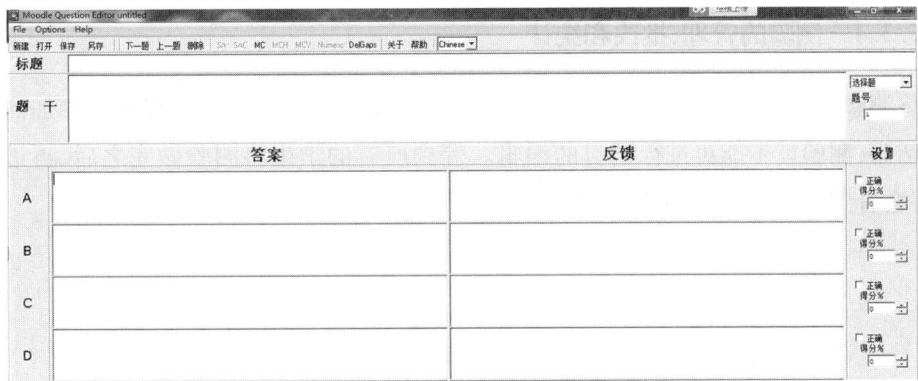

图 5-3-28 选择题录入窗口

(2) 是非题

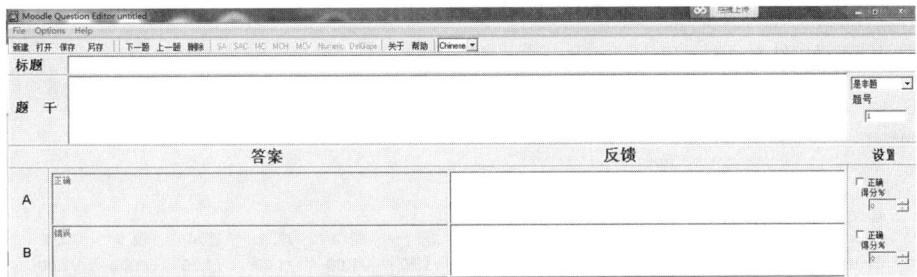

图 5-3-29 是非题录入窗口

(3) 填空题

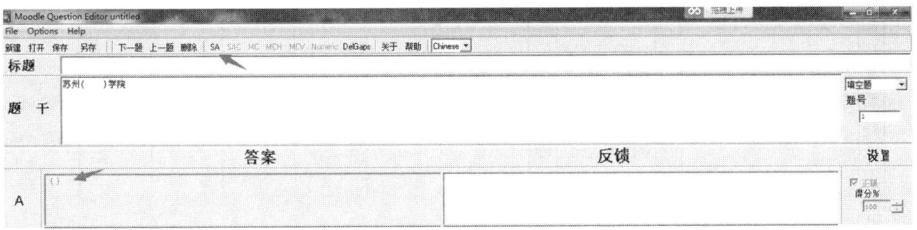

图 5-3-30 填空题录入窗口

(4) 论述题

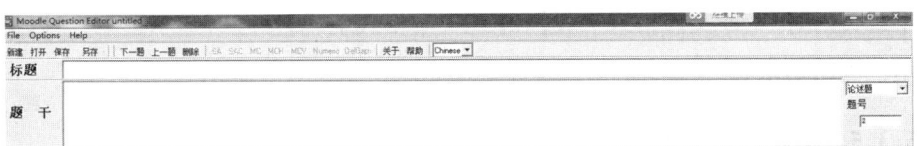

图 5-3-31 论述题录入窗口

5.3.4 测验的管理、批改和统计

将测验的题目编辑完成后，就可以开放这个测验了。注意，一旦有学生参加测验的答题活动，测验就不能再进行题目的编辑。等到所有的学生将测验做完之后，再进入测验，将会看到如图 5 – 3 – 32 所示界面。

开始测试
允许试答次数：1
试答：41
现在预览测验

图 5 – 3 – 32　测验结果

在这个页面，你可以看到作答学生的人数。再点击【试答：人数】，就可以进入到成绩的预览页面，如图 5 – 3 – 33 所示。

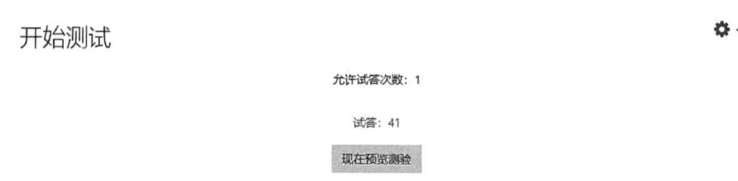

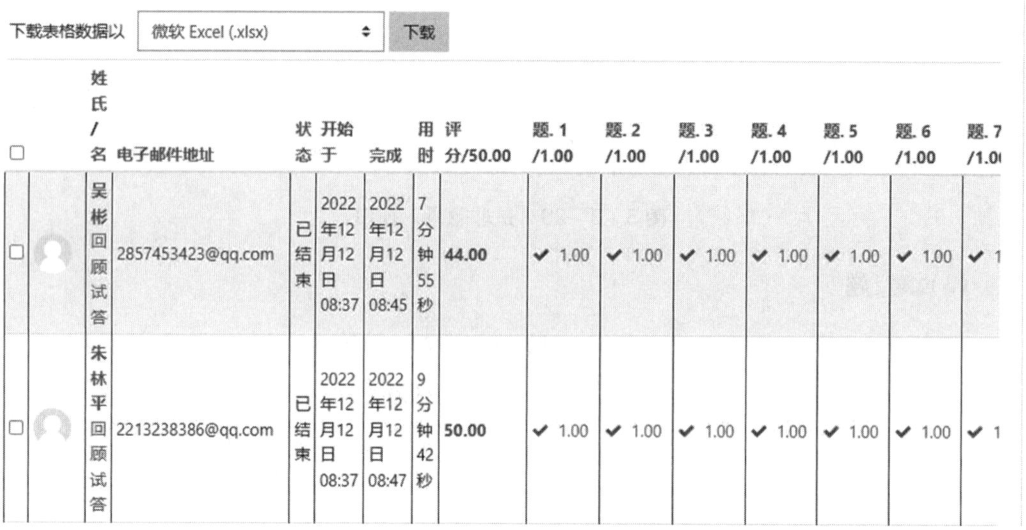

下载表格数据以 微软 Excel (.xlsx) 下载

		姓氏/名	电子邮件地址	状态	开始于	完成	用时	评分/50.00	题.1 /1.00	题.2 /1.00	题.3 /1.00	题.4 /1.00	题.5 /1.00	题.6 /1.00	题.7 /1.0
		吴彬回顾试答	2857453423@qq.com	已结束	2022年12月12日 08:37	2022年12月12日 08:45	7分钟55秒	44.00	✔ 1.00	✔ 1.00	✔ 1.00	✔ 1.00	✔ 1.00	✔ 1.00	✔ 1
		朱林平回顾试答	2213238386@qq.com	已结束	2022年12月12日 08:37	2022年12月12日 08:47	9分钟42秒	50.00	✔ 1.00	✔ 1.00	✔ 1.00	✔ 1.00	✔ 1.00	✔ 1.00	✔ 1

图 5 – 3 – 33　成绩预览界面

在这里可以看到所有答题学生的姓名、成绩、答题时间（答题开始、答题结束、答题时间）。点击他们的答题开始或者结束就可以查看答题的具体结果。在左上方还提供了成绩的下载，包括【Excel 文件格式下载】和【纯文本格式下载】。还有显示选项，可以选择希望显示范围的结果。

5.3.5 创建题目分类

在 Moodle 平台中建立题目类别，需要为每种类型的题目建立一个类别。创建类别

时,注意选择好上级分类,如果选错了,可以随时修改。如图 5-3-34 所示。

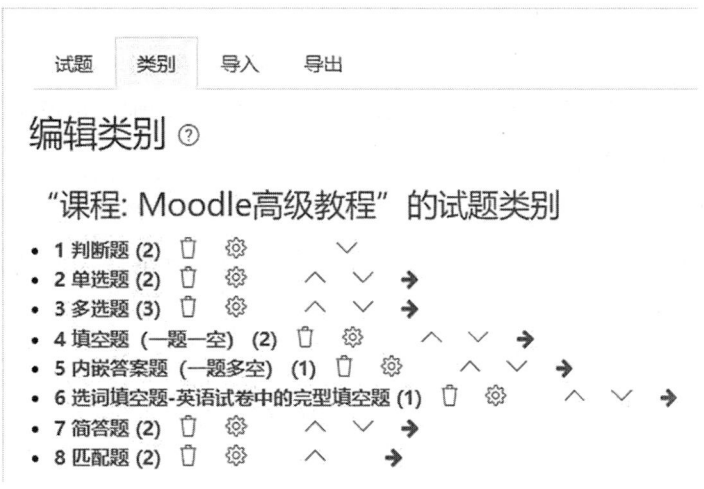

图 5-3-34 类型题目分类

也可以根据知识点结合题目难度,建立多级题目分类结构。因为检测活动是针对题目类别进行抽题的,所以,这样建立题目分类结构的好处是,考卷能兼顾知识点和难度,生成一份相对合理的考卷。如图 5-3-35 所示。

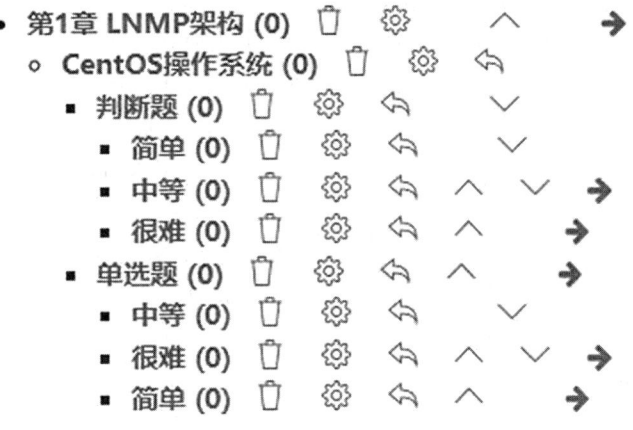

图 5-3-35 知识点多级题目分类

5.3.6 题库抽题

点击创建好的检测活动,再单击【编辑测试】,就开始从题库中抽题到空白卷面上了。单击【添加】中的【从题库】,可以从题库分类中选择题目到考卷中,这种题目是每个考生必考的;点【一道随机题】,可以从题库的题目分类中随机抽取几道题到试卷中,打开考卷时每个考生是随机抽取的。

题目都抽好后,设置每道题的卷面分数(注意,这个卷面分数与这道题在题库中的默认分数无关)。点击每道题右侧的 1.00 笔图标,再输入卷面分数,按回车,卷面分就设置好了。

每道题卷面分设置好后,页面会自动计算卷面总分数,老师设置最高分后,点击保存按钮保存,分数就设置完了。

点击试题中的【重新分页】,可以设置每页5道题,有助于减轻服务器压力,使考试过程更加顺畅。也可以点2道题之间的 符号,将2道题放在同一页上;点 符号,将2道题放在不同页面上。

5.4 程序教学

5.4.1 程序教学原理

(1)程序教学概念

程序教学论是由美国著名教学心理学家斯金纳(Burrhus Frederic Skinner)提出的。他认为,学习过程是作用于学习者的刺激和学习者对它作出的反应之间的链接形成过程,即:刺激—反应—强化。斯金纳把这一原理应用于教学,设计出了一种程序教学机。这种教学机的构造通常包含输入、输出、储存和控制4部分。它的主要功能是:储存与呈现教材,并向学生提出问题;接受学生的反应或应答,并立即指出反应或答案的正误;根据学生的反应或应答,调整和改变教学的程序。当学生一直答题正确,成绩优秀时,它可以跳过一些同类型的题目,提出更难、更深入的题目;当学生答错时,它就反复给出类似题目,直到答对以后才呈现新的教学内容。在学生回答问题时,这一机器进行计分、计时,在学生学习完毕后还可以给学生报出成绩。

(2)程序教学模式

程序教学模式有直线式程序教学模式、分支式程序教学模式和莫菲尔德程序教学模式。

1)直线式程序:在这一流程里,教师把材料分成一系列连续的小步骤,由浅入深、由简到繁。每呈现一步,要求学生做出一个回答反应,并立即指出反应或答案的正误,然后再进入下一步。如此一步一步地展开学习,直至达到学习目标。每个学生都要按照规定的顺序学习,不能随意跳越任何步子,如图5-4-1所示。

2)分支式程序:学生在阅读一个单元的教材之后,立即对他进行测验。如果答对了,就引进新的内容继续学习下去;如果答错了,便引向一个适宜的单元,再继续学下去,或者回到先前的单元,再学习一遍,然后再引进新的学习内容,如图5-4-2所示。

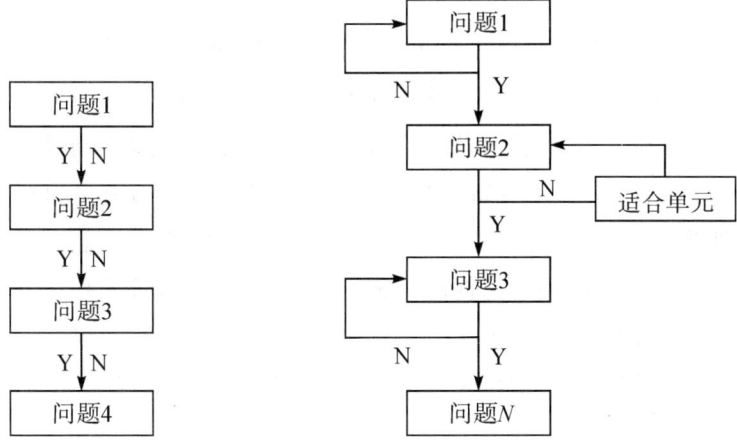

图5-4-1 直线式程序结构　　　图5-4-2 分支式程序结构

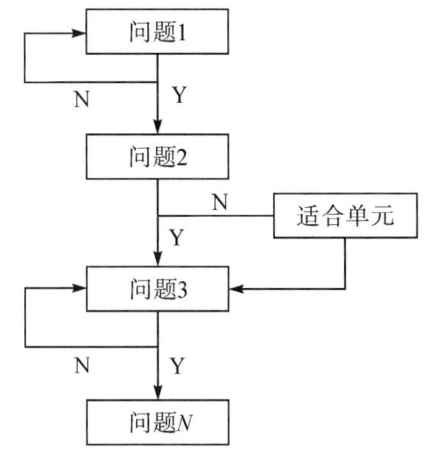

图5-4-3 莫非尔德结构

3)莫非尔德程序:这是美国心理学家凯(Kay·H)在莫非尔德大学任教时提出的一种程序教学模式,它是直线式和分支式的结合,遵循的模式是一个主序列。它与直线式不同的是,有支序列来补充主序列;它与分支式不同的是,学生通过支序列的学习不再回到原点,而是可以前进到主序列的下一个问题上,这样有利于学习效率的提高,如图5-4-3所示。在实际的教学应用中,可以融合这3种程序教学设计思想。在程序教学中,好的学生可以用最短的时间沿着最短的路径进行学习,而弱的学生可以在学习过程中跳转到其他分支进行补救学习。这样可以实现学生的个别化学习,有助于消除学生之间的差异。

5.4.2　Moodle 平台中的程序教学

程序教学模块使教师可以为学生创造自适应性的学习体验。它由一系列的页面组成，每个页面都可以包含问题，因此称为问题页。在问题页中，可以设定学生选择或回答每个问题后的反馈。分支表只是提供给学生选择的机会，选择本身并没有正确与错误之分。程序教学独特之处在于其跳转的设置，各个问题页面和分支页面都可以相互跳转。

当计划要用程序教学进行教学时，首先要画出详细的设计流程。在开始画流程图之前，不妨问自己这样一些问题：选择什么学习内容？每页将展示什么？学生的每次回答相应的反馈是什么？每个页面之间是如何跳转的？弄明白这些问题后，把这些页面的关系梳理清楚，并用流程图表示出来。例如，英语老师想利用程序教学活动让学生学习由简单到复杂的3道题目：

第一题：

学习内容：关于定冠词的用法……

My car usually runs sixty kilometers _____ hour.

A. a　　　　　B. an　　　　　C. the

正确答案：B

第二题：

学习内容：interest, interesting, interested 3个词的详细辨析……

I don't think the film is as _____ as it is said.

A. interest　　　B. interesting　　　C. interested

正确答案：B

第三题：

学习内容：cost、spend 、take、pay 的用法介绍……

How much did you _____ the TV set?

A. cost　　　B. take　　　C. pay for　　　D. spend

正确答案：C

对此程序教学活动，老师有如下要求：

1) 每道题目分值为10分，此程序教学满分为30分。

2) 如果学生回答正确，则进入到下一道题目；若回答错误，则回到原题目中继续回答。每道题目给学生2次回答机会。

3) 允许学生重学，以最高成绩作为最后成绩。老师设计的流程图如图5-4-4所示：

第五章 交互式信息化教学设计　113

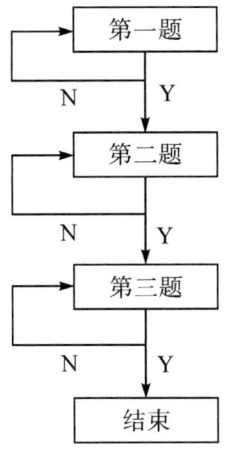

图 5-4-4　流程设计

5.4.3　程序教学参数介绍

登录课程页面后,打开编辑功能,从【添加一个活动或资源】列表中选择【程序教学】,然后点击【添加】如图 5-4-5 所示,出现如图 5-4-6 所示页面。

图 5-4-5　添加程序教学

图 5-4-6 程序教学编辑窗口

从该页面可以看到,程序教学的所有设置分为常规项、外观、有效性、流程控制、成绩等。下面分别介绍这些参数。

(1) 常规项

【名称】【描述】在这里输入给程序教学活动起的名字和具体描述信息。

(2) 外观

【弹出文件或网页】如果想在程序教学开始时弹出一个窗口,请选择在窗口里显示的文件。每个教程页面都会有一个重新打开此弹出窗口的链接,可以在需要的时候使用。

【进度条】如果启用,程序教学底部会出现进度条。

【显示即时分数】如果启用,每个页面都会显示学生已获得分数和总分。

【显示左侧菜单】如果开启,会显示页面列表。

【幻灯片】如果开启,则以幻灯片样式显示。

【最大选项数】此项设置决定在此程序教学中可以使用的选项的最大个数。如果只使用判断题,那么可以设置为"0"。此项设置随时可以改变,因为它只影响教师界面,不影响数据。

【链接到下一个活动】想在练习结束时显示一个到课程中其他活动的链接,可在下拉列表中选择。

(3) 有效性

【开放时间】【截止时间】【时间限制】设置程序教学的时间限制。

(4) 流程控制

【允许学生检查】允许学生可以再次从头浏览课程。

【提供重试一道题目的选项】如果启用,当学生未能正确回答问题时,可以选择再答一次但不计分,或者继续练习。

【允许试答次数】此项设置决定每个问题最多可以回答的次数,如果持续回答错误,当达到此项最大值时,会显示教程的下一页。

【回答正确之后的动作】正确回答问题之后,有3个选项决定下一页跳转到哪里:

正常——跟随练习路径继续。

显示一个没看过的页面——按随机顺序显示页面,每个页面只会显示1次。

显示一个未回答的页面——按随机顺序显示页面。有未回答的问题的页面会被重新显示。

【显示多少页】此项设置决定一个教程中可以显示多少个页面。它只对按随机顺序(当"回答正确后的动作"设为"显示一个未浏览的页面"或"显示一个未回答的页面"时)显示页面的教程有用。如果设为"0",那么所有页面都会被显示。

【最多有几个答案/分支】这个值指定了程序教学中的每个问题最多可设置的选项数,以及每个分支最多可设置的分支数,缺省值是"4"。如果此程序教学只使用是非题,则可以将这个值设定为"2"即可。

(5) 成绩

【成绩】选择程序教学使用的评分类型。如果选择"量表",那么教师可以从"量表"下拉菜单中选择量表;如果使用"分数"评分,教师可以输入这个活动可用的最高分。

【成绩类别】设置控制此活动的成绩在成绩册中放置的类别。

【及格成绩】设置及格成绩,不及格成绩在成绩册中以红色显示。

【实践程序教学】设置是否实践程序教学。实践程序教学不显示在成绩单中。

【是否自定义分数】如果启用,可以给每个答案一个分数值。

【允许重试】启用后,学生可以多次尝试程序教学。

【至少回答题目数】此项设置决定用来计算此活动成绩的最少题目数量。如果此教程包含1个或多个内容页面,那么最小题目数应为0。假如它被设为20,那么在教程的起始页面会显示下面文字:"在此教程中,希望您回答至少20个问题。如果愿意,您可以回答更多问题。但是,如果你回答少于20个问题,你的成绩将按照回答了20个问题的方式计算。"

设置好相关参数后单击【保存并返回课程】,返回课程编辑页,然后点击【英语程序教学】链接,显示如图5-4-7所示页面。

图 5-4-7　程序教学设置页面

5.4.4　添加问题页

程序教学提供了6种类型的问题:选择题(包括多选)、判断题、填空题、数字题、匹配题、问答题。这些问题页的添加方法类似于"测验"中问题的添加方法,不同之处在于这里增加了"跳转"功能,且分数的设置不再以百分比为标准,而是直接输入分数。接下来将介绍如何添加一个选择题:点击图5-4-7页面中的【新建题目页】链接,题目类型选择【选择题】,然后点击【新建题目页】按钮,进入如图5-4-8所示页面。

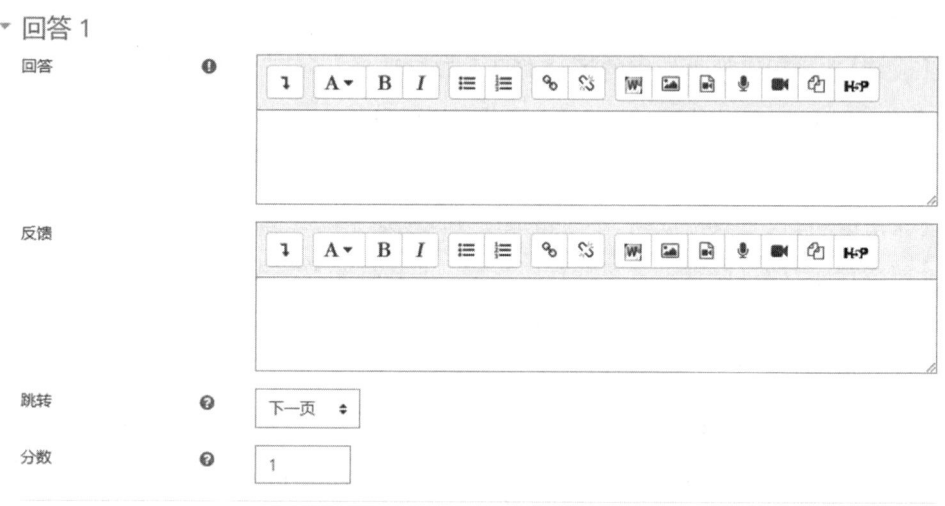

图 5-4-8　编辑程序题目

在这里,这个问题只有3个选项,因此将"答案4"和"回复4"留空即可。系统默认第一项答案为正确答案,默认得分为1分。当然,也可以修改。默认正确答案的跳转为"下一页",即与这一页物理相邻的页面。在填写好相应的内容后,点击【保存页面】按钮,便进入如图5-4-9所示的界面。

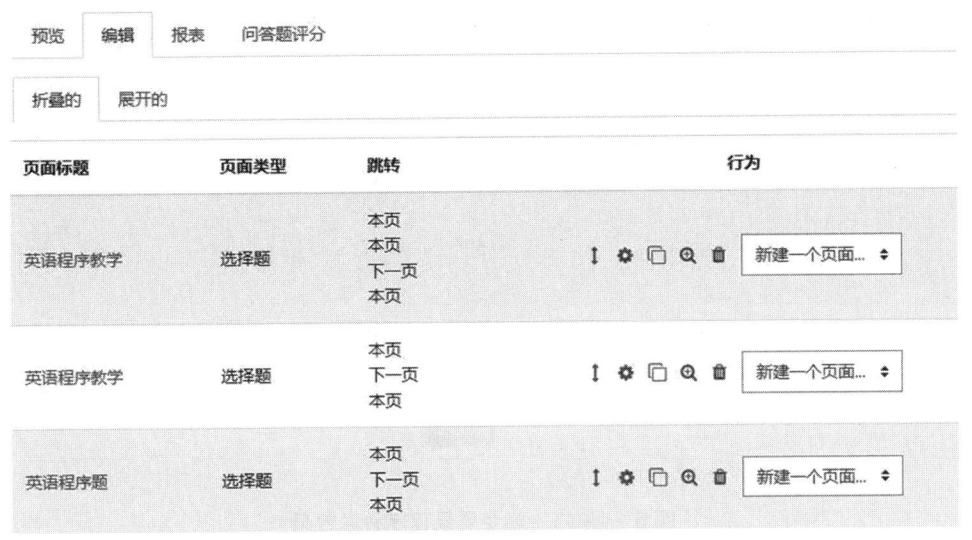

图5-4-9　程序教学题目列表

可以对这一问题页面进行移动(当问题数大于2时,移动才有意义)、修改、预览、删除操作。点击 🔍【预览】图标,出现的页面如图5-4-10所示。

图5-4-10　程序教学预览

若想在这一问题页下面再添加其他问题页,只要点击这一问题页右面的【新建一个页面】链接,填写问题页就可以了。因为此程序教学中只有3个问题,所以请将第三个问题正确答案跳转设置为"练习结束"(即程序教学结束)。

当学生登录课程,进入程序教学后,便进入如图 5-4-11 所示页面。只有选择了正确的选项,才会切换到下一道题。

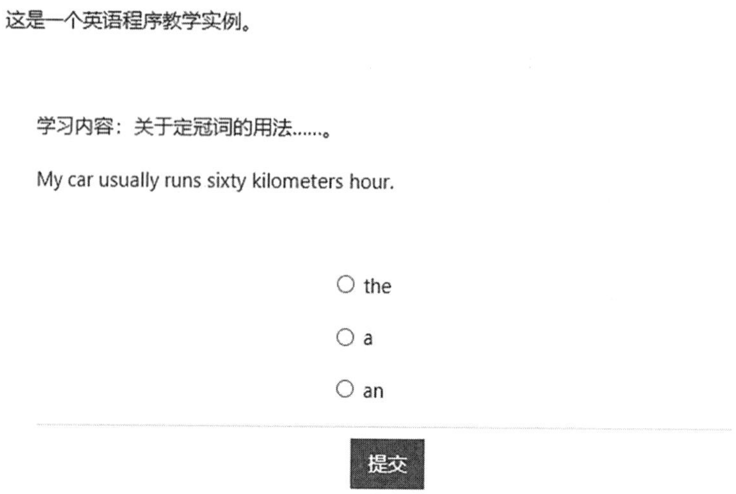

这是一个英语程序教学实例。

学习内容:关于定冠词的用法……。
My car usually runs sixty kilometers hour.

○ the
○ a
○ an

提交

图 5-4-11　学生登录程序教学效果

当回答所有的问题后,系统会显示学生的得分情况,点击【查看成绩】,学习者可以看到自己的得分情况。如图 5-4-12 所示。

成绩项	计算权重	成绩	范围	百分比	反馈	对课程总分的贡献
📁 计算机基础应用						
✓ 程序测验	0.00 % (空)	-	0-100	-		0.00 %
📁 英语程序教学	100.00 %	0.00	0-100	0.00 %		0.00 %
∑ 课程总分	-	0.00	0-100	0.00 %		-

图 5-4-12　程序教学成绩汇总

5.4.5　添加分支表

英语老师对这一简单的程序教学提出了新的要求,如果学生回答错误,想让学生再回答"问题 1"时,则给学生出示一个学习补救页面。学生对补救页面进行学习后,可以选择是重新做题目还是做下一道题目。如图 5-4-13 所示。

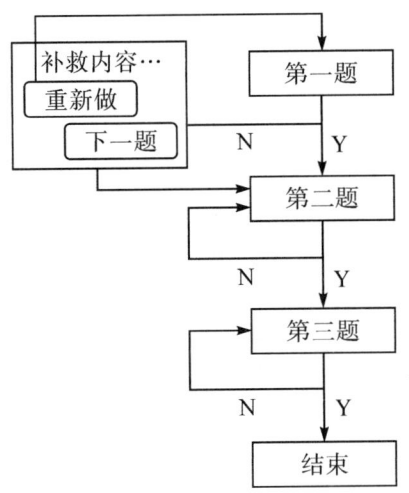

图 5 - 4 - 13　补救页面设置

补救内容实际上是一个供学生学习然后作出选择的页面,选择本身没有对错之分。程序教学中的分支表中每一项都有2个部分,分别是"说明"和"跳转",系统针对不同学生的选择进入不同的页面,选择并不会影响学生的成绩。接下来用程序教学中的分支表来实现英语老师的这一需求。

在如图 5 - 4 - 14 所示页面,点击"第一题"右面的【新建一个页面】链接,便进入如图 5 - 4 - 15 所示的页面。填好相应的内容后,跳转选择【英语程序题1】,点击【保存页面】按钮。

此外,还需要对"英语程序题1"进行一些跳转设置,将错误答案的跳转设置为【补救内容】,正确答案跳转设置为"下一题"。至此,这位英语老师想要的效果就实现了。

图 5 - 4 - 14　添加分支页

图 5-4-15 错误答案跳转到补救内容

5.4.6 程序教学中的"簇"

在教学过程中,英语老师又有了新的想法:针对学生对第二个问题的回答进一步设置,如果学生回答正确"第二题",则进入"第三题"页面;如果学生没有正确回答"第二题",则在一系列类似的题目中随机抽取 1 道题让学生回答。如果学生做对了类似题目,则回答"第三题";若答错了类似题目,则再随机抽取 1 道类似的题目让学生回答,直到学生可以正确回答类似问题后,才可以回答"第三题"。如图 5-4-16 所示。

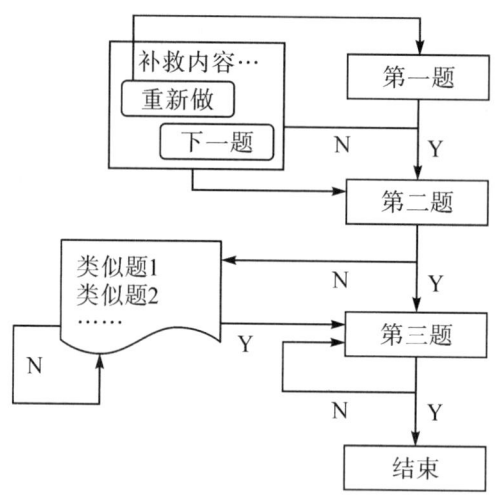

图 5-4-16 教学"簇"流程图

可以利用程序教学中的"簇"实现这一设想。"簇"表示的是一组可以从中随机选择的相关页面。"簇开始"和"簇结束"就像是一个容器一样,将一些问题页面集中在一起。

如果已经创建了一个簇,则可以通过选择"簇"跳转到簇中的一个页面。在"簇"中的问题页也可以根据个人要求进行相应的跳转设置,若跳转到"簇结束页"便可以退出"簇"。

如何在程序教学中实现英语老师的需求呢?下面将详细介绍。单击"第二题"右面的【新建一个页面】下面的【新建簇】链接,一个"簇"页面就添加好了。在"簇"页面右面单击【添加簇结束页】按钮,"簇容器"就设置好了,如图5－4－17所示。

图5－4－17 "簇容器"设置

接下来要做的就是往这个容器里放一些问题。单击图5－4－17下面的【新建一个页面】链接添加问题到簇,问题正确答案跳转到"下一题",问题错误答案跳转到"簇",同时对上一题的错误选项跳转到"簇"。设置完成如图5－4－18所示。

图5－4－18 "簇"题目添加效果

5.4.7 程序教学管理

当有学生在程序教学中学习后,教师进入程序教学,点击【报表】选项卡,便会进入如图5－4－19所示页面。

图5－4－19 程序教学报表

在这一页面上可以看到每个学生的学习记录,包括每次学习所用的时间,所得最高百分数、最低百分数等信息。同时还可以看到全班学生的平均成绩,平均所用时间最高分、最低分等信息。

5.5 问卷调查

Moodle 中的问卷调查已设定为学生基本状况在线调查,操作十分简便,很容易创建。只要选择给定的问卷类型,编辑输入介绍文本即可完成设计。

5.5.1 创建问卷调查

Moodle 给定了 3 种问卷类型:①建构主义在线学习环境问卷调查,包含了 6 大类 24 个问题,它们可以帮助教师了解有关在线教学环境质量的关键性问题。②学习与思考态度问卷调查,用于检验交互式课堂教学的质量。③关键事件,让学生考虑最近发生的事件,并且回答这些事件和他们相关的问题。一旦教师确定了所需要的问卷类型,就可以开始创建问卷。具体步骤如下:

1)进入课程页面,点击【打开编辑功能】。

2)点击【添加一个活动或资源】链接,从列表中选择【问卷调查】,然后点击【添加】按钮,如图 5-5-1 所示。

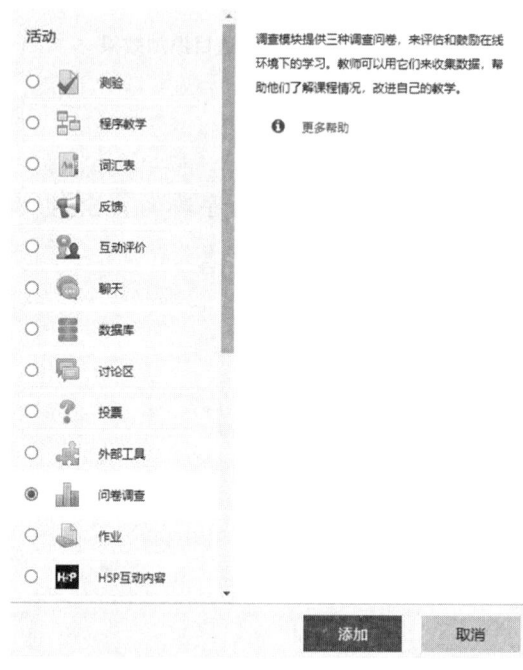

图 5-5-1 添加问卷调查

3)进入问卷调查编辑页面,如图 5-5-2 所示。

图 5-5-2 问卷调查编辑页面

4)输入此问卷调查的名称,选择问卷类型。必要时可以编辑介绍性文本,完成后,点击【保存并返回课程】,将显示所有调查问题。

5.5.2 管理问卷调查

当问卷调查创建成功后,学生就可以开始回答。学生单击进入课程中的问卷调查页面,然后回答问题。一旦学生开始回答问卷调查中的问题,就可以通过点击调查问卷的名称链接跟踪调查结果。在线学习环境问卷调查和学习与思考态度问卷调查结果都是以可视化图形呈现的。关键事件问卷是一种学生可以输入自己的答案的自由回答式问卷,可以看到学生回答的内容。

5.6 CodeRunner 编程测评

Moodle 平台中的 CodeRunner 可以检测计算机程序题型并能自动评测 C、C++、Java、Python 等 10 多种编程语言。在课程中【打开编辑功能】后,单击课程页面中需要放置作业的版面处的【添加一个活动或资源】,在弹出窗口的【活动】页中,点击【测验】图标,添加一个测验栏目,点击【C 语言编程题】,选择【编辑测验】,选择【添加一道题】,选择 CodeRunner,进入设置窗口,如图 5-6-1 所示。

图 5-6-1 编程题目设置页面

由于 Jobe 服务器是采用 Ubantu 操作系统,在编译 C 语言时,如果程序里面引用了诸如 sqrt( )等数学函数,它只能对常量开方,如 sqrt(10),而不能对变量开方,如 sqrt(i),否则会出现引用不到 sqrt 函数的编译错误。解决办法是在编译时加上【-lm】参数,如【gcc a.c -lm】,这就需要去修改容器内的判题源代码,但一时无法定位在哪里修改,故采用变通办法:

针对 C 语言题目,在出题时也选择 cpp_program 即 C++编译器,即用【g++ a.c】去编译,这样就不会出现引用不到 sqrt 函数的编译错误了。注意,在采用 C++编译器时,C 语言程序依然按 C 的编程方法书写,如:

#include <stdio.h>
#include <math.h>
int main()
{
int i = 10;
printf("%lf",sqrt(i));
}

= =

1) C++ 编程样例

#include <iostream>
using namespace std;

int main()

```
{
    int a,b;
    while(cin >> a >> b)
        cout << a+b << endl;
}
```

(2) C 编程样例

```
#include <stdio.h>
int main()
{
    int a,b;
    while(scanf("%d %d",&a, &b) != EOF)
        printf("%d\n",a+b);
    return 0;
}
```

(3) PASCAL(FPC) 编程样例

```
program p1001(Input,Output);
var
    a,b:Integer;
begin
    while not eof(Input) do
        begin
            Readln(a,b);
            Writeln(a+b);
        end;
end.
```

(4) Java 编程样例

```
import java.util.Scanner;
public class Main {
    public static void main(String[] args) {
        Scanner in = new Scanner(System.in);
        while (in.hasNextInt()) {
            int a = in.nextInt();
            int b = in.nextInt();
```

```
            System.out.println(a + b);
        }
    }
}
```

(5) Python 2 编程样例

python 调试:

1——系统读入数据,都是字符串型;

2——如果输出是列表类型,出卷的时候,结果书写格式和常规写法有点区别,逗号和数字之间多了一个空格。

```
import sys
for line in sys.stdin:
    a = line.split()
    print int(a[0]) + int(a[1])
```

(6) Python 3 编程样例

```
import sys
for line in sys.stdin:
    a = line.split()
    print(int(a[0]) + int(a[1]))
```

(7) PHP 编程样例

注意,这里的 STDIN 不是 stdin,要区分大小写的。

```
<?php
while (fscanf(STDIN, "%d%d", $a, $b) == 2){
    echo ($a + $b) . "\n";
}
```

如果读入字符串,这样编写:

fscanf(STDIN, "%s", $a);

范例 1:从键读入一行字符串,统计出里面数字字符的个数。

```
<?php
//本机调试
//先在 web 根下建立 data.txt 文件
//data.txt 内容:ab0dekk2kbjk5@@@
//从文件中读入数据
// $a = file_get_contents("data.txt");
```

//提交评测时,注释掉上面这句,采用下面这句:

fscanf(STDIN,'%s',$a);

$len = strlen($a);

$cnt = 0;

for($i = 0; $i < $len; $i++)

{

$p = substr($a, $i, 1);

if($p >= '0' && $p <= '9') $cnt++;

}

echo $cnt;

范例2:从键盘输入2个整数,求它们的和。

<? php

//本机调试

//先在web根下建立data.txt文件

//data.txt内容:2 8 ,注意,2和8之间可以有若干个空格和若干个回车符

//从文件中读入数据

$a = file_get_contents("data.txt");

//把回车换行符转换为空格符

$a = str_replace("\r\n", " ", $a);

//把连续多个空格符转换为1个空格符,方法1

$a = preg_replace("/\s(?=\s)/","\\1", $a);

echo $a . "<br>";

$d = explode(' ', $a);

echo $d[0] + $d[1];

//提交评测时,注释掉上面这句,采用下面这句:

//fscanf(STDIN,'%d%d',$a,$b);

echo $a + $b;

本 章 小 结

本章重点介绍如何运用Moodle平台在课程教学设计中添加教学活动。通过本章的学习,教师可以利用Moodle进行教学活动的设计,熟练掌握教学活动的使用方法,对教学环境和活动有更深入的理解。

第六章 协作式信息化教学设计

学习目标

掌握聊天室的设计和使用

掌握讨论区的设计和使用

掌握如何创建和使用词汇表

掌握 WIKI 的建立和使用

掌握互动评价的设计和使用

掌握数据库的建立和使用

知识图谱

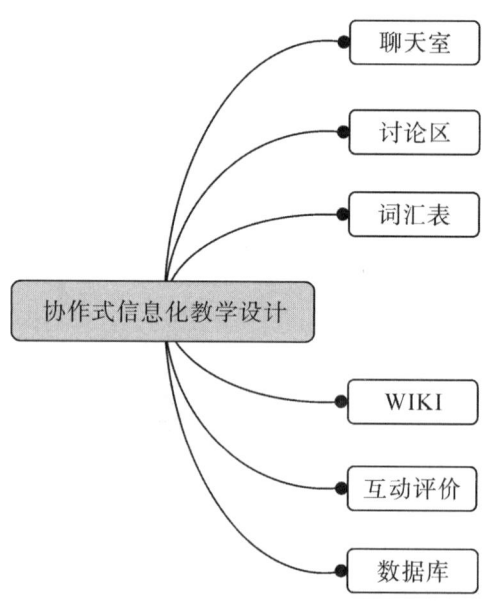

6.1 聊天室

Moodle 聊天室是一个简单的同步聊天工具,允许师生之间进行实时、同步的交流。如果以前使用过 QQ 或微信,应该能很快掌握 Moodle 聊天室的操作方法。

6.1.1 创建聊天室

使用聊天工具之前,需要在 Moodle 中为学生创建一个聊天室,并进行相应的设置。下面以创建一个聊天会议为例,说明如何设计信息化教学环境中的聊天室活动。

1)进入课程页面,点击【打开编辑功能】。

2)点击 ➕ 添加一个活动或资源 链接,从列表中选择【聊天】,如图 6-1-1 所示。

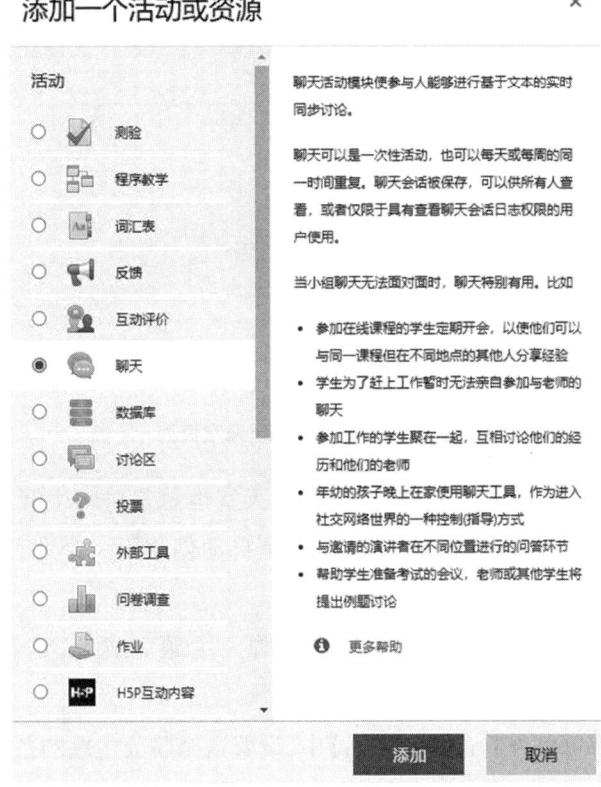

图 6-1-1 添加聊天

3)进入聊天编辑页面,如图 6-1-2 所示。

4)输入聊天室的名称和简要描述。

5)在【下次聊天时间】中设置第一次会议聊天的时间。

6）在【重复/发布会话时间】中，设定聊天碰面的时间。具体有4个选项：①不显示聊天时间。创建一个总是开放的聊天室，没有指定聊天碰面时间。②无重复（仅仅发布指定时间）。创建一个聊天室，聊天碰面时间只限制在步骤5设置的时间范围内。③每天同一时间。创建一个聊天室，聊天碰面时间只限制在步骤5设置的时间范围里的每天的某一时刻。④每周同一时间。创建一个聊天室，聊天碰面时间只限制在步骤5设置的时间范围里的每周的某一时刻。

图6-1-2 设置聊天室页面

这里要注意的是，即使设置了聊天时间，聊天室也总是对学生开放的。Moodle并不会根据设置的聊天时间限制创建的聊天室，而是自动创建了一个课程日历，提醒学生在设置的时间内及时登录。

7）在【保存过去的会话】中，设置当一个聊天主题完成后，其备份需要保存多长时间。

8）在【每个人都可以查看过去的会话】中，设置这个聊天主题的备份是否让所有的学生看到，或是只有老师能看到。

9）完成后，单击【保存并返回课程】按钮，聊天设置完毕。

6.1.2 进入聊天室聊天

单击【点击进入聊天室】链接，打开聊天室，师生就可以在聊天室探讨问题了，如图

6-1-3所示。可以在页面底端的文本编辑区输入消息或者呼叫其他人。当把消息输入到文本编辑区并按"Enter"键,消息就会被公布在聊天窗口。Moodle Chat 是每5秒钟刷新一次屏幕,所以发布的消息很快就会看不到。

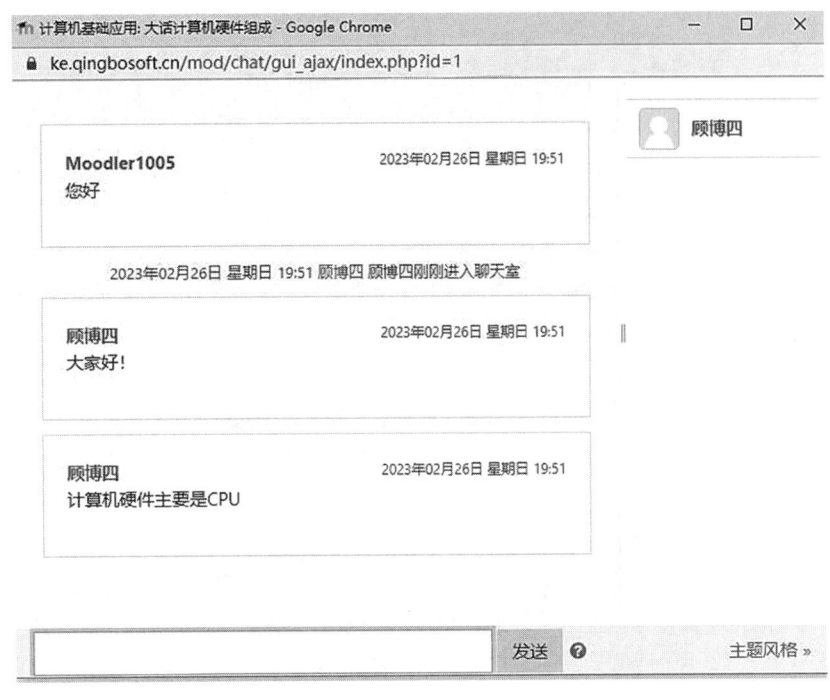

图6-1-3 聊天室界面

6.2 讨论区

讨论区是 Moodle 中的一个强大的交流工具。在讨论区里,教师或学生之间的交流打破了空间、时间的限制。讨论区允许教师和学生随时随地在有互联网的条件下进行交流。这种交流是异步的,不同于聊天室同步、即时的方式。

6.2.1 创建讨论区

创建一个讨论区比较容易,Moodle 有3个基本的讨论区类型:①单个简单话题,即一个简单的话题,全部在一页上,这对于简短、集中的讨论很有用。②一般用途的标准讨论区,是一个开放的讨论区,任何人都可以随时开始一个新的话题,这是最好的通用讨论区。③每个人发表一个话题,是指每个人都可以发表一个帖子(其他人可以发表回复),当你希望每个人都能够发表一个话题,如谈谈他们自己的想法,同时还允许其他人回复时,这种方式比较有用。创建讨论区的步骤如下:

1) 进入课程页面，点击【打开编辑功能】按钮，在课程要添加讨论区链接的地方，点击【添加一个活动或资源】，从列表中选择【讨论区】，点击【添加】，如图6-2-1所示。

图6-2-1　创建讨论区

2) 进入讨论区编辑页面，如图6-2-2所示。

图6-2-2　讨论区编辑页面

3)输入讨论区的名称,在【讨论区简介】编辑区简要介绍该讨论区,选择讨论区的类型。

4)设置一下主要相关参数:

【订阅模式】当用户订阅了讨论区时,将会收到讨论区帖子通知。有4种订阅模式选项:①可选订阅:用户可以选择是否订阅。②强制订阅:每个人都被订阅,而且不能退订。③自动订阅:每个人最初都被订阅,但是随时可以选择是否退订。④禁止订阅:不允许订阅。

【阅读跟踪】通过阅读跟踪,参与人可以通过突出显示任何新的帖子来检查他们还未看过的帖子。如果设置为可选,则参与人可以根据主题风格通过设置菜单或管理板块中的链接选择是打开还是关闭跟踪(用户还必须在其讨论区偏好中启用讨论区跟踪)。如果在站点管理中启用了"允许强制阅读跟踪",则可以使用其他强制选项。这意味着无论用户的讨论区偏好如何,跟踪始终处于打开状态。

【闲置一段时间后锁定话题】如果最新回复经过指定时间后,话题自动锁定,有权限回复锁定话题的用户可以通过回复话题来解锁话题。

【阻止周期】在给定周期内,学生被阻止发布超过给定数量的帖子,试卷从下拉列表选择。

【最大附件大小】附件的文件大小是可以限制的,创建讨论区的人可以在此做出限定。

【成绩】【评分方式】【成绩类别】【及格成绩】Moodle的论坛允许用户评价其他人发表的帖子,这对于评价学生在此课程的参与程度是有用的,有分数和量表2种选项。

5)设置完成后,点击【保存并返回课程】按钮,进入【添加讨论话题】页面,如图6-2-3所示。

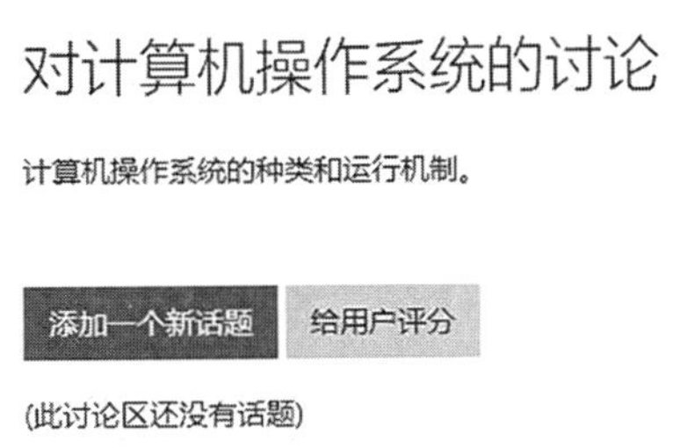

图 6-2-3 添加讨论话题页面

6.2.2 添加讨论话题

1)点击【添加一个新话题】链接,输入主题和正文,如图6-2-4所示。

图 6-2-4　新话题添加界面

2) 完成后,点击【发到讨论区】按钮,帖子发布成功。学生以同样的方式创建讨论话题,或回复已发布的话题,也可以对发布的讨论话题进行编辑修改。如图 6-2-5 所示。

图 6-2-5　讨论区帖子

6.3　词汇表

Moodle 中的词汇表就像百度百科,可以为学生提供与课程相关的词汇,还可以提供相关的背景信息、资料链接等,对学生的学习有很大帮助。在一些课程中,教师经常需要使用一些关键词汇,比如可能会提到一个特定的历史事件,那么老师可以在该历史事件关键字出现的地方做一个超链接。这样当学生浏览到该内容时,只要点击链接即可获得该关键字的解释。这些关键词汇的解释可以在 Moodle 的词汇表中实现。下面以"计算机应用基础"为例,介绍词汇表的设置、编辑和管理使用。

6.3.1 词汇表的设置

1)进入课程页面,点击【打开编辑模式】按钮,在相应模块点击【添加一个活动或资源】,在弹出列表中选择【词汇表】,选择【添加】,进入词汇表编辑界面,如图 6 - 3 - 1 所示。

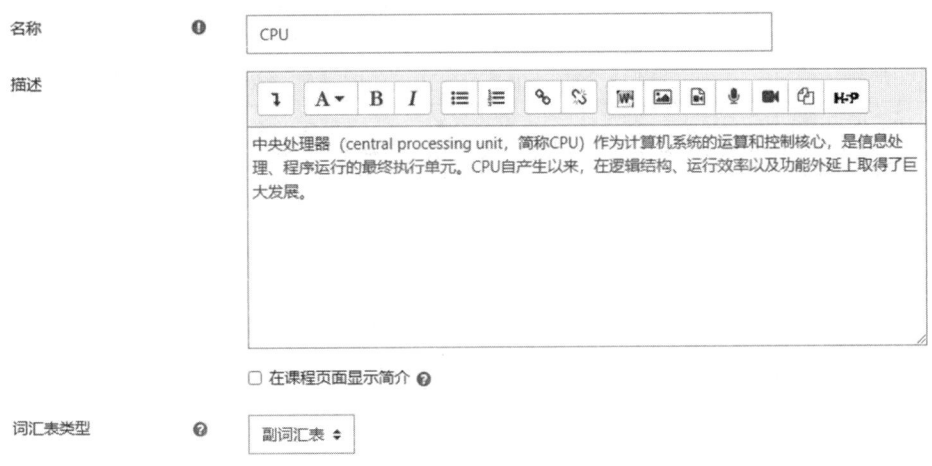

图 6 - 3 - 1　添加词汇表

2)设置以下参数:

常规项:

【词汇表类型】用于设定词汇表的类型,分为主词汇和二级词汇。每个课程只有一个主词汇表,而且只有教师有权进行编辑更新。系统允许把任何二级词汇表输出到课程的主词汇表中,所以应该先确定哪个是主词汇表。

词条:

【允许词条重复】开启此选项,说明多个词条可以使用相同的名称。

【允许评论词条】开启此选项,则允许学生对词条进行评论。但老师不受此限制,可以随时评论。

【自动链接词条】如果管理员启用了全站词汇表自动链接功能,且此项设置也被启用,那么"添加新词条"表单就会有自动链接课程中出现的词条选项。

外观:

【显示格式】用于设置词汇表默认的词条显示方式。系统默认的设置格式如表 6 - 3 - 1 所示。

【接受显示格式】选择不同显示格式。

【每页显示词条数】用于指定词汇表每页显示词条的数目。

【显示字幕索引】用户可以按字幕索引浏览词汇表。

【显示"全部"链接】启用后,用户可以一次性浏览词条。

【显示"特殊"链接】启用后,用户可以按特殊字符(如@ 和#)浏览词汇表。

【允许打印试图】开启此功能,允许学生使用打印视图,但教师不受此限制。

表 6-3-1　系统默认的显示格式

名称	解释
简单字典	看起来就像一个具有分类词条的字典,不显示作者,附件显示为链接
连续显示且不要作者	没有分类,一个接一个显示,但有编辑的图标
详细信息(含作者)	显示作者的日期、显示链接
详细信息(不含作者)	不显示作者的日期,显示链接
百科全书	就像百科全书一样,但有在线图片
常见问题	显示经常问的问题,自动把问题和答案添加进各自的概念和定义里面

6.3.2　编辑词汇表

当上面的选项设置完毕,点击【保存并返回课程】,开始进入编辑词条界面,如图 6-3-2 所示。

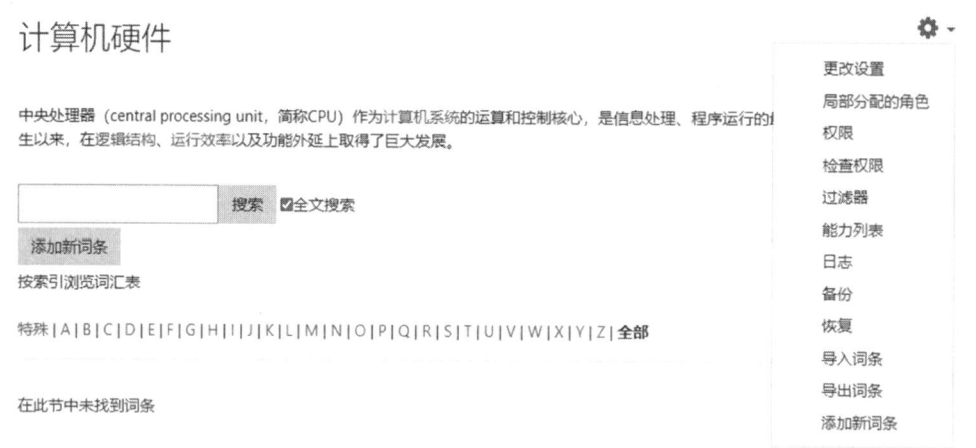

图 6-3-2　词条添加界面

在这个页面中,【添加新词条】【导入词条】和【导出词条】的功能介绍如下。

1)【添加新词条】:点击该按钮,进入图 6-3-3 所示界面,为词汇表添加词条,输入词条名和定义。【关键字】这个设置尤为重要,是实现超链接的关键字,必须填写,否则无法实现自动超链。此外,【此词条可自动链接】选项与前面提到的【自动链接词条】一起实现【关键字】的自动超链。也就是说,【自动链接词条】启用,【关键字】部分填写关键词,同时勾选【该词条将被自动链接】选项,才能实现词条的自动超链。完成后,点击【保存更改】按钮,则添加词条成功。

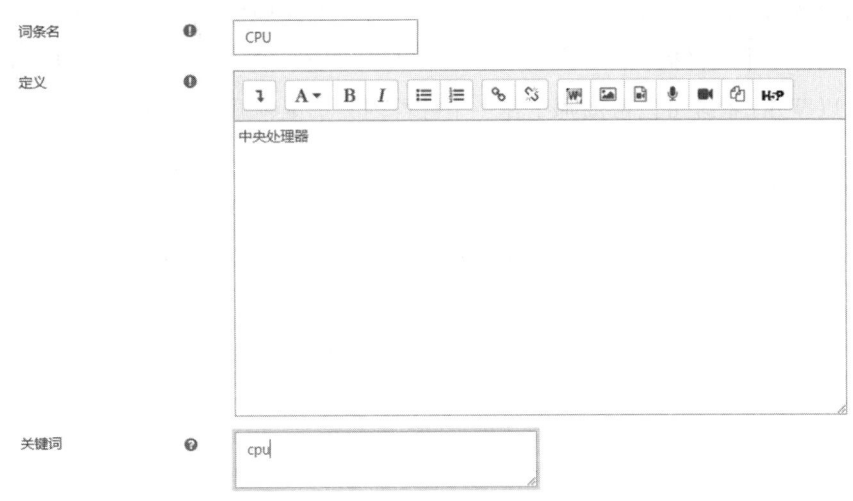

图6-3-3 添加词条

2)【导出词条】点击 ✿ 按钮,出现一个弹出菜单,点击【导出词条】,再点击【导出词条到 XML 文件】,则词条被导出。

3)【导入词条】点击 ✿ 按钮,出现一个弹出菜单,再点击【导入词条】,在导入界面中将 XML 格式的词条文件拖动到文件中,选择【提交】,则词条被导入。导入界面如图6-3-4所示。

图6-3-4 导入词条窗口

6.4 WIKI

Moodle 中的 WIKI 是指多人协同创作和在线写作的超文本系统,夏威夷语中"WIKI"是"非常快"的意思。WIKI 可以有多人(甚至任何访问者)维护,每个人都可以发表自己的意见,或者对共同的主题进行扩展或探讨。同时,WIKI 的作者自然构成了一个社群,WIKI 系统为这个社群提供简单的交流工具。与其他超文本系统相比,WIKI 使用方便且开放,所以 WIKI 系统可以帮助师生在一个社群内共享某领域的知识。

6.4.1 创建 WIKI

1)进入课程页面,点击【打开编辑功能】,在课程需要添加 WIKI 的主题区域,从【添加一个活动或资源】列表中选择【WIKI】,如图 6-4-1 所示。

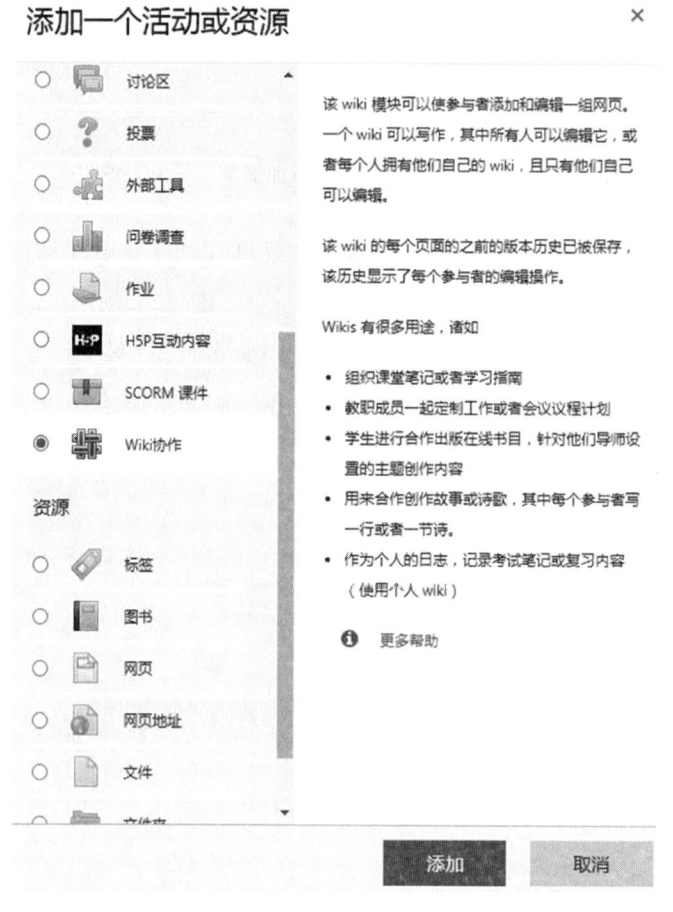

图 6-4-1 添加 WIKI 协作

2)进入 WIKI 编辑页面,如图 6-4-2 所示。

3)输入 WIKI 的主题和对学生写作的要求。

4)设置以下参数:

【WIKI 模式】决定是所有人都可以编辑这个 WIKI(协作 WIKI),还是每个人都有 1 个只能自己编辑的 WIKI(个人 WIKI)。

【首页名】首页的标题。

【缺省格式】此项设置决定编辑 WIKI 页面时使用的缺省格式。①HTML:会提供 HTML 编辑器。②Creole:一个常用的 WIKI 标记语言,会提供一个小型编辑工具条。③NWIKI:MediaWIKI 风格的标记语言,在 NWIKI 模块中使用。

【强制格式】勾选后编辑 WIKI 页面就不能选择格式。

图 6-4-2　WIKI 协作编辑页面

5)点击【保存并返回课程】按钮,完成 WIKI 项目的创建。

6.4.2　管理 WIKI

创建完 WIKI 后,编辑起来就很方便。教师和学生都能够创建 WIKI 页面,把它们链接在一起,形成一个 WIKI 网站。

1)创建 WIKI 页面。

2)点击创建后的 WIKI 协作链接,出现如图 6-4-3 的页面。

图 6-4-3　WIKI 页面创建窗口

3）选择页面格式后，点击【建立页面】，则显示此 WIKI 的初始页面。可以使用 HTML 编辑器添加图片、表格和其他任意需要的内容。用户在一个已有的页面上给新页面命名就可以创建新页面了。如果要在 WIKI 中添加其他页面的链接，可以使用以下 2 种方法：

A. 使用 Moodle 的 WIKI 提供的 CamelCase 创建链接。所谓 CamelCase，是 Mooclle 设置的 WIKI 链接卡片的 WIKI Word 方法。对于使用英文的 WIKI 网页，在书写的一篇文章的最后，将倒数的一个字母大写，程序会自动在这个 WIKI Word 的地方建立新卡片的链接。

B. 只需要用半角的方括号"["和"]"将准备提供链接的词括起来（如[大国工匠]）。

点击【保存】后，Moodle 就会在数据库中搜索是否有名字为"大国工匠"的网页。如果存在此网面。Moodle 自动生成该词的链接。

如果数据库中没有名为"大国工匠"的网页，那么在 CamelCase 后就会出现一个小问号，点击进去，会自动生成一个名为"大国工匠"的网页编辑区。编辑保存后，"大国工匠"页面就生成了，如图 6-4-4 所示。

图 6-4-4　WIKI 协作页面

4) 在 Moodle 的 WIKI 页面下有【搜索 WIKI】【查看】【评论】【历史】【地图】【文件】等,【搜索 WIKI】按钮允许用关键词搜索 WIKI,Moodle 将返回包含关键词的所有页面。【地图】方式是按层次显示 WIKI 的所有页面和链接。

6.5 互动评价

互动评价是 Moodle 中一项专门用于评价的活动模块。互动评价根据评价主体的不同,分为教师评价和学生评价,其中学生评价包括学生自我评价和同伴评价。针对学生的评价,教师可以对学生的评价再次评价。由于评价活动既是一项学习活动,也是一项掺杂了个人情感的主观性活动,容易受到个体主观情感的影响。针对这种情况,互动评价巧妙地设计了众多的参数,合理设置能够有效排除评价过程中人为的、情感方面的干扰,保证评价活动客观公正。

6.5.1 互动评价的完整过程

Moodle 中的互动评价活动模块,充分考虑到教师、学生、评价过程等各种情况。Moodle 中的互动评价流程如图 5-5-1 所示。

在互动评价里,每个学生都有 2 项任务:递交作业和评价作业。首先,学生需要提交自己的作业,再由同伴和老师对该学生的作业打分以及给出反馈意见,这些分数形成了作业提交等级。然后,该学生需要评价自己同伴的作业,也可以评价自己的作业,并给每份作业都打分、写反馈意见。老师根据该学生的评价情况,再评价一次,也就是对评价的二次评价,形成评价等级。该学生的最终成绩为作业提交等级和评价等级之和。

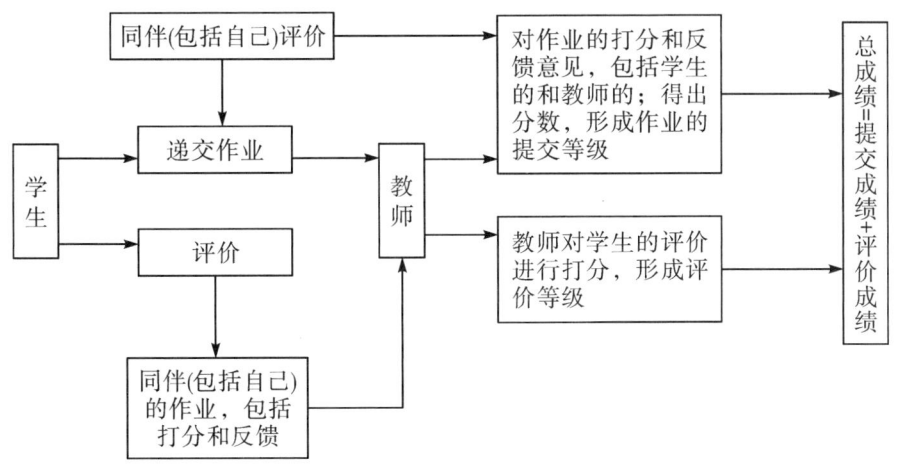

图 6-5-1 互动评价流程图

6.5.2 互动评价参数介绍

进入课程页面后,打开编辑功能,从【添加一个活动或资源】列表中,选择【互动评价】,如图6-5-2所示。在出现的页面中,数需要填写或设置以下参:

图6-5-2 添加互动评价活动

常规项:

【互动评价名称】输入互动评价的标题。

【描述】在这个文本区内输入互动评价的互评方式。

评分设置:

【评分策略】确定使用的评价表单和评价提交的方法。有4个选项,如图6-5-3所示。

图6-5-3 评价策略选择

累加分数:这是默认的评分策略。在这种类型的评分策略中,每个评价的分数由一系列"评价要素"决定。每个要素都应涵盖该作业某一方面的内容。一般地说,一项作业应包含 5～15 个评价要素,具体数字根据作业的大小和复杂程度决定。

评语:这是最简单的评分策略。作业由一套标准描述来评分,学生选择最适合该作业的描述,分数由标准表决定,标准表为每个标准给出建议得分。例如,针对一份作业可能有 5 个标准描述,学生必须从这 5 个标准描述中选择 1 个最能代表这份作业情况的描述,那么这份作业的提交分数就由这个描述的建议得分决定。同错误绑定等级一样,学生可以将建议得分向上或向下调整 20%。

错误数:在这种评价策略中,作业由一套是/否等级来评分,分数由成绩表决定。成绩表给出错误的个数和建议得分之间的关系。例如,一份作业中要求必须包含 6 个要点,成绩表根据这 6 个要点呈现的情况给出建议得分。比如,6 个全部呈现建议得分是多少,缺 1 点建议得分是多少,缺 2 点建议得分是多少等。如果某些要点比其他的要点重要,可以给它增加权重因子。错误的个数是未出现的要点个数之和,默认情况下每个要点权重为 1。成绩表有可能是非线性的。例如,对应一份作业中的 10 个要点,建议得分可能是 90%，70%，50%，40%，30%，20%，10%，0%，0%，0%。学生评价时可以将建议得分向上或向下选择性调整 20%。

量规:类似于标准等级,实际上它是多个标准等级的组合。每套标准涵盖某一类别,每套标准最多可有 5 个描述,并且都有各自的权重。评价等级就是每套标准的加权的分数。

【提交的成绩】这个参数设置的分数为对同伴(同伴也包括自己)的作业所作评价的最高分数,也就是说是对学生作业的评价,以分数的形式呈现出来。互动评价的总成绩是"评价成绩"和"提交的成绩"的总和。因此,如果对评价评分是 30,而对提交评分是 70,那么总分就是 100。同样,这个参数数值也是可以随时改变的,并且教师和学生都能及时看到参数数值的变化。

【通过所需的提交成绩】此项设置确定提交及格成绩的最低分,用于计算活动和课程的完成情况。在成绩册中,及格成绩以绿色突出显示,不及格成绩以红色突出显示。

【评价成绩】这个参数设置的分数为教师根据学生对同伴(同伴包括该学生自己)的评价所给的最高分数,也就是说,是教师对学生评价的评分。评分等级通过与同一次作业中最好的 1 个评价相比较得出。所谓"最好的评价"是指其评分最接近所有评价平均值的评价。注意,如果一个作业只有 1 个评价,那么这个评价就是最好的评价。如果有 2 个评价,那么这 2 个都认为是最好的。只有当存在 3 个或者 3 个以上的评价时,才会对这些评价分等级。这个参数数值随时都可以改变,而且教师和学生都能够看到参数数值的变化。

【通过所需的评价成绩】此项设置确定评价及格成绩的最低分。该数值用于计算活动和课程的完成情况。在成绩册中,及格成绩以绿色突出显示,不及格成绩以红色突出显示。

【成绩的小数位数】设置成绩小数位数个数。

提交设置:

【提交说明】编辑区输入提交的说明文字。

【提交类型】包括在线文本和文件附件,是否需要根据情况勾选。

【提交附件的最大数量】设置附件提交的个数。

【提交附件允许的文件类型】可以通过提供允许的文件类型列表限制提交附件文件类型,如果字段为空,则允许所有文件类型。附件类型可以通过【选择】按钮选择,Moodle中提供丰富多彩的附件类型供教师选择。

【最大提交附件大小】设置附件提交的大小。

【迟的提交】如果启用,作者可以在提交截止日期之后或在评价阶段提交他们的作品。但迟交的作品不能编辑。

评价设置:

【评价说明】具体评价的要求说明文字。

【使用自我评价】如果启用,用户自己的提交可能会被分配给自己评价。并且用户除了自己的提交成绩外,还会获得一个评价成绩。

反馈:

【总体反馈模式】如果启用,评价表单的底部会显示一个文本框。评价人可以在此输入该提交的综合评价,或者输入评价的附加说明。模式有:禁用、启用和可选、启用和必须。

【最大的总体反馈附件数量】设置最大总体反馈附件数量。

【总结】将在活动结束时显示给参与者。

范例提交:

【使用范例】如果启用,用户可以尝试评价1个或多个范例提交,并将他们的评价与参考评价进行比较。该成绩不会记入评价的成绩。

如果一个学生连续提交多份作业,那么这些作业全都可能被评价,互动评价不会只对最后一次提交的作业评价。学生的最终成绩由"评分策略"和最高一次作业成绩决定。

6.5.3 互动评价的使用

下面通过一个具体的案例介绍互动评价的全过程。

小组分工:安排小组中 1 人扮演教师角色,负责互动评价的开创、评价、对评价二次评价;安排其他小组成员扮演学生角色,参与互动评价的评价等活动。安排 1 人负责记录活动过程中遇到的问题或困难。

评分策略:累加分数

提交作业:以"计算机应用基础"课程为例,将你学习后的感受心得写一份汇报,作为互动评价中要提交的作业。

(1) 创建互动评价及参数设置

进入课程页面,从【添加一个活动或资源】列表中选择【互动评价】,进入互动评价的编辑页面,在这里对互动评价的参数进行设置,将评分策略设置为累加分数,如图 6-5-4 所示。

图 6-5-4　创建累加分数评价

在上图的参数设置中,如果教师需要上传作业样例,可以将【提交附件的最大数量】设置成非 0 的数字,那么在教师管理界面就会出现"提交作业样例"字样。参数设置好之后,点击【保存并返回课程】按钮,进入评价要素的编辑界面。

(2)编辑评价要素

我们采用的评价策略是评语,界面会显示当前所处的位置,设置阶段打对勾的表示已经设置完成,虚构的是需要编辑条目。评价要素的编辑界面如图6-5-5所示。

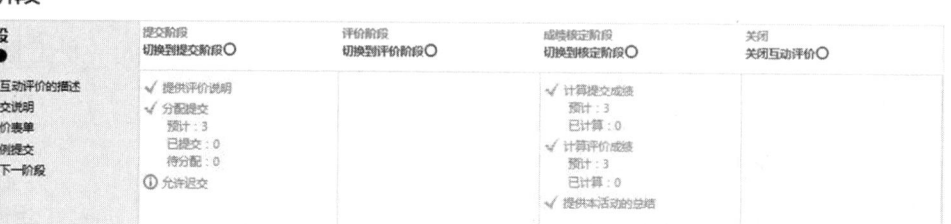

图6-5-5 评价要素编辑界面

在评价要素编辑界面,选择编辑评价表单,打开采分点编辑窗口,如图6-5-6所示。

图6-5-6 采分点编辑窗口

编辑完之后,单击【保存并关闭】,返回到最初设置阶段,会发现编辑评价表单已经完成。如图6-5-7所示。

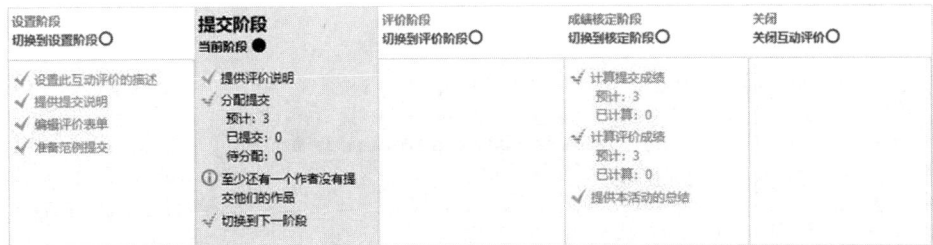

图 6-5-7 互动评价设置阶段

评分分配提交点击进去有 3 个选项:手动分配、随机分配与计划分配,可以根据情况选择 3 种分配方式。如图 6-5-8 所示。

图 6-5-8 分配评价人

如果设置了范例提交,下一步点击【添加范例提交】按钮,提交作业的范例,如图 6-5-9 所示。

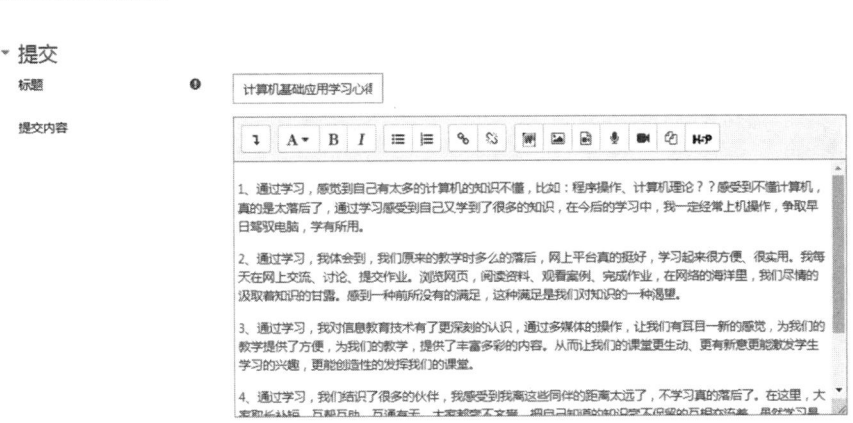

图 6-5-9 范例提交

准备范例提交完成后,点击【切换到下一阶段】按钮,提示您将切换此互动评价到提交阶段。在此阶段,学生可以提交他们的作品,教师可以分配提交给同学互评。如图 6-

5-10所示。

图6-5-10 切换确认窗口

点击【继续】按钮切换到提交阶段,如图6-5-11所示。

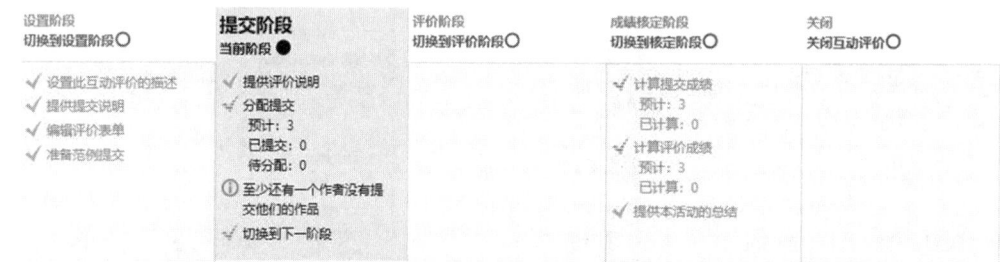

图6-5-11 提交阶段界面

(3) 学生提交作业

以学生身份(用户名以顾博四同学为例)进入Moodle相应的互动评价活动,点击【提交您的作品】链接,然后点击【添加提交】按钮,看到学生作业提交页面,如图6-5-12所示。首先,在标题栏内输入作业的主题信息(姓名、学号、作业名等),下面的文本框用来提交您的作业。

图6-5-12 学生提交作业页面

也可以通过附件的形式提交作业。注意,附件提交栏是由互动评价的开创者设置的。根据需要,可以上传附件,也可以不上传附件。最后点击【保存更改】按钮,就完成了作业的提交,如图 6-5-13 所示。这里会显示该学生提交作业的相关信息。【编辑提交】和【删除提交】链接用来对提交的作业进行修改。

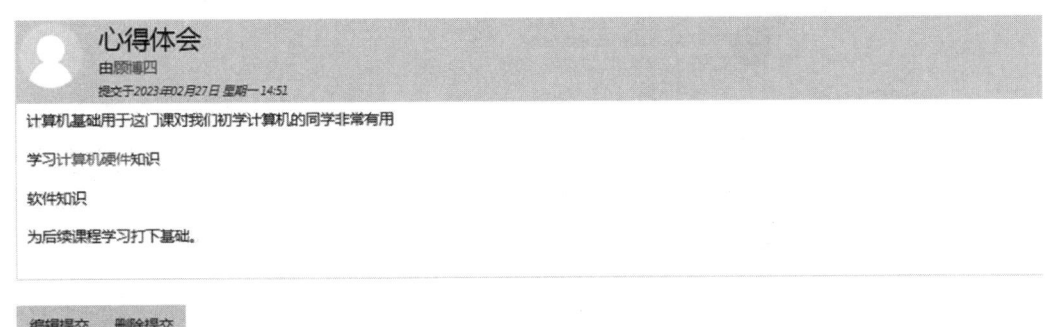

图 6-5-13 作业提交

在互动评价中,学生必须先提交自己的作业,才能看到同伴提交的作业并对它们进行评价。如果教师提供了作业样例,学生要先评价作业样例,然后提交作业,最后才能对同伴作业进行评价。

(4)对学生提交作业的评价

进入教师管理界面,此时学生上传作业的信息会显示出来。统计所有学生都完成了作业提交后,教师可以点击【切换到下一阶段】链接,进入互动评价阶段。如图 6-5-14 所示。

图 6-5-14 评价阶段

此时,学生登录自己的系统,会发现互动评价下面多出要评价的作业,如图 6-5-15 所示。

图 6-5-15 需要评价的作业

点击【评价】按钮，对采分点进行评价。评价完成后，点击【保存并显示下一个】按钮，继续对相关作业进行评价，完成后点击【保存并关闭】。如图 6-5-16 所示。

图 6-5-16 作业互动评分

所有评价完成后,教师登录互动评价管理页面,可以看到所有人评价的结果显示在互动评价成绩报表中,如图6-5-17所示。单击【切换到下一阶段】链接,进入成绩核定阶段,如图6-5-18所示。

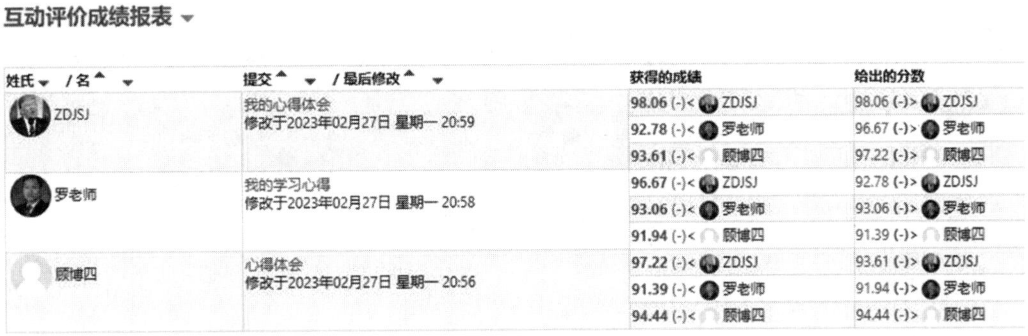

图6-5-17 互动评价报表

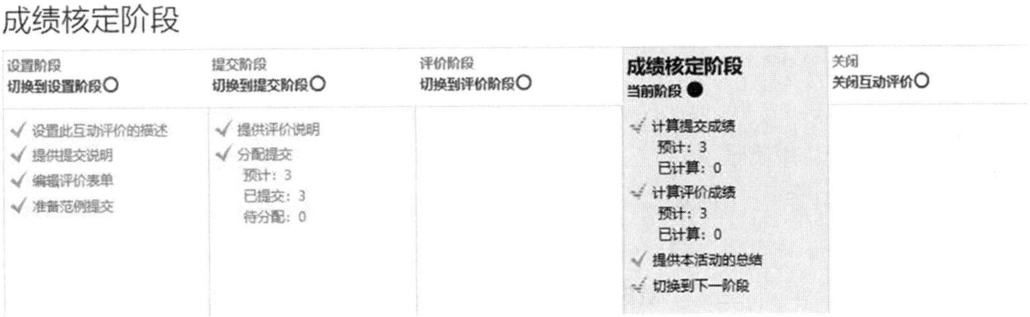

图6-5-18 成绩核定阶段

(5)成绩核定

成绩核定设置指定了评价比较机制的严格程度,比较机制越严格,评价就要更相似,才能获得高分,有5种类型,分别是公平、十分宽松、宽松、严格、非常严格。

这里选择【公平】。单击成绩核定设置中的【重新计算成绩】按钮,互动评价成绩报表将汇总作业的最后评价成绩。如图6-5-19和图6-5-20所示。

图6-5-19 成绩核定设置

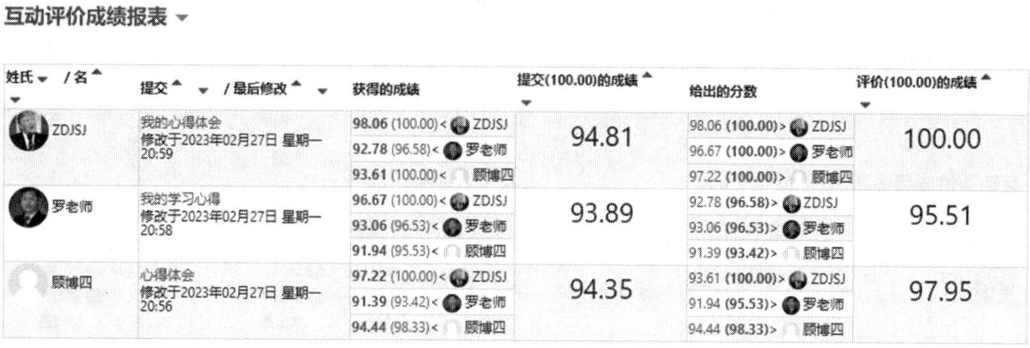

互动评价成绩报表

姓氏/名	提交/最后修改	获得的成绩	提交(100.00)的成绩	给出的分数	评价(100.00)的成绩
ZDJSJ	我的心得体会 修改于2023年02月27日 星期一 20:59	98.06 (100.00) < ZDJSJ 92.78 (96.58) < 罗老师 93.61 (100.00) < 顾博四	94.81	98.06 (100.00) > ZDJSJ 96.67 (100.00) > 罗老师 97.22 (100.00) > 顾博四	100.00
罗老师	我的学习心得 修改于2023年02月27日 星期一 20:58	96.67 (100.00) < ZDJSJ 93.06 (96.53) < 罗老师 91.94 (95.53) < 顾博四	93.89	92.78 (96.58) > ZDJSJ 93.06 (96.53) > 罗老师 91.39 (93.42) > 顾博四	95.51
顾博四	心得体会 修改于2023年02月27日 星期一 20:56	97.22 (100.00) < ZDJSJ 91.39 (93.42) < 罗老师 94.44 (98.33) < 顾博四	94.35	93.61 (100.00) > ZDJSJ 91.94 (95.53) > 罗老师 94.44 (98.33) > 顾博四	97.95

图 6-5-20 成绩汇总

(6) 成绩汇总核定结束以后

点击【切换到下一阶段】链接,结束本次互动评价,学生可以登录系统查看评价结果。如图 6-5-21 和图 6-5-22 所示。

图 6-5-21 结束互动评价

图 6-5-22 学生查看成绩

6.6 数据库

Moodle 中的数据库与我们平常所讲的计算机编程数据库并不完全是一个概念。Moodle 中的数据库是用来对网络课程中的相关信息进行收集、管理、呈现、查询而使用的。教师创建 Moodle 数据库的过程类似于创建 Mysql 数据库中的表的字段,创建者可以根据自己的需要收集课程信息,然后确定各个字段(如创建一个班级通讯录数据库,可以确定姓名、班级、电话、家庭住址等字段),各个字段的格式和结构几乎是不受限制的,包括图片、文件、网址、数字和文本等。

6.6.1 添加数据库

1)进入课程页面,从【添加一个活动或资源】列表中选择【数据库】,如图6-6-1所示。

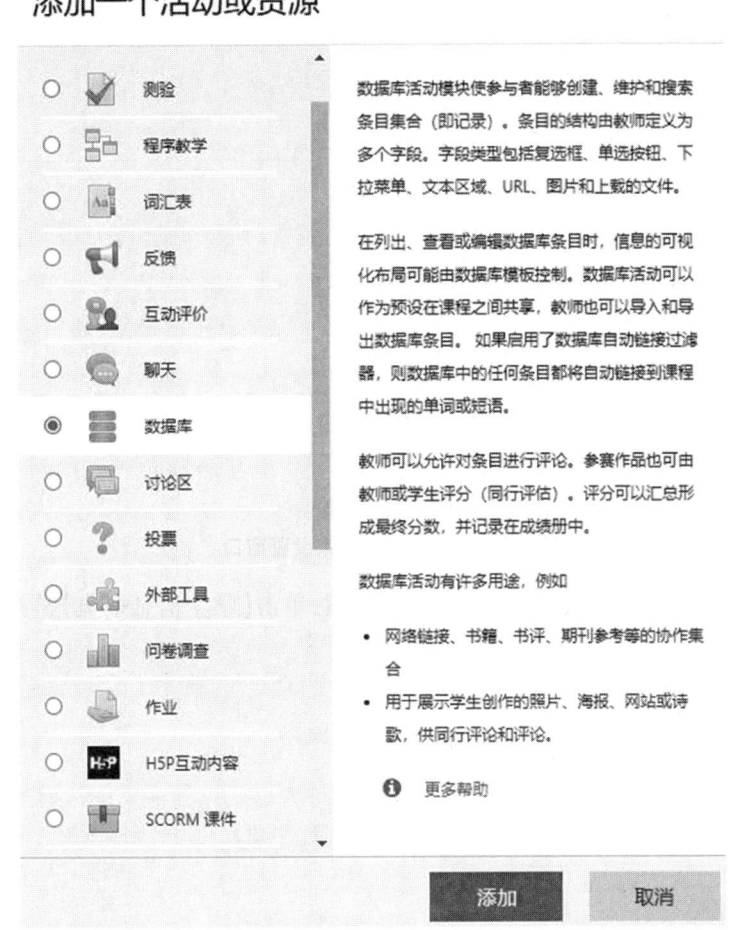

图6-6-1 添加数据库

2)在如图6-6-2所示的数据库编辑界面中输入数据库的名称、描述,然后设置各参数。

各参数的设置介绍如下:

【需要批准】如果激活,条目必须在教师核准后才能被其他人看到。

【允许评论词条】设置是否允许用户对添加好的条目进行评论。

【查看前需要完成条目数】设置在查看数据库中任何条目内容前需要完成填写的条目数。

【最多条目数】设置最多可以填写多少条目。

图6-6-2　数据库设置窗口

3）设置完成后，点击【保存并返回课程】按钮，单击【学生信息采集】链接，出现如图6-6-3所示界面。

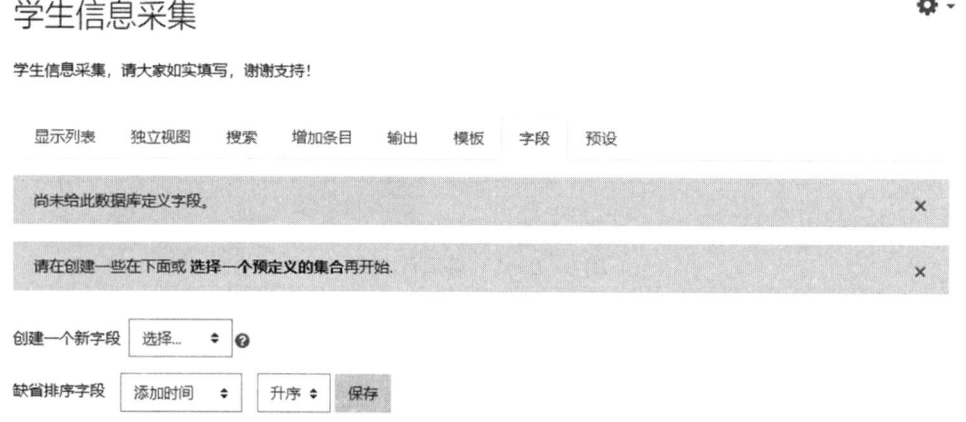

图6-6-3　数据库设置界面

6.6.2 定义字段(用于定义收集到的信息)

Moodle 的数据库允许用户添加不同类型的字段,从【创建一个新字段】下拉列表中可以选择的字段类型和常用的资料类型有:①单选按钮;②图片,如个人照片、各类图形资料;③复选框;④多级菜单;⑤数值;⑥文件;⑦文本域;⑧文本输入;⑨日期;⑩经纬度;⑪网页。

例如,一个学生通讯录数据库需要添加姓名、单位等文本类的字段,电话号码等数字类的字段,邮箱等网址类的字段。

1)从【创建一个新字段】下拉列表中选择相应的字段类型添加字段。

2)进入如图 6-6-4 所示界面,填写字段名和对字段的描述。

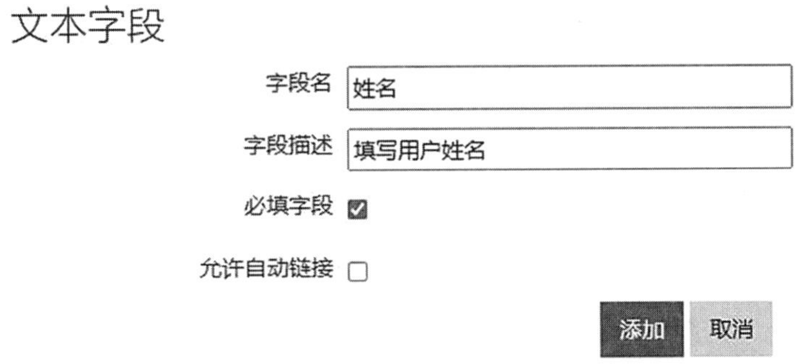

图 6-6-4 添加文本字段

3)完成后点击【添加】按钮,出现如图 6-6-5 所示界面。然后用同样的方法创建其他字段。

字段名	字段类型	要求的	字段描述	动作
姓名	文本字段	是的	填写用户姓名	✿ 🗑
单位	文本字段	是的	填写单位全称	✿ 🗑
家庭住址	文本字段	是的	家庭住址全称	✿ 🗑
电话号码	文本字段	是的	电话	✿ 🗑

图 6-6-5 完成字段添加

6.6.3 编辑数据库模板

可编辑的模板有几种,具体介绍如下。

【列表模板】定义浏览多个条目的界面,具体编辑起来可以根据自己的喜好设置。例如,可以以表格的形式呈现各个条目,利用编辑栏中的表格按钮插入一个表格,并在每个单元格中填写字段的名称,如姓名、单位、电话等。但是这样输入的结果是:在数据库创建好后,文字原样输出。如果希望输出的是用户填入字段中的具体信息,就需要在相应的字段名外添加"[[ ]]",如[[姓名]][[单位]][[电话]],如图6-6-6所示。

【独立模板】定义浏览独立条目的界面。具体的编辑方式与【列表模板】类似,如图6-6-7所示。

【添加模板】自定义修改条目的界面。

【RSS模板】定义条目在RSS种子中的表现形式。

【CSS模板】用于为其他模板定义本地CSS样式。

图6-6-6 列表模板样式

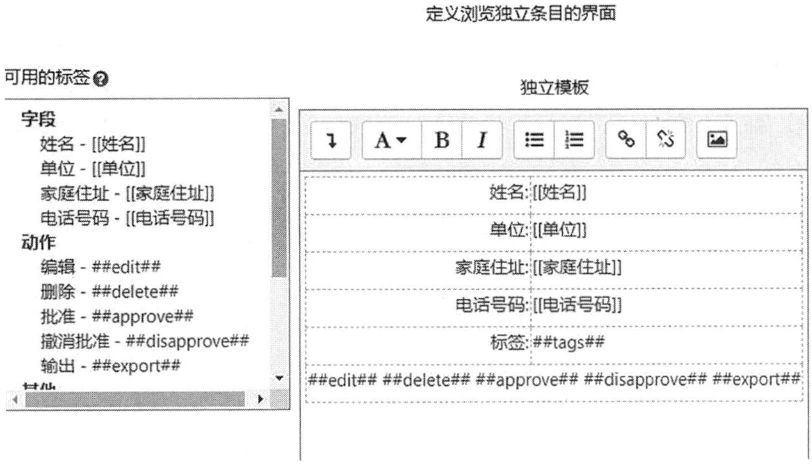

图6-6-7 独立模板样式

如果之后想重新编辑数据库中的字段,必须使用【重置模板】按钮,或者手工编辑模板,这样做是为了确保新添加的字段能够被显示出来。

6.6.4 输入数据

进入课程页面后,可以看到创建好的数据库名称,单击数据库创建链接【学生信息采集】后,在进入的页面中再次点击【增加条目】按钮,就可以添加数据了,如图6-6-8所示。这些项目能够被单独或以列表的形式被浏览,还能被搜索存储。

图6-6-8 新增数据库条目

输入数据后,点击【保存并浏览】按钮,可以将数据保存到数据库,并看到条目按照【独立模板】中编辑的样式呈现,如图6-6-9所示。

图 6-6-9　数据显示

本章小结

通过本章的学习，掌握如何使用聊天室、讨论区、词汇表、WIKI、互动评价以及数据库丰富自己的课程教学活动，为学生创建一个交流、共享、合作的空间。这对于有效激发学生的学习动机，鼓励学生积极参与讨论，有非常重要的作用。

第七章 学生评价与管理设计

学习目标

掌握成绩模块的设置与应用

掌握报表中日志的查看

掌握评价量规的设计

掌握教学活动的过程性评价

知识图谱

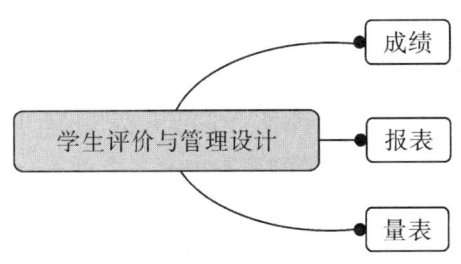

7.1 成绩

过程性评价既支持从外部对学习成果进行"量化"的测量,同时也兼顾"质性"的方法,强调将评价"嵌入"到教学的过程中,贯穿于教学过程的始终,包含了多样的方法和策略。在评价实施过程中,师生共同参与,不断进行反馈,改善教学,从而促进学生的高质量学习。成绩模块是 Moodle 中专门用于查看学生在整个课程中参与情况的重要模块,是各个活动参与情况的集中反映。它方便教师及时查看学生的学习情况,体现了过程性评价的精髓。教师可以根据自己的需要,灵活地采用多种评价方式,使评价变得更人性化。成绩查看伴随着教学过程不定期、连续地进行,改变了传统的间断式评价,与学习过程相互融合，促进了师生之间、学生之间的互动与合作，有助于提高教学质量。

7.1.1 预览成绩

进入课程页面，从【管理】板块中点击【成绩】链接，进入如图7-1-1所示页面。

姓氏 ▲ /名		电子邮件地址	开始测试 ⇕	开始测试 ⇕	开始测试 ⇕	开始测验 ⇕	∑ 课程总分 ⇕
倪文豪		1409889384@qq.com	50.00	20.00	19.00	-	89.00
吴岳名		3419162313@qq.com	-	-	-	-	-
吴彬		2857453423@qq.com	44.00	19.67	19.00	-	82.67
周煜帆		1565025102@qq.com	48.00	20.00	20.00	-	88.00
孙奕		3382907523@qq.com	43.00	15.50	19.00	-	77.50
孙怜元		87438928@qq.com	40.00	18.00	17.00	-	75.00
庞翔匀		402969274@qq.com	49.00	19.00	19.00	-	87.00
张美		1654945765@qq.com	47.00	16.75	18.00	-	81.75
张颜颜		2273990534@qq.com	48.00	20.00	20.00	-	88.00

图7-1-1 学生成绩

在这里可以看到所有学生在参与每一项活动中所获得的成绩以及他们的总分。图7-1-1中列出了学生参加活动的得分情况；在最左侧是学生的名字，可以按学生的姓氏或名字排序，缺省的情况下是以姓氏来排序的。在每个学生的名字右边列有图标 ▦，点击它可以看到该学生的成绩。中间的部分显示了课程中所有的成绩项（在高级模式中则是分类的成绩）。每个项目的名称上都有一个链接，点击后可进入该项目的设置页面。在所有成绩的右侧是总成绩，在总成绩的表头中有2个箭头，点击它们可以按照升序或降序来排列学生的成绩。

7.1.2 成绩分类

在浏览成绩时，教师可以根据需要通过设定使用偏好使评价人性化。在评分报表的下面有成绩相关设置菜单，如图7-1-2所示。单击【设置】链接，然后选择【课程成绩设置】选项，可以设置用户报表等相关参数。如图7-1-3所示。

评分人报表

| 查看 | 设置 | 量表 | 分数段 | 导入 | 导出 |

| 评分人报表 | 成绩历史记录 | 成果报表 | 概览报表 | 独立视图 | 用户报表 |

图7-1-2 成绩报表相关设置

图 7-1-3 用户报表设置

用户报表各选项介绍如下：

【显示排名】显示成绩排名。

【显示百分比】设定是否显示百分比，可以分别为学生和教师进行设定。

【显示成绩】设定是否要显示分值，可以分别为学生和教师进行设定。

【显示权重】决定是否要显示加权的百分比，也可以选择是否将此显示给学生。

【显示平均分】是否显示平均分列。

【显示分数段】设定是否将成绩的总分显示为以字母表示的分数段。

【显示隐藏项】选定此项后，系统会将隐藏的成绩项一并显示出来。此选项仅对教师界面有效，学生不会在成绩簿中看到那些对他们隐藏的成绩项目。如果选定此项，学生的总成绩中会包含隐藏项目。

课程成绩设置中除了用户报表外，还有很多参数可以设置，如图 7-1-4 所示。设定好后，点击【保存更改】完成。

图 7-1-4 课程成绩设置相关参数

7.1.3 设定权重

在评分报表的下面有成绩相关设置菜单,单击【设置】链接,然后选择【成绩册设置】选项,可以设置权重相关参数,设置完成点击【保存更改】。如图 7-1-5 所示。

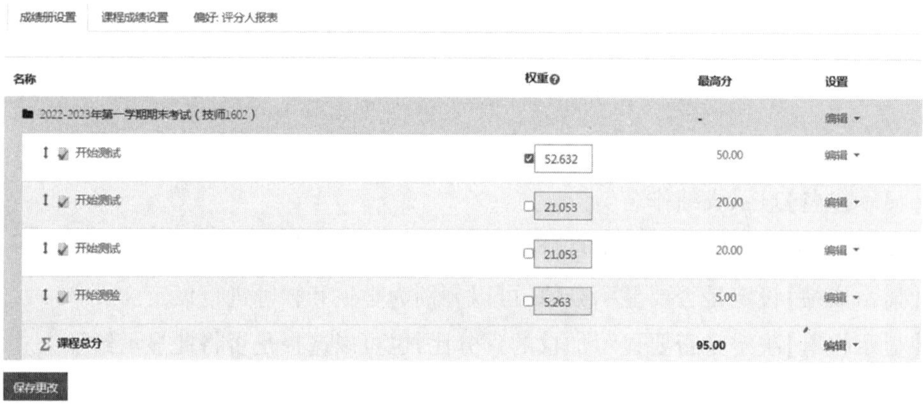

图 7-1-5 权重设置

7.1.4 自定义分数段

在评分报表的下面有成绩相关设置菜单,单击【分数段】链接,然后选择【编辑】选项,如图 7-1-6 所示。在此可设置分数段,并且用字母表示不同的分数。进入页面时,它显示的是一组默认的分数段设置。若使用,点击【保存更改】按钮就可以了。如果不想采用这组设置,可以修改其中的项目并点击【保存更改】按钮。这样设置之后,在成绩单上就可以看到所设置的分数段了。如果要删除一个分数段或将某个分数段排除在外，只需将其留空。

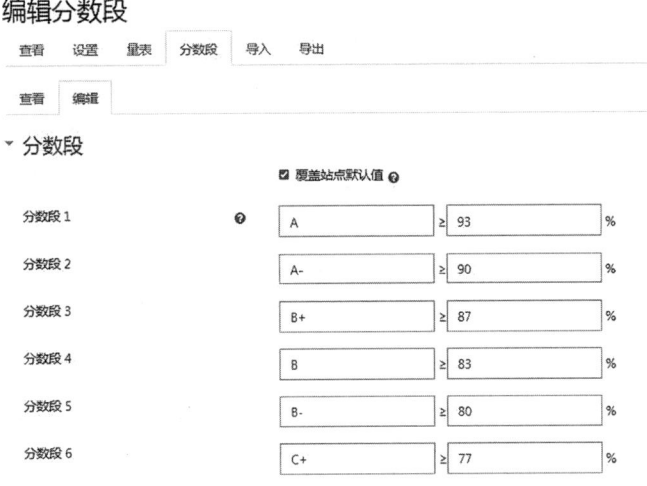

图 7－1－6　编辑分数段

7.2　报表

Moodle 中的报表模块，能帮助教师了解学生参与 Moodle 平台学习情况，这些记录只能以教师或管理员身份登录才能看到。教师或管理员登录课程页面后，在课程页面中点击【测验提交人数】，打开如图 7－2－1 所示页面。

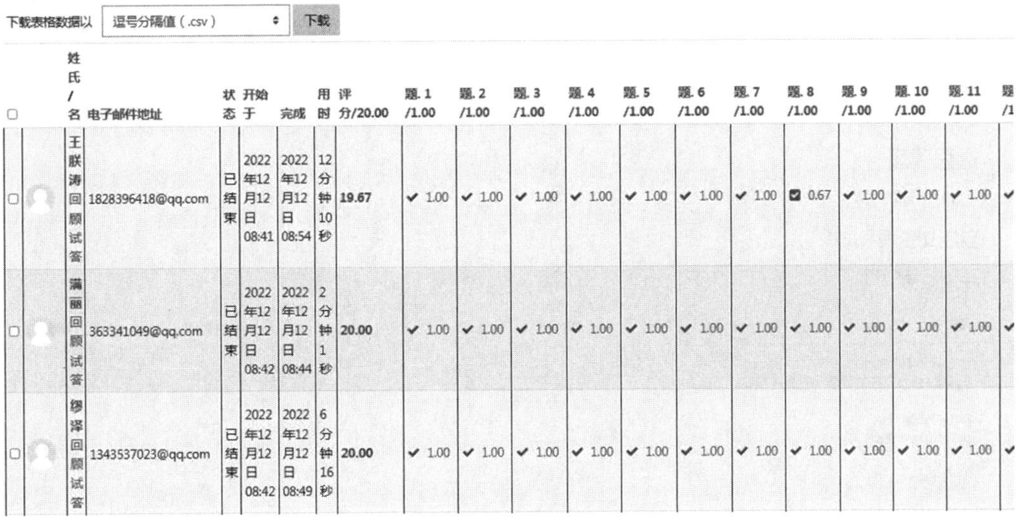

下载表格数据以　逗号分隔值（.csv）　下载

姓氏/名	电子邮件地址	状态	开始于	完成	用时	评分/20.00	题.1 /1.00	题.2 /1.00	题.3 /1.00	题.4 /1.00	题.5 /1.00	题.6 /1.00	题.7 /1.00	题.8 /1.00	题.9 /1.00	题.10 /1.00	题.11 /1.00
王联涛 回顾试答	1828396418@qq.com	已结束	2022年12月12日 08:41	2022年12月12日 08:54	12分钟10秒	19.67	1.00	1.00	1.00	1.00	1.00	1.00	1.00	0.67	1.00	1.00	1.00
满丽 回顾试答	363341049@qq.com	已结束	2022年12月12日 08:42	2022年12月12日 08:44	2分钟1秒	20.00	1.00	1.00	1.00	1.00	1.00	1.00	1.00	1.00	1.00	1.00	1.00
缪泽 回顾试答	1343537023@qq.com	已结束	2022年12月12日 08:42	2022年12月12日 08:49	6分钟16秒	20.00	1.00	1.00	1.00	1.00	1.00	1.00	1.00	1.00	1.00	1.00	1.00

图 7－2－1　成绩报表

在成绩报表的左上角有下载表格数据选项,可以下载成绩报表相关内容。在报表底部有成绩图表,可以直观分析成绩数据。成绩图表如图 7-2-2 所示。

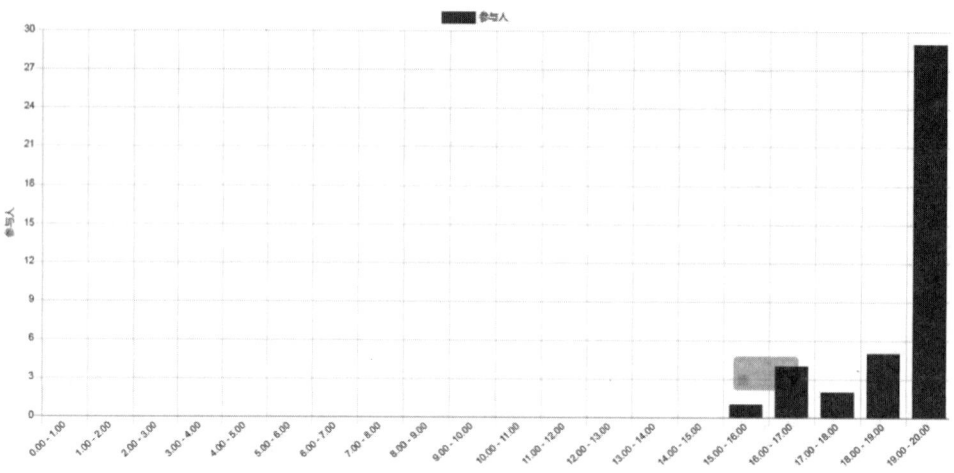

图 7-2-2　成绩图表

7.3　量表

Moodle 中使用等级功能可以帮助教师设计评价量表,通常和 Moodle 中的其他活动联合起来使用,如词汇表、成绩等。

首先以教师或管理员身份登录一门课程,在课程页面左侧的系统管理区点击【成绩】,然后选择评分人报表菜单中的【量表】链接,点击打开量表设置窗口。如图 7-3-1 所示。

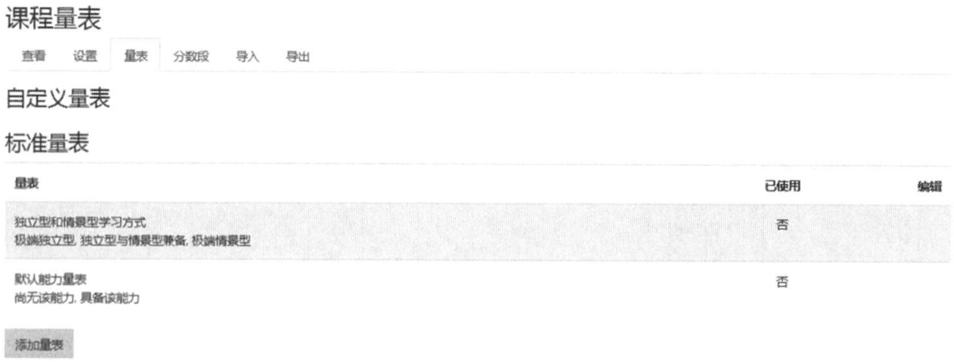

图 7-3-1　量表设置

点击【添加量表】按钮,教师可以添加新的等级,如图7-3-2所示。

图7-3-2 添加量表

在【名称】中填入该量表的标题;在【量表】中填入该量表的划分等级,等级间用逗号隔开(注意该逗号必须是英文状态下输入),如"差,及格,中,良,优秀"5个等级;在【描述】中输入该量表的介绍,在这里可以输入纯文本,也可以输入URL地址和HTML标记,还可以通过输入表情代码丰富页面(表情代码详见Moodle里的帮助文档)。点击【保存更改】,评价量表就设计好了。

设计好的量表要与课程中的其他活动一起使用,如成绩中需要增加量表列,如图7-3-3所示。完成后,点击【保存更改】按钮。

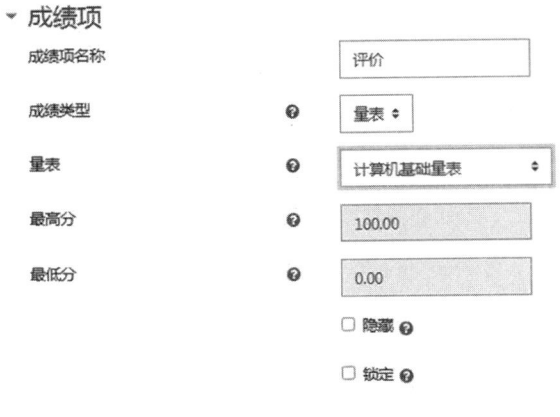

图7-3-3 量表应用

本章小结

通过本章学习,掌握如何利用成绩管理模块对学生进行分析比较,从而了解学生在课程学习过程中参与学习的情况。通过报表模块,教师可以了解学生在 Moodle 中的参与情况;利用等级管理模块,教师可以设计评价量规,并且可以在自己设计的课程中使用。

第八章 在线考试的创建与管理

学习目标

- 利用 Moodle 测验活动创建在线考试
- 掌握 Moodle 题库的创建
- 掌握运用软件快速生成试题文件
- 掌握 Moodle 在线考试的部署和优化

知识图谱

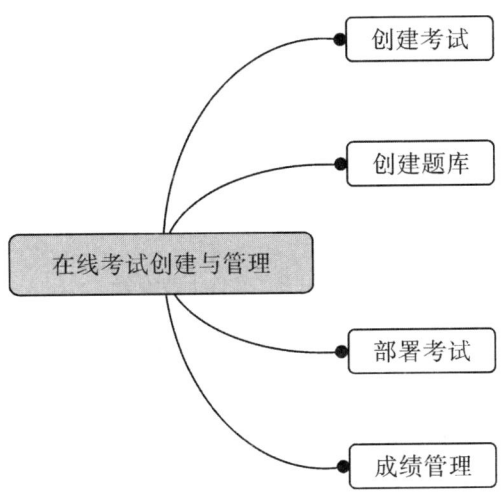

8.1 创建考试

8.1.1 创建考试课程

和创建课程一样,先创建一门考试课程。使用教师账号登录系统,进入系统后,单击左上角的【课程管理】,选择【新建课程】,打开课程添加界面,如图8-1-1所示。

图8-1-1 课程编辑界面

按照考试要求设置相关参数,这里重点介绍文件上传和小组模式。如果考试需要学生提交文件,需要在文件上传类别的【最大上传文件】里面设置上传的大小。如图8-1-2所示。

图8-1-2 文件上传设置

如果在线考试是多个班级同时开展,需要在考试课程里面设置考试分组,在小组类别下设置【小组模式】为分隔小组,【强制小组模式】设置为是的。如图8-1-3所示。设置完成后点击【保存并预览】。

图8-1-3 设置考试为小组模式

8.1.2 设置选课方法

完成考试课程的基本设置后,点击左侧项目列表中的【参与人】,选择右上角的 ✿,打开选课选项,如图 8-1-4 所示。然后选择【选课方法】,打开选课列表,里面默认为人工选课、访客进入、自助选课 3 个选项,这里我们选择自助选课,然后点击右边的 ✿,打开自助选课设置窗口,如图 8-1-5 所示。

图 8-1-4 选课设置

图 8-1-5 自助选课设置

自助选课设置【允许自助选课】选择:"是的",【选课密码】设置一个学生进入考试的密码(为了考试安全,密码需要大小写母和特殊字符混合编排)。注意,如果考试以分组模式进行,这里的选课密码将不起作用,只需要将【使用分组选课密码】选择为"是的"就可以了。如图8-1-6所示。

图8-1-6 使用分组选课密码设置

【开始时间】和【结束时间】可以设置为开考的具体时间,如果不设,则考试没有时间限制。设置完后点击【保存更改】,完成自助选课的设置。

8.1.3 创建考试小组

为完成分组考试的设置,还需要在【用户】项目下面添加小组。首先打开考试课程,然后点击右上角的 ✿ ,弹出菜单选择"更多",在课程管理下选择【用户】,如图8-1-7所示。

图8-1-7 用户选项

这里选择【小组】,打开添加小组页面,如图8-1-8所示。选择【创建小组】,打开创建小组窗口,如图8-1-9所示。这里输入小组名称、选课密钥(这里很关键,因为分配小组后,学生是通过这个密钥进入考试的),设置完成后选择【保存更改】,考试小组创建完成。如图8-1-10所示。这里要注意,小组密钥不能和选课密码相同,否则会造成学生选课后不能进入该学生小组。

图 8-1-8　小组创建窗口

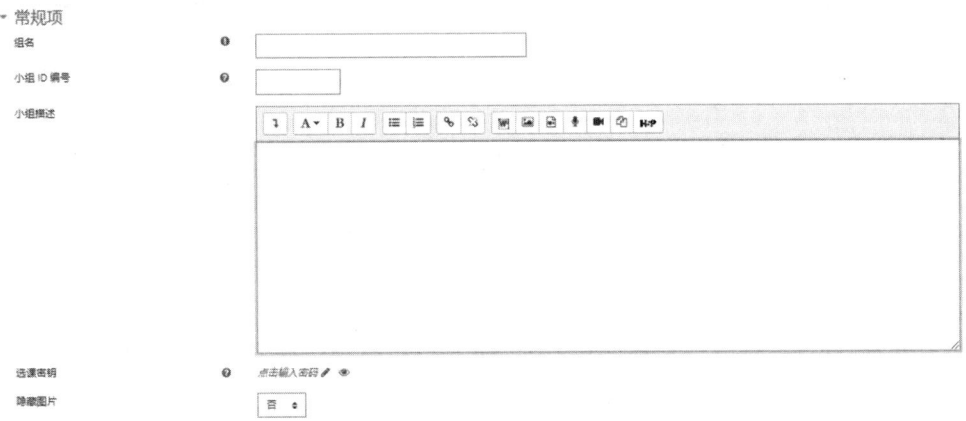

图 8-1-9　创建小组

图 8-1-10　考试小组

8.2 创建题库

8.2.1 规划类别

在创建考试题库前,一定要对 Moodle 系统出题的特点有深入的了解,并使创建的题库能满足考试的需求。Moodle 出题的特点是:基于题库的类别,题库类别可以形象比喻为 Windows 资源管理器中的"文件夹",而试题可以理解为该文件夹里的文件,文件总是要放在某个文件夹里。也就是说,Moodle 只能对某个题库类别里的所有题目进行随机提取。基于以上理解,最简单的类别构建方法是以题型来区别不同的类别,如图 8-2-1 所示。考试时,可以指定考试题目数量,考卷由随机抽取的填空题、单选题、多选题、是非题和简答题组成。

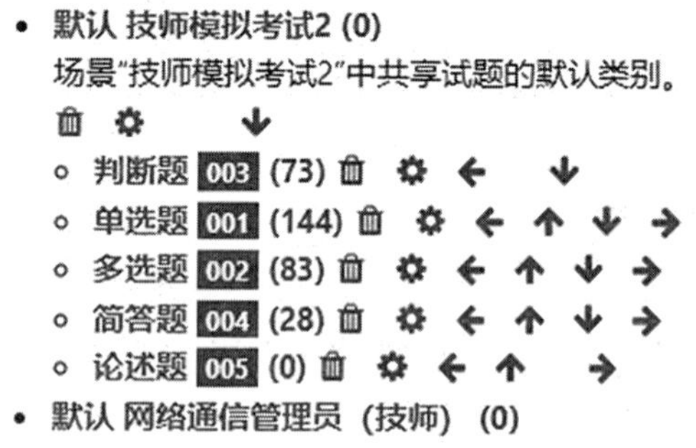

- 默认 技师模拟考试2 (0)
  场景"技师模拟考试2"中共享试题的默认类别。
  - 判断题 003 (73)
  - 单选题 001 (144)
  - 多选题 002 (83)
  - 简答题 004 (28)
  - 论述题 005 (0)
- 默认 网络通信管理员(技师)(0)

图 8-2-1 题库试题类别

8.2.2 创建题库类别

打开考试课程,点击右上 ✿,列表中选择"更多",打开"课程管理",然后选择页面下的【题库】【类别】,打开新建类别窗口,如图 8-2-2 所示。

图 8-2-2 创建考试类别

设置好类别后,单击【新建类别】保存相关配置。设置好的考试题库类别如图8-2-3所示。

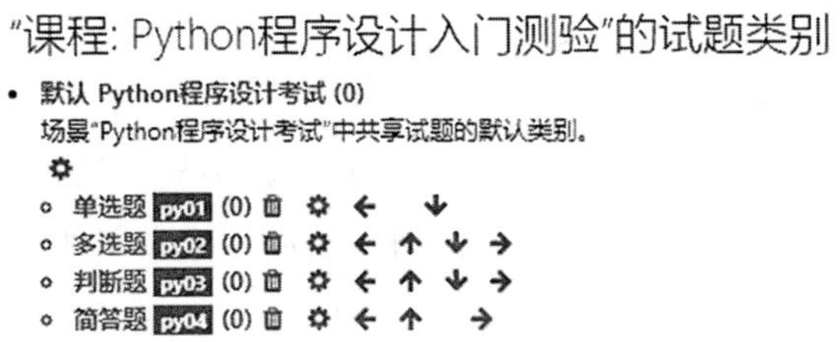

"课程:Python程序设计入门测验"的试题类别
- 默认 Python程序设计考试 (0)
  场景"Python程序设计考试"中共享试题的默认类别。
  ✿
  - 单选题 py01 (0) 🗑 ✿ ← ↓
  - 多选题 py02 (0) 🗑 ✿ ← ↑ ↓
  - 判断题 py03 (0) 🗑 ✿ ← ↑ ↓
  - 简答题 py04 (0) 🗑 ✿ ← ↑

图8-2-3 识别分类

8.2.3 使用外部软件创建试题

虽然Moodle自身也提供了试题创建方法,但是对于需要快速创建在线考试题库来说,效率非常低,所以可以借助其他软件快速创建Moodle的题库。这里介绍Moodle Question Editor编辑器,通过该编辑器,可以快速生成Moodle默认的XML试题文件,方便导入题库。对于个别需要图片文字混合的题目,可以单独去Moodle系统中编辑添加图片处理。Moodle Question Editor编辑器如图8-2-4所示。

图8-2-4 Moodle Question Editor 编辑器

(一) Moodle Question Editor 编辑器界面元素介绍

【标题】在 Moodle 题库中显示的题目名称,如果不输入文字自动以题干作为题目的名称。

【题干】题目的叙述部分。

【答案】这里的答案分为填空的正确答案和选择题中提供的各选项。

【得分度】表示本选项与正确答案的接近程度,而不是本题的分值。假如本题分值为 1 分,学生答对本题即得 1 分。答对本题的条件是其各答案得分度之和为 100。如果本题分值为 10 分,学生答对本题即得 10 分,此时答对本题的条件仍是其各答案得分度之和为 100。如果学生的得分度为 50,则本题得分为 10 * 50/100 = 5(分)。

(二) 本软件的操作要领

(1) 现场出题

1) 选择题型。

2) 输入题目标题(可选)。

3) 输入题干。

4) 如果是要从题干中选取文字的题型(如填空题、选择题等),请先选定文字,再单击相应按钮,此时选定的文字会自动填充为第一个正确答案(选项),题干中相应位置自动用( )代替。如果是嵌入型题目,则以不同颜色表示子题型并且在左侧显示题型名称,相关项目自动设置。

5) 输入其他答案(选项),设置相关项目。

6) 输入反馈(可选)。

7) 单击下一题,重复步骤 1~6。

8) 单击保存,完成出题,形成 xml 题库文件

(2) 已有电子版题目

1) 按 Ctrl + B 打开自动粘贴功能。

2) 选择题型。

3) 输入题目标题(可选)。

4) 选定电子版题目中的题干,按 Ctrl + C 复制题干,此时选定的内容会自动粘贴为题干。

5) 依次选定各答案(选项),按 Ctrl + C 复制,均依次自动粘贴到答案区。

6) 输入反馈(可选)。

7) 设置相关项目。

8) 单击下一题,重复步骤 2~7。

9)单击保存,完成出题,形成 xml 文件再导入 Moodle,按 Ctrl + D 取消自动粘贴功能。

所有题目可以用"下一题""上一题"浏览,也可重新编辑。如果题目较多,也可在"题号"中输入题号,再单击窗口任意点转到相应题号。

(3) 各题型介绍

1)选择题。

选择题至少必须提供 2 个选项,分为单项选择和多项选择。

A. 单项选择:只有 1 个正确选项,正确选项的得分度应设为 100,错误选项得分度应设为 0。在网页上各选项与题干分离,另起一行各选项前带单选按钮,呈现为纵向排列。

B. 多项选择:有多个正确选项,各个正确选项得分度之和应大于等于 99.999,错误选项得分度应设为 0。在网页上选项与题干分离,另起一行各选项前带复选按钮,呈现为纵向排列。

注意,本类型题目只能有 1 组选项,请自行保证。如果需要多组选项,请选嵌入题型中的 MC 子题型。按 Moodle 文档说明,为了避免学生算出选项个数,本题型可以设置负分,详情请参考 Moodle 相关文档。

C. 是非题:是非题即判断题,正确选项得分度应设为 100,错误选项得分度应设为 0,没有中间数据。"正确""错误"两选项不可更改。在网页上呈现题干并另起一行纵向排列带有单选按钮的"正确""错误"选项,分两种情况:"正确"是正确选项,此时其得分度应设为 100;"错误"是错误选项,此时其得分度应设为 0。"正确"是错误选项,此时其得分度应设为 0;"错误"是正确选项,此时其得分度应设为 100。

2)填空题。本题型原文为 short answer,意为较短答案题。Moodle 中译为填空题,网页呈现上与我们通常理解的填空题有差异,呈现题干后另起一行呈现答题区。它类似于填空题,也类似于简答题,与简答题的区别是本题型答案固定、字数较少,便于机批。可以有多个备选答案,备选答案得分度介于 0 ~ 100 之间。所有正确答案都必须设置得分度 100。若要区分大小写,请点击高级设置 | case - sensitivity,单击勾选之。本类型题目只能有 1 组填空项。如果需要多组选项,请选嵌入题型中的 SA(不区分大小写)或 SAC(区分大小写)子题型。

3)匹配题。即连线题,问题和正确答案必须互相匹配,不能设置得分度,也不能输入反馈信息。这就意味着全部连对才能得分,否则不得分。为了提高题目难度,也可出现问题少于正确答案的情况。例如 2 个问题 4 个答案,但 2 个问题必须与正确答案相匹配,另 2 个答案为错误答案。网页呈现上为题干与问题分离,问题纵向排列,后跟 1 个下拉选项框。

4)嵌入题。Moodle 中译为"完形填空",我根据自己的理解译为"嵌入题"。如果不满意,可打开 language 文件夹下的 chinese. ini 文件修改为自己喜欢的译文。本题型的显著特点是答题区域嵌在题干中。

本题型又细分为5种子题型：

SA：较短答案题，不区分大小写，基本等同于我们常见的填空题。必须提供至少1个正确答案，置得分度100，备选答案的得分度介于0～100之间。也就是说，本题型可以有一半对的情况。

SAC：较短答案题，区分大小写，其余同上。

MC：单选题，下拉选项中提供各选项。

MCH：单选题，水平排列各选项，各选项前有单选按钮。

MCV：单选题，垂直排列各选项，各选项前有单选按钮。

Numeric：数字填空题，相当于较短答案子题型，但答案必须是阿拉伯数字。

在编辑器中的操作方法是：

输入题干，选中要隐去的文字，单击相应子题型按钮，此时题干中选中的文字会根据不同子题型，显示不同颜色及风格，同时左边同颜色显示子题型名称，正在操作的子题型文字风格与题干中一致。对于较短答案和数字填空子题型，题干中选中的文字自动显示为第一个正确答案，得分度自动置100。这个答案和得分度不可更改。然后可输入反馈或其他备选答案，输入的其他答案可以是正确答案（得分度100），也可以是部分正确答案（得分度介于0～100之间）。对于单选题型，题干中选中的文字自动显示为正确选项，得分度自动置100。这个选项和得分度不可更改，然后可输入反馈或其他可选项。输入的其他选项可以是正确选项（得分度100），也可以是错误选项（得分度0）或部分正确选项（得分度介于0～100之间），但Moodle统统显示为单选题。不用担心选项（答案）的顺序，编辑器在写入XML文件时会自动进行随机排列。

5）数字填空题。类似于填空题，但答案必须是阿拉伯数字，可以设置答案容差。本类型题目只能有1组填空项，请自行保存。如果需要多组选项，请选嵌入题型中的Numeric子题型。

6）论述题。只有题干和反馈，不能设置得分度，无法机批。网页呈现为题干另起一行呈现，是Moodle标准编辑器。

7）描述题。只有题干没有答案，通常用于所出试卷的标题，也可以作为无须更改的问题描述，比如语文试题中的阅读理解题，文章可以用描述题型，其后是针对本文的题目。网页上只呈现题干，没有其他内容。

8.2.4　试题导入题库

打开考试课程，点击右上 ✱，列表中选择"更多"，打开"课程管理"，然后选择页面下的【题库】【类别】，打开类别窗口，如图8-2-5所示。

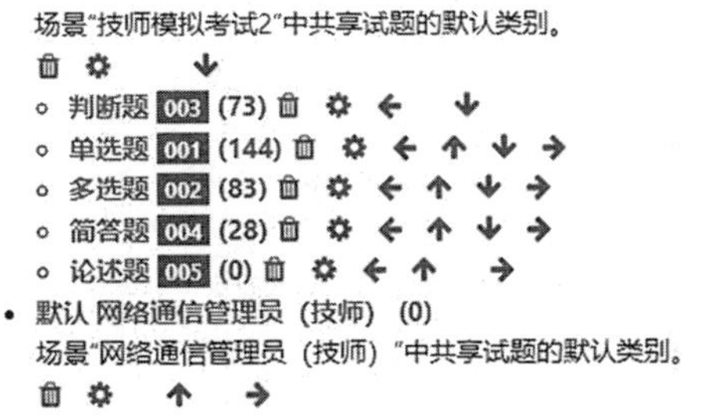

场景"技师模拟考试2"中共享试题的默认类别。

- 判断题 003 (73)
- 单选题 001 (144)
- 多选题 002 (83)
- 简答题 004 (28)
- 论述题 005 (0)
- 默认 网络通信管理员（技师）(0)
  场景"网络通信管理员（技师）"中共享试题的默认类别。

图 8-2-5　题库类别窗口

在题库中单击需要导入的分类，然后选择【导入】选项。选择格式为 Moodle XML 格式，如图 8-2-6 所示。

从文件导入试题

文件格式
- 嵌入答案（完形填空）
- 缺失字格式
- Aiken 格式
- Blackboard V6+
- Examview
- Gift 格式
- ● Moodle XML 格式
- WebCT 格式

图 8-2-6　试题格式选择

将 Moodle Question Editor 编辑器生成的 XML 文件拖动到文件导入区，点击导入按钮，如图 8-2-7 所示。试题导入题库后效果如图 8-2-8 所示，教师可以点击【编辑】链接对单个题目进行编辑和预览。

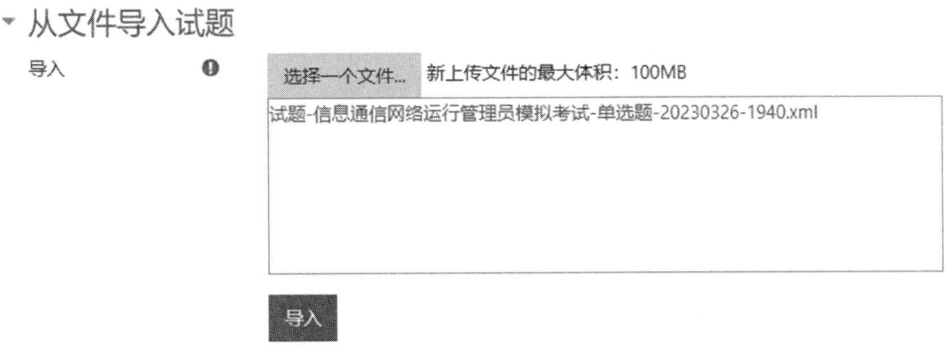

从文件导入试题

导入　　选择一个文件…　新上传文件的最大体积：100MB

试题-信息通信网络运行管理员模拟考试-单选题-20230326-1940.xml

导入

图 8-2-7　试题文件导入

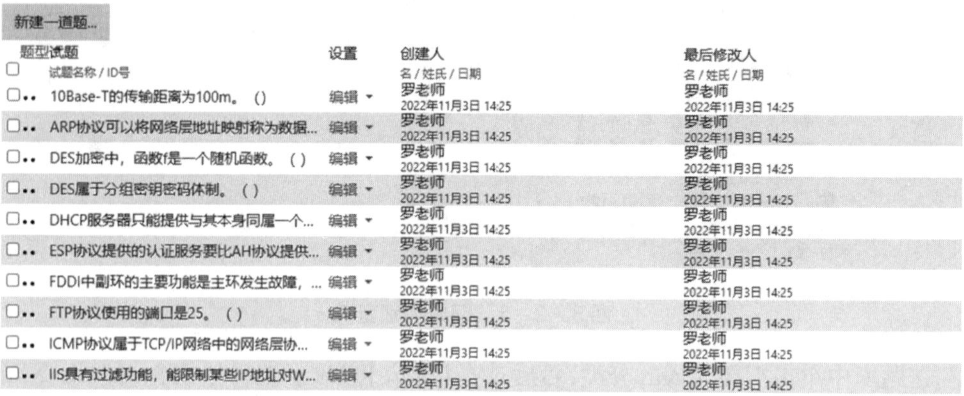

图 8-2-8 试题导入题库

8.3 部署考试

部署考试由任课教师实施,包括设置考试项目、抽题与组卷、账号管理和进行考试 4 个环节。设置考试项目就是在 Moodle 中建立一个【测试】活动。

8.3.1 设置考试项目

在上一节创建的考试课程中点击 图标,选择【打开编辑功能】,选择【添加一个活动或资源】,选择【测验】考试活动,如图 8-3-1 所示。

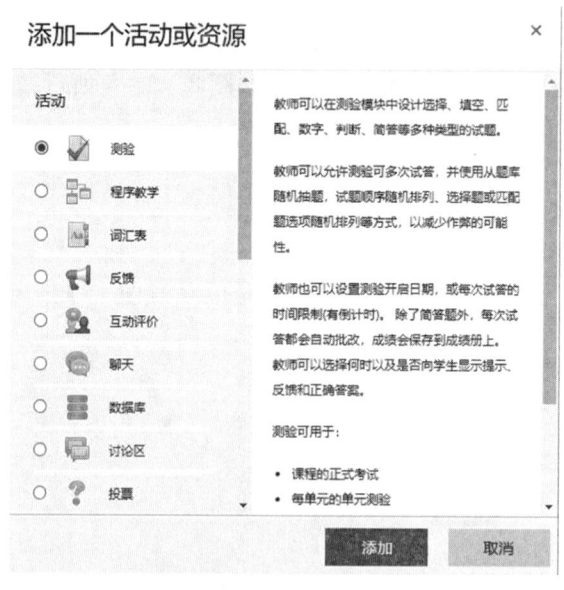

图 8-3-1 添加考试活动

Moodle 对考试设置的 13 个重点项目如表 8-3-1 所示。

表 8-3-1　Moodle 中考试设置的 13 个重点项目

设置项	含义
1. 描述	在此可以输入考试须知,考生进入考试时会先阅读
2. 开始、结束时间	设置本场考试的开始和结束时间
3. 考试时长	考试开始后,Moodle 会自动倒计时
4. 允许答题次数	正式考试只允许答 1 次题
5. 试题排序	呈现给每个考生的题目顺序最好设置为随机排序,可防止作弊
6. 新页面	最好设置每道题呈现在一个页面上,可以减少服务器的压力,每翻下一题时,前面做过的题的结果会自动保存到服务器中,如果遇到电脑死机等情况,再次登录,前面做过的题目还会保留在服务器上
7. 随机排列试题选项	此项应选择"是",每道选择题选项会随机打乱,可以防止作弊
8. 题目行为	一般设置为"延迟反馈",即考完提交后才会看到结果,否则选"立即反馈",每道题做完会立即反馈错与对
9. 回顾设置	设置考完是否立即给学生显示得分,但如果是正式考试,建议全部取消,不要选择,这样考试提交后看不到结果,需要老师最后公布
10. 显示用户图片	重要的考试,需要在屏幕上显示考生头像,防止替考,一般考试不设置显示图像,可减少网络流量开销
11. 试卷密码	设置学生需要输入此密码才能打开考卷
12. 限制网络地址	设置允许访问本次考试活动的网段,防止不在现场的人参加考试
13. 摄像机身份验证	对于远程考试,可以设置开启摄像头,这样可以抓拍考试答题场景

8.3.2　抽题组卷

抽题组卷就是从静态的题库中将题目抽出来组成本次考试的考题。Moodle 中可以指定题库中具体哪一道题为本次考试题目,也可以要求系统针对每个考生从题库中随机抽题。题目抽好后,还需要给考卷中的每道题输入的分值。

点击添加的【测验】链接,如图 8-3-2 所示。点击【编辑测验】,选择【添加】有 3 个选项可选,"一道题"是手动添加每一道题,"从题库"是批量添加题库指定题目,"一道随机题"是从题库中随机抽取一部分题目作为考试试题。一般考试我们选择"一道随机题",如图 8-3-3 所示。

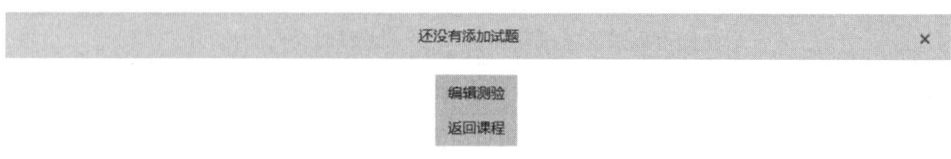

图 8-3-2 编辑测验

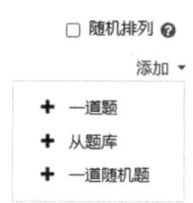

图 8-3-3 添加试题

选择"一道随机题"后,打开添加随机题窗口,如图 8-3-4 所示,"类别"选择题库中的试题类别,"随机题数量"可以选择考试需要的试题数目。这里要注意随机题数目应小于或等于题库中该类别题目的数量。然后单击【添加随机题】完成随机题目的添加,最后还需要设置每道题的分值。

图 8-3-4 批量添加随机题

8.3.3 账号管理

账号管理包括导入账号、分配角色和考生拍照 3 个环节。导入账号就是导入课程组教师和考生的账号信息到 Moodle 平台中去。考生信息如表 8-3-2 所示。

表 8-3-2 考生信息表

账号	密码	名	姓	邮箱	学号	机构	部门
username	password	firstname	lastname	E-mail	idnumber	istitution	department

考生信息表是用 UTF-8 格式编码、字段间以制表符分隔的一个文本文件。账号表一次性导入 Moodle 平台后，默认为"学生"角色。而课程组教师的角色则要设置为"无编辑权教师"，这样，教师只能给试卷评分和导出结果，无法修改试卷和学生的答案。导入的学生账号，需要以班级为单位进行分组，重要的考试，还要组织学生现场拍照。安装 Poodll 系列插件可以轻松实现 Moodle 现场拍照，或者直接在 Moodle 的"网站管理-用户-账户-上传头像"中上传以"学号.jpg"命名的学生相片压缩包*.zip。为了防止考生修改重要信息，需要锁定关键字段：

1) 在"网站管理-插件-身份认证-人工账号"中，将"名、姓、学号、机构、系别"5 个字段锁定，非网站超级管理员就无法修改此 5 个字段。

2) 在"网站管理-安全-网站策略"中，勾选"禁用自定义头像功能"，非网站超级管理员就不能修改自己的头像。

8.3.4 进行考试

前面所有内容设置完成后，就可以组织学生到机房进行在线考试了。考试开始，学生用 Chrome 浏览器登录 Moodle 平台，监考老师把此场考试密码告诉学生，学生才可以打开试卷。试卷打开后，Moodle 会自动为每个客户端启动一个独立的倒计时器，时间到，会自动关闭考卷。当然，如果学生端的浏览器不小心关闭或计算机死机，只要重新打开浏览器或更换一台计算机登录考卷继续考试即可，且先前做题情况不会丢失。

为了提高考试的安全性，提高访问速度，考试时通常将 Moodle 服务器网址临时调整为内网地址；为了减轻监考压力，还可使用限制程序运行类软件，使学生计算机只能运行 Chrome 浏览器和考试允许使用的软件。

8.4 成绩管理

考试完成后,系统会自动批改试卷,教师直接从 Moodle 系统中将考试成绩导出即可。另外,系统会根据教育统计学原理自动分析试卷,参数相当多,通过分析,可对考试进行有针对性的改进,还可以导出答题详情表和成绩分析表。

填空题、单选题、多选题和是非题是系统自动评分的,简答题、论述题需要手工评分。但是,填空题有时候会有多个答案,为保险起见,建议评分人对判错的填空题人工评阅。评分人可以在 Moodle 呈现的评分表里随意修改任意题目的得分值。

评分工作完成后,教师就可以以班级为单位导出学生成绩为 Excel 文件。为了保留考试证据,Moodle 还允许教师导出答题的详情统计表留作档案,方便学生查卷。在"课程管理－成绩－导出－Excel 电子表格"中,直接导出考试成绩。考试成绩中包含学号,可以根据学号排序,如图 8－4－1 所示。

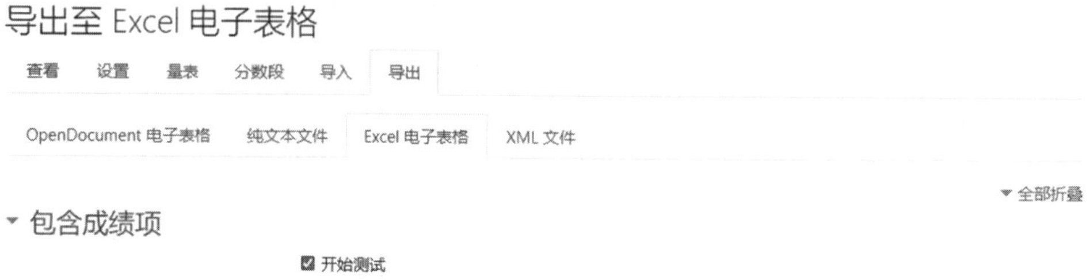

图 8－4－1　导出考试成绩

同时,教师可以导出考生答题的详细内容,选择考试项目,点击考试"试答数",然后选择下载表格数据为 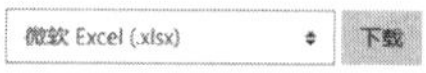 微软 Excel (.xlsx),如图 8－4－2 所示,成绩各分数段分析图表如图 8－4－3 所示。

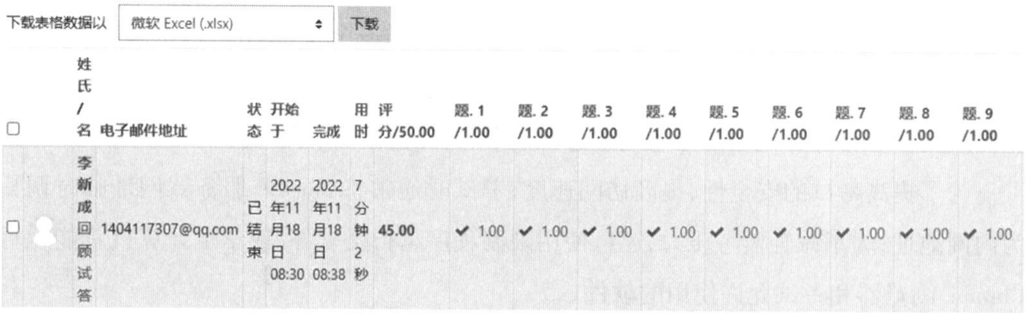

图 8－4－2　详细成绩数据

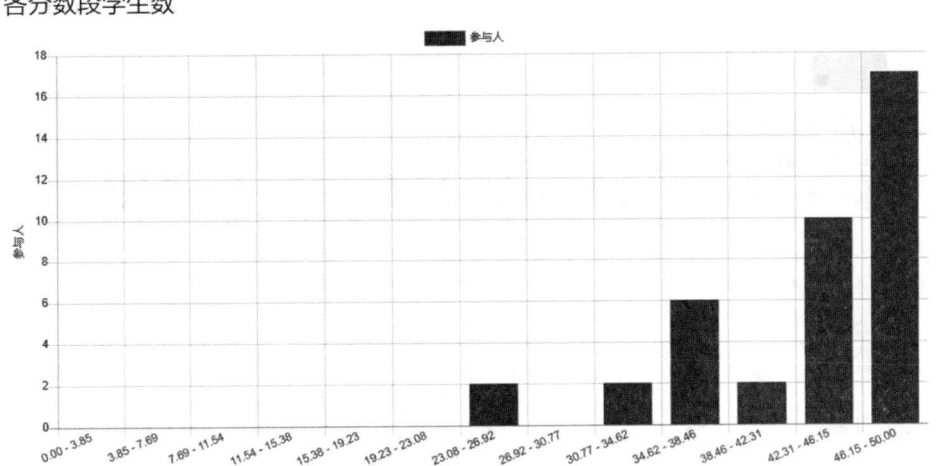

图 8-4-3　各分数段数据分析图表

本章小结

本章主要介绍如何快速创建在线考试,包括考试项目创建,题库添加,如何快速制作考试题目并导入 Moodle 系统;部署考试项目的 4 个环节,包括设置考试项目、抽题与组卷、账号管理和进行考试。通过学习,可以快速创建 Moodle 在线考试系统。

第九章 Moodle 平台安装与管理

学习目标

- 掌握 Moodle 单机版安装
- 掌握 Moodle 服务器系统安装与优化
- 掌握 Moodle 系统设置与管理
- 掌握 Moodle 备份与升级
- 掌握 Moodle 插件管理

知识图谱

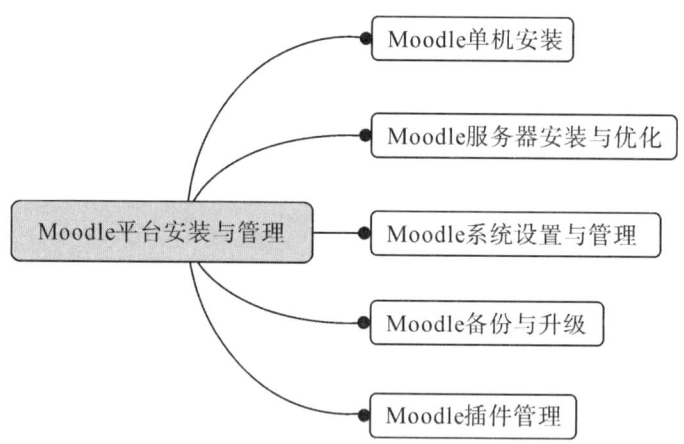

9.1 Moodle 单机安装

9.1.1 Moodle 单机版

为方便 Moodle 爱好者学习和使用 Moodle 学习管理系统,可以使用目前比较流行的 PHP 调试集成环境 phpstudy(小皮面板),通过集成的 Nginx + PHP + MySQL 安装单机版的 Moodle 学习管理系统。注意,这里所说的单机版只是用来学习如何安装和使用 Moodle 学习管理系统,不具备生产功能。

PhPStudy 是一个 PHP 调试环境的程序集成包。该程序包集成最新的 Nginx + PHP7. 1 + MySQL5.6 + PhpMyAdmin,一次性安装,无须配置即可使用,是一款非常方便、好用的 PHP 调试环境。通过 PhPStudy 安装单机版 Moodle 学习管理系统,配置简单快捷,安装方便灵活。

9.1.2 安装前准备

在本地计算机下载并安装 PhPStudy,根据自己计算机操作系统的版本下载适合的安装包,这里下载 64 位的 PhPStudy 安装包。

解压 phpstudy_64.zip 压缩包,点击 PhPStudy_x64_8.1.1.3.exe 安装,如图 9 - 1 - 1 所示。

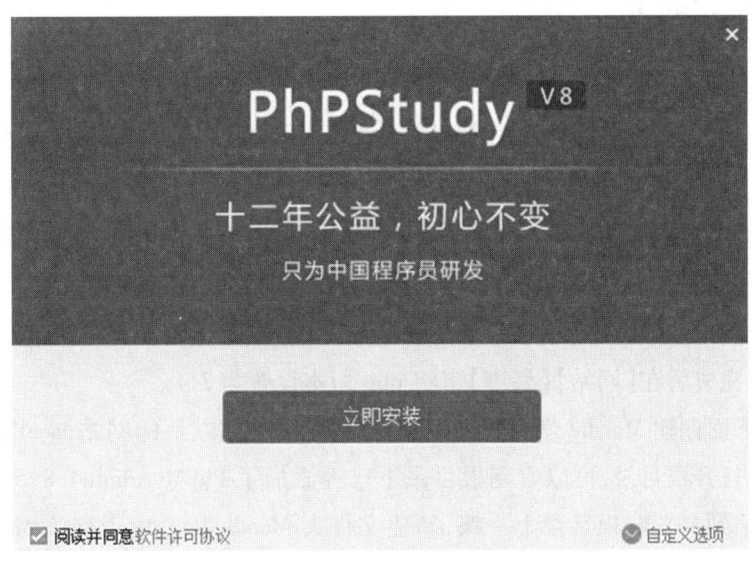

图 9 - 1 - 1   PhPStudy 安装

安装完成后,点击桌面上快捷图标  启动 PhPStudy 软件,如图 9 - 1 - 2 所示。

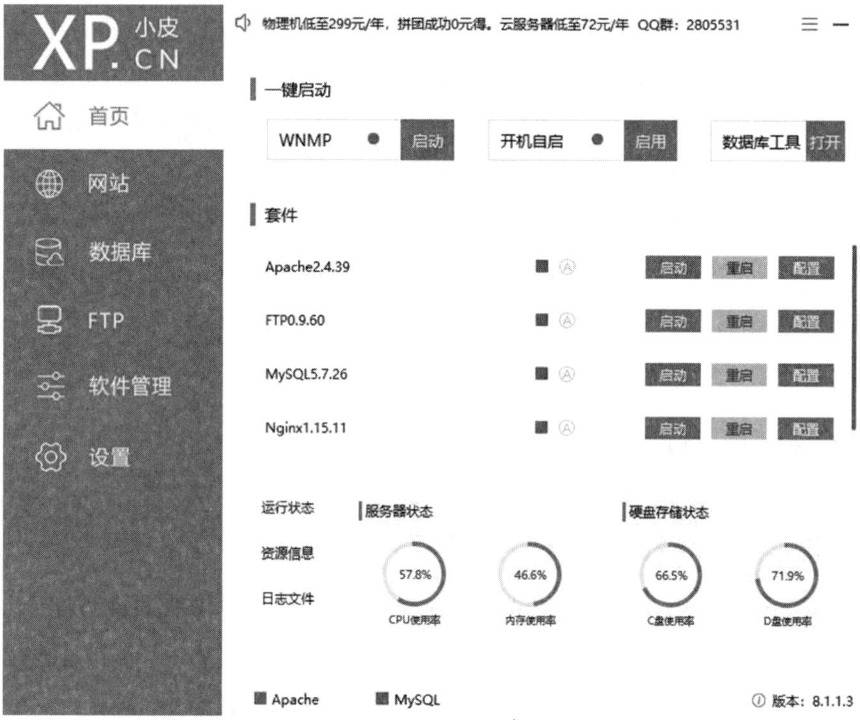

图 9 - 1 - 2 PhPStudy 界面

选择适合 Moodle 学习管理系统的套件组合 Nginx,可以点击【启动】【重启】开启和关闭 Nginx 服务器,数据库选择 MySQL5.7 版本;也可以点击【启动】【重启】开启和关闭数据库。为了方便数据库管理,可以在软件管理里面安装 PhpMyAdmin 数据库管理工具,如图 9 - 1 - 3 所示。点击安装,安装时会提示指定安装的目录,这里选择 D:/phpstudy_pro/WWW。因为 Moodle3.8.9 支持的 php 版本是 7.1,所以还需要在软件管理里面安装 php7.1,安装完成后在【网站】【管理】下将 php 版本设置为 7.1。

在网站下面创建 Moodle 学习管理系统网站,这里使用默认的网站 localhost。然后点击管理,选择打开根目录,可以看到根目录下已经添加了 PhpMyAdmin4.8.5 的数据库管理工具。返回到 WWW 根目录上一级,新建文件夹 Moodledata,用于存放 Moodle 学习管理系统的缓存文件,该文件夹权限应该设置为可读写权限。至此,安装 Moodle 学习管理系统的初始化环境已经搭建完成。

图 9-1-3　安装 Mysql 管理工具

9.1.3　下载 Moodle 软件包

登录 Moodle 官网，如图 9-1-4 所示，选择 Downloads 项目，点击 Legacy releases 下载历史版本。这里下载的版本是 Moodle 3.8.9.zip 压缩包，如图 9-1-5 所示。

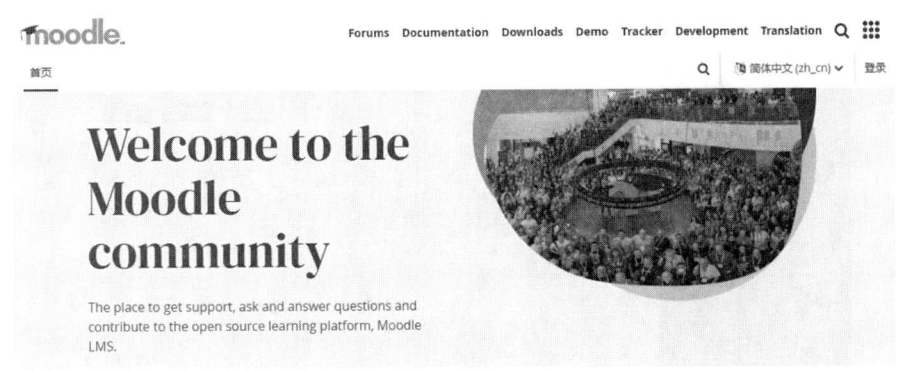

图 9-1-4　Moodle 官网

图 9-1-5　Moodle 下载版本

选择 Language packs 下载指定版本的语言包。这里选择简体中文语言包 Chinese（simplified）下的 zh_cn.zip 包，下载完成后，解压 Moodle3.8.9 软件包，将语言包 zh_ch.zip 解压为 zh_ch 包，拷贝到 Moodle 软件包的 Lang 文件夹下，然后将 Moodle 软件包下的内容拷贝到 WWW 根目录下。

9.1.4　启动服务

启动 Nginx 和 Mysql 服务器，如图 9-1-6 所示，并且设置 Moodle 学习管理系统安装前所必需的参数，包括 php_extension 下的 intl、xmlrpc、soap，php_setting 下的 opcache.enable 等参数，具体根据安装时提示的检测信息设置调整。设置完成后调整 php 缓存大小，根据自己主机的实际内存大小调整为内存的一半。

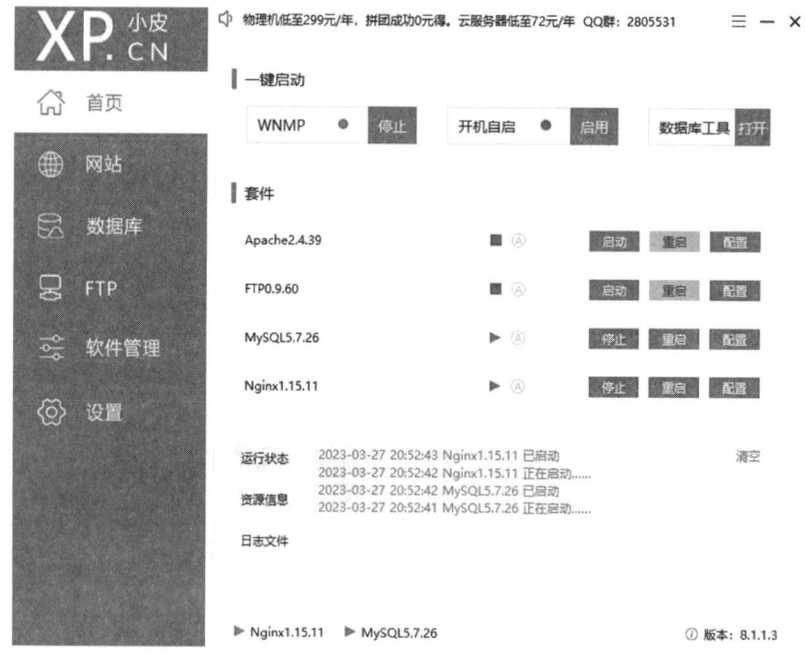

图 9-1-6　启动相关服务

9.1.5 安装 Mysql 数据库管理系统

Phpmyadmin 是一款基于浏览器的、图形化的,用于创建和管理数据库的开源软件。单击 phpstudy【软件管理】栏目下 PhpMyAdmin4.8.5【管理】选项,或在 Chrome 浏览器中输入 http://localhost/PhpMyAdmin4.8.5/,打开数据库管理面板,如图 9-1-7 所示,然后输入用户名和密码,进入数据库管理界面。

图 9-1-7 数据库登录界面

选择数据库选项,点击新建数据库,然后输入数据库名称和编码规则,单击【创建】按钮完成数据库的创建。这里选择 utf8mb4_general_ci 的编码规则,如图 9-1-8 所示。

图 9-1-8 新建数据库

9.1.6 安装 Moodle 管理系统

1)打开 Chrome 浏览器,输入 http://localhost,就可以通过浏览器看到如图 9-1-9 所示的 Moodle 安装界面。选择安装语言种类,这里选择【简体中文】,点击【下一个】按钮。

图 9-1-9 选择语言种类

2)确认安装路径,这里填写网站地址和 Moodle 学习管理系统目录地址和 Moodledata 数据目录地址,完成后点击【下一个】,如图 9-1-10 所示。

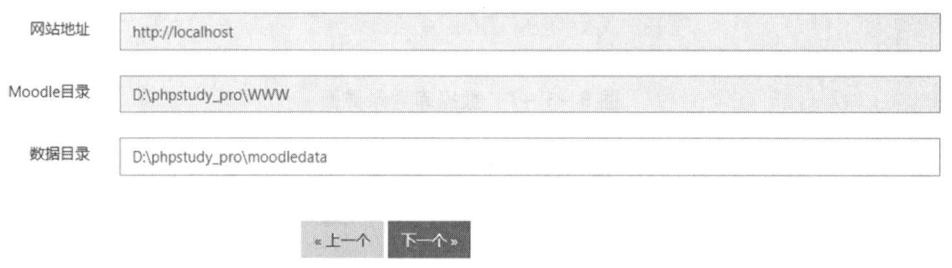

图 9-1-10 安装路径

3)选择数据库驱动。Moodle 管理系统支持多种数据库系统驱动,这里选择默认的 Mysql 数据库驱动,如图 9-1-11 所示。

图 9-1-11 数据库驱动选择

4)数据库设置。填写数据库主机地址、数据库名和数据用户名及密码、数据库服务端口号等信息,如图 9-1-12 所示。

数据库设置

改进的 MySQL (native/mysqli)
现在,您需要配置数据库,Moodle的大部分数据都将保存于此。用户名和密码必须已经存在。如果该用户有相应权限,数据库会被自动创建。表前缀可选。

- 数据库主机:localhost
- 数据库名:mood
- 数据用户名:root
- 数据库密码:123456
- 表格名称前缀:mdl_
- 数据库服务端口:3306

《上一个 下一个》

图 9-1-12 数据库设置

5)检查系统的 PHP 设置是否满足 Moodle 的安装要求。如果看到都是"确定",如图 9-1-14 所示,表明可以直接点击【继续】按钮,进入下一步的配置;如果配置如图 9-1-13 所示,则需要到 PhPStudy 的【网站】【管理】【PHP 扩展】里调整相应的参数值,然后重新检查系统,直到全部为"确定"为止。

6)检查插件。安装过程中,系统会对 Moodle 中的相关插件进行检查,并提示安装状态,如图 9-1-15 所示。鼠标滚动到页面最低端,点击【现在升级 Moodle 数据库】继续安装。

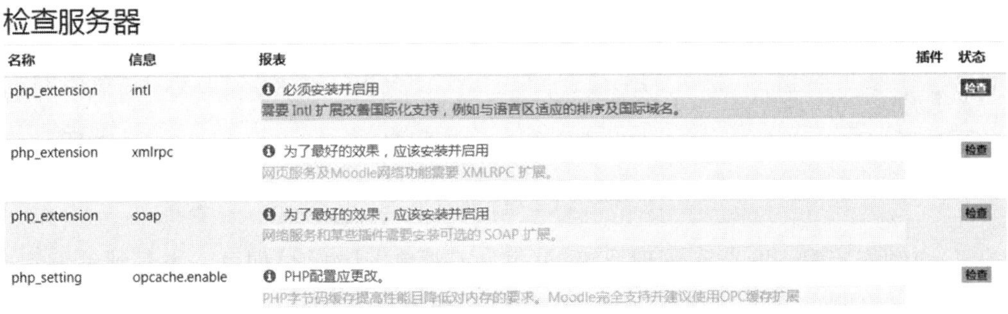

检查服务器

名称	信息	报表	插件	状态
php_extension	intl	❶ 必须安装并启用 需要 intl 扩展改善国际化支持,例如与语言区适应的排序及国际域名。		检查
php_extension	xmlrpc	❶ 为了最好的效果,应该安装并启用 网页服务及Moodle网络功能需要 XMLRPC 扩展。		检查
php_extension	soap	❶ 为了最好的效果,应该安装并启用 网络服务和某些插件需要安装可选的 SOAP 扩展。		检查
php_setting	opcache.enable	❶ PHP配置应更改。 PHP字节码缓存可提高性能且降低对内存的要求。Moodle完全支持并建议使用OPC缓存扩展		检查

图 9-1-13 检查提示

Moodle 3.8.9 (Build: 20210510)

想要更多了解此版本的 Moodle，请参考发行备忘录。

检查服务器

名称	信息	报表	插件	状态
unicode		必须安装并启用		确定
database	mysql (5.7.26)	需要 5.6 版本，而您的是 5.7.26		确定
php		需要 7.1.0 版本，而您的是 7.1.9		确定
pcreunicode		为了最好的效果，应该安装并启用		确定
php_extension	iconv	必须安装并启用		确定
php_extension	mbstring	为了最好的效果，应该安装并启用		确定
php_extension	curl	必须安装并启用		确定
php_extension	openssl	必须安装并启用		确定
php_extension	tokenizer	为了最好的效果，应该安装并启用		确定
php_extension	xmlrpc	为了最好的效果，应该安装并启用		确定
php_extension	soap	为了最好的效果，应该安装并启用		确定
php_extension	ctype	必须安装并启用		确定
php_extension	zip	必须安装并启用		确定
php_extension	zlib	必须安装并启用		确定
php_extension	gd	必须安装并启用		确定
php_extension	simplexml	必须安装并启用		确定

图 9 – 1 – 14　检查服务器通过

检查插件

可以在升级过程中，本页显示的插件需要您的关注。突出显示的项目包括新的插件，将要安装的插件，更新，要升级，任何丢失的插件。如果有可用的更新，额外的插件都会这被标记。建议您检查是否有最新的插件版本和更新的源代码，再继续这个 Moodle 升级。

检查可用的更新

需要注意的插件

需要注意的插件 361　　所有插件 404

插件名称 / 目录	当前版本	新版本	要求	来源 / 状态
活动模块				
问卷调查 /mod/survey		2019111800	• Moodle 2019111200	标准　将要安装
网页地址 /mod/url		2019111800	• Moodle 2019111200	标准　将要安装
Wiki 协作		2019111800	• Moodle 2019111200	标准　将要安装

图 9 – 1 – 15　插件检查

7）自动安装 Moodle 学习管理系统，每次只需要单击【继续】即可。当看到编辑管理员信息页面时，必须填写管理员【用户名】【密码】等信息，完成后单击【更新个人资料】按钮。如图 9 – 1 – 16 所示。

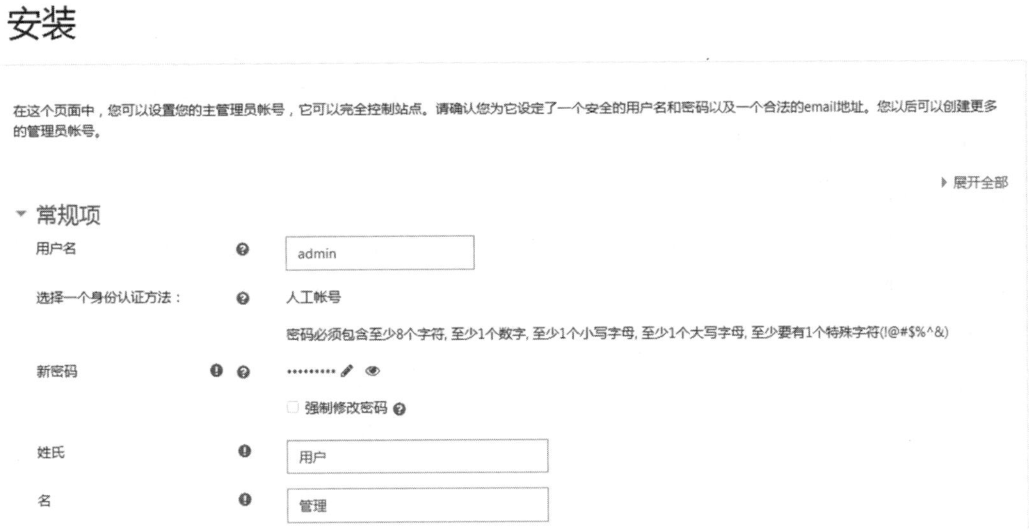
安装
在这个页面中，您可以设置您的主管理员帐号，它可以完全控制站点。请确认您为它设定了一个安全的用户名和密码以及一个合法的email地址。您以后可以创建更多的管理员帐号。
展开全部
常规项
用户名
admin
选择一个身份认证方法：
人工帐号
密码必须包含至少8个字符, 至少1个数字, 至少1个小写字母, 至少1个大写字母, 至少要有1个特殊字符(!@#$%^&)
新密码
强制修改密码
姓氏
用户
名
管理

图 9 -1 -16 管理员用户设置

8)进入站点首页设置页面,填写 Moodle【网站名称】【网站简称】和【首页描述】等信息,保存后完成 Moodle 学习管理系统的安装。

9.2 Moodle 服务器安装与优化

9.2.1 Linux 操作系统

Linux 是一套免费使用和自由传播的类 UNIX 操作系统,是著名的开源软件之一。Linux 系统是由全世界成千上万的程序员设计和实现的。其目的是建立不受任何商业化软件版权制约的、全世界都能自由使用的 Unix 兼容产品。

Linux 操作系统的特点主要表现在:

1)开放性。是指 Linux 系统遵循世界标准规范,特别是遵循开放系统互联(OSI)国际标准。凡遵循国际标准所开发的硬件和软件,都能彼此兼容,可方便地实现互联。

2)多用户。是指系统资源可以被不同用户各自拥有使用,即每个用户对自己的资源(例如:文件、设备)有特定的权限,互不影响。Linux 和 Unix 都具有多用户的特性。

3)多任务。是现代计算机最主要的一个特点。它是指计算机同时执行多个程序,而且各个程序的运行互相独立。Linux 系统调度每一个进程平等地访问处理器。由于微处理器的运行速度非常快,其结果是,启动的应用程序看起来好像在并行运行。事实上,从处理器执行一个应用程序中的一组指令到 Linux 调度微处理器再次运行这个程序之间只有很短的时间延迟,用户是感觉不出来的。

4)稳定性。运行 Linux 的机器启动一次可以运行数月。Linux 提供了完全的内存保护,每个进程都运行在自己的虚拟地址空间中,并且不会损坏其他进程或内核使用的地址空间。任务与内核间也是相互隔离,即行为不良或编写不良的程序只能毁坏自己,因此被破坏的进程几乎不可能使系统崩溃。

5)安全性。现在几乎所有的电脑都和网络相连,而通过网络可以传播多种病毒。目前在 Window 系统中已经发现了数十万种病毒,而在 Linux 中已发现的病毒只有几百种。Linux 可以通过 lptables 控制对服务器的访问,包括服务和端口的访问控制。

Ubuntu 是 Linux 操作系统的一个分支,基于 Debian 发行版和 Gnome 桌面环境。从前人们认为 Linux 难以安装、难以使用,在 Ubuntu 出现后这些都成了历史。Ubuntu 也拥有庞大的社区力量,用户可以方便地从社区获得帮助。Moodle 服务器采用 Ubuntu 操作系统。

9.2.2　LNMP 架构

LNMP 是当今比较流行的免费开源 Web 服务框架,该架构涉及技术范围广,安装和配置相对复杂。如果沿用系统默认的配置方式,不能最大限度地发挥 Moodle 应用服务器的性能,而且系统在安全性和高效性方面也得不到保证。如果将默认配置应用于 Moodle 应用服务器,在高并发情况下网页很容易卡死,甚至会导致数据库崩溃,所以对 LNMP 架构进行技术优化是亟待解决的问题。

LNMP 架构由 Linux 内核服务器、Nginx 服务器、Mysql 数据库系统、PHP 脚本服务器组合而成。本文使用 Ubuntu18.6 作为 Linux 内核操作系统。Nginx 是高性能轻量级反向代理服务器,稳定版本为 1.18.0。Mysql 是一款安全、跨平台、高效的数据库系统,目前稳定版本为 Mysql5.7,PHP 脚本服务器用于编译和执行 PHP 脚本,当前使用的版本为 PHP7.2。LNMP 架构数据请求与返回如图 9-2-1 所示。

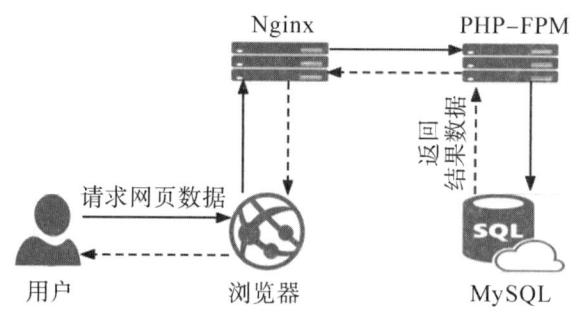

图 9-2-1　LNMP 架构数据请求与返回示意图

从图 9-2-1 中可以看出,数据总是从客户端浏览器经过 Nginx 服务器、php-fpm 服务器、MySQL 数据库后,又按原路返回,形成闭环回路。为了提高 Moodle 应用服务器的性能,需要对 LNMP 架构的各个环节进行优化处理。

9.2.3 服务器搭建与优化

要实现 Moodle 应用服务器安全高效的运行,需要对 LNMP 架构进行合理优化,内容包括系统磁盘优化,LNMP 源码安装,端口访问控制,https 证书配置等。

(1)系统磁盘优化

在 Moodle 应用服务器中需要使用多磁盘阵列 Raid 配置,这种配置的优点在于,即使某个磁盘损坏也不会影响 Moodle 服务器正常运行。在 H3C R390 Server 服务器启动后,当 DOS 命令显示 Press <F8> to run the Option ROM Configuration For Arrays Utility 提示信息时,立即按 F8 键进入 Raid 配置模式,选择 Create Logical Drive 创建磁盘阵列,在"RAID Configurationss"中选择"RAID 1+0"模式,将 2 块容量为 500G 的磁盘配置为磁盘阵列模。配置方法如图 9-2-2 所示。

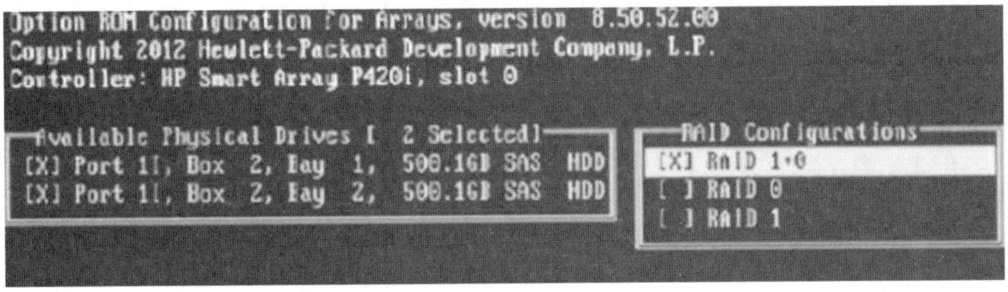

图 9-2-2 磁盘阵列配置示意图

在安装 Ubuntu 系统软件时,可以选择在不同的磁盘分区中安装系统所需的目录,从而避免因某个目录操作失误而影响整个系统。所以,将 Nginx,PHP 和 Mysql 安装在/etc 目录下。Moodle 应用系统中的 Moodledata 目录是存储系统和用户处理的文件,出于安全考虑,这个目录应该单独存放在根目录之外。如果条件允许,可以单独购置网络存储服务器,专门用来存放 Moodledata 目录。

(2)编译安装

LNMP 架构包括 Nginx,Mysql 和 PHP,它们都是开源软件。目前网上有一键安装包,虽然简单,但作为 Moodle 应用服务器,不易采用。正确的方法是从官方网站上下载最稳定的源码包,并在 Ubuntu 系统下直接编译和安装,从而生成最适合服务器执行的二进制文件,并且软件目录清晰,可以很容易进行日常升级和维护。

(3)安装 LNMP 架构

安装完操作系统后,首先通过命令 sudo apt-get update 和 sudo apt-get upgrade 更新软件源列表和软件版本。接下来安装 PHP。这里安装的版本是 PHP7.2,通过命令 php-v 查看系统是否安装了 PHP，然后通过命令 sudo apt install php7.2 – cli 安装 PHP。因为 Nginx 使用 PHP 时要用到 php – fpm，所以还需要安装一下 PHP 扩展命令，mysql，fpm，curl，xml，gd，mbstring，memcached，zip，libpcre3，libpcre3 – dev。通过命令 sudo apt – get install nginx 安装 Nginx，完成后在浏览器中输入服务器 IP 地址验证是否安装成功。通过命令 sudo apt – get install mysql – server mysql – client 安装 Mysql 数据库，由于数据库要设置权限密码，所以要执行命令 show databases; use mysql; update user set authentication_string = PASSWORD("密码") where user = 'root'; update user set plugin = "mysql_native_Password"; flush privileges; quit; 设置完成后通过命令 sudo /etc/init.d/mysql restart 重新启动 Mysql 数据库。

(4) 配置数据库外部访问权限

为了今后对数据库进行维护和管理，需要设置外部访问超级权限，具体命令如下：
#Grant all privileges on . to 'root'@'%' Identified by 'Passwordd' with grant option;
设置完成重新启动数据库。然后修改/etc/mysql/mysql.conf.d/mysqld.cnf 文件中的 bind – address，这项默认值为 127.0.0.1。需要将 bind – address 这一项屏蔽掉，然后退出并重启 Mysql 数据库。

(5) 配置 Nginx 解析 PHP 服务

通过命令 sudo vim /etc/nginx/Sites – Available/Default 修改 Default 相关参数。修改服务器根目录为/var/www，默认首页增加 index.php，并将 location_\.php $ 中的 $ 符号去掉，大括号内增加以下内容：include snippets/fastcgi – php.conf; fastcgi_pass unix:/run/php/php7.2 – fpm.sock; 通过命令 sudo Service nginx restart 重启 Nginx 服务器。

(6) 配置 PHP

通过命令 sudo vim /etc/php/7.2/fpm/pool.d/www.conf 修改 www.conf 相关参数，将 listen 后面的参数值改为/run/php/7.2 – fpm.sock，然后通过命令 sudo service php7.2 – fpm start 重新启动 php7.2 – fpm。

(7) LNMP 系统测试

新建包含 phpinfo() 函数的 PHP 测试页，测试 LNMP 架构是否安装成功。在/var/www 目录下新建 index.php 空白页，添加测试函数 <? php phpinfo(); ? >，通过浏览器访问 index.php，如果出现 PHP 欢迎页面则证明安装成功。

9.2.4 端口访问控制

当 LNMP 架构安装完成后，为了保证 Moodle 应用服务器能安全有效运行，必须对服务器端口进行限制，仅开放 Web 服务 80 端口、SSH 远程接入 22 端口、Https 接入 443 端口。删除系统默认防火墙并安装 ipt – ables – services 防火墙，通过命令 sudo iptables – l input －p tcp －－dport 22 －j DROP 禁止其他端口远程访问,通过命令 sudo iptables －l input －p tcp －s IP －－dport 22 －j ACCEPT；iptables －L －n；Service iptables save；指定可以远程访问的 IP 地址。

为了禁止在 SSH 远程接入中直接使用 root 登录系统,需要在操作系统下创建一般用户。SSH 远程接入使用一般用户登录,然后输入 su root 命令,通过 root 账号密码登录系统,这样可以确保 root 管理员账号的安全。

Moodle 学习管理系统中的 Moodledata 目录用于存储用户上传的文件以及系统生成的文件,需要使用 chmod 777 命令将 Moodledata 目录权限修改为读、写、可执行的权限。

修改/etc/ssh/sshd_Config 中 permitrootlogin 的值为 No,将 php－fpm.conf 文件中的 user 和 group 值设置为 www,只允许 www 组用户才可以访问 php－fpm。

9.2.5 https 证书配置

通常情况下,Web 网站服务器与客户端浏览器采用 http 协议通信,该协议的主要缺点是数据明文传输和缺乏消息完整性检测,很容易受到黑客的攻击。而 https 是在 http 协议的基础上加了 TLS/SSL 安全传输协议,通过安全数字证书、加密算法实现互联网数据可靠传输。Moodle 应用服务器采用 https 与客户浏览器进行通信。

当用户初次访问 Moodle 应用服务器时,会通过浏览器向 Nginx 服务器发起 https 请求,Nginx 返回包含公钥的 CA 证书数据。用户浏览器收到返回数据后,对 CA 证书进行校验,校验通过后,用户数据会通过 CA 证书的公钥加密后传输给 Nginx 服务器。Nginx 首先通过私钥解密,完成来自用户的请求后,Nginx 使用对应的私钥加密需要返回的数据,将加密的数据发送到用户浏览器。当浏览器收到返回数据后,会用浏览器初始收到 CA 证书中的公钥进行解密,实现双向加密通信。

首先将从证书机构申请的证书文件和私钥文件拷贝到 Moodle 应用服务器的/opt/conf/SSL/目录下,然后修改 Nginx 服务器/etc/nginx/Sites－available/目录下的 Default 文件:

Server{

listen 443 ssl；

server_name ke.qingbosoft.cn；

SSL_certificate   /opt/conf/SSL/ke.qingbosoft.cn.pem；

SSL_certificate_key /opt/conf/SSL/ke.qingbosoft.cn.key；

SSL_session_Timeout 4m；

SSL_Ciphers

SSL_Protocols TLSv1 TlSv1.1 TlSv1.2；

ECDHE－Rsa－AES128－GcM－SHA256：ECDHE：ECDH：AES：High：！NULL：！

aNull:! MD5:! ADH:! Rc4;
SSL_Prefer_Server_Ciphers ON;
}

9.2.6 服务器处理速度优化

通过优化 Moodle 应用服务器中系统软件的运行方式,更大限度发挥 Moodle 服务器的硬件性能,提高服务器处理网页请求的速度,避免服务器向外扩展,降低服务器运营成本,同时也减少软件管理上的复杂性。通过开启 Opcache 和 TMPFS,优化 Mysql 数据库的 InnoDB,优化 PHP 进程,开启 gzip 传输、开启 Cron.php 定时运行,可以大幅度提高 Moodle 应用服务器的处理速度。

(1) 开启 Opcache

PHP 作为一种解释性语言,每次运行都会将代码进行加载解析,运行结束后再释放,下次运行又要重新加载解析再释放。这种方式显然不适合 Moodle 应用服务器高并发运行。

为了避免这样的问题出现,PHP 开发了 Opcache 组件,这个组件是由 PHP 官方 Zend 开发的免费 PHP 加速优化组件。PHP 源代码已经包含了该组件,系统启用 Opcache 后,在解析过程中可以将一些相同并且重复的中间件保存在 Opcache 缓存中,下次加载时无须再编译,加快了代码的执行效率,降低了 CPU 的消耗,减少了 PHP 网页的响应时间。

(2) 开启 TMPFS

服务器的内存储器访问速度比磁盘的访问速度快得多,如果将 Moodle 网站的程序文件和数据库直接放置在内存储器中,Moodle 站点的处理速度会大幅度提高。由于 H3C R390 Server 服务器的内存储器容量为 128G,Moodle 系统的源代码和 MySQL 数据库的数据文件总共不超过 30G,所以服务器的内存储器可以将 Moodle 网站和数据库全部放入其中并直接运行。

将磁盘文件存储在内存储器中的方法是启用 TMPFS 缓存系统。TMPFS 的特征是暂时存储、高速读写和动态收缩。TMPFS 默认的初始化存储空间为物理内存的一半,这部分存储空间不会被独占,仅在挂载存储文件后才占用对应大小的空间。挂载命令:mount -t TMPFS -o size=65536M,mode=0755 tmpfs /var/www/cache。

(3) 多进程处理

为了充分发挥 CPU 的多核特征,可以将 Nginx 和 php-fpm 设置为多进程模式,提高处理效率。Nginx 通过反向代理功能将用户浏览器的 PHP 动态请求分配给一个个空闲的 Nginx 工作进程。Nginx 并不参与 PHP 的请求编译和运行工作,而是交由 php-fpm 管理进程处理。php-fpm 将具体的任务分配给一个个空闲的 Fast-CGI 协议,由 Fast-CGI 协议负责编译和运行,并与后台数据库实现数据交互,最后将结果以超文本形式返回给用户浏览器。Nginx 与 php-fpm 多进程处理如图 9-2-33 所示。

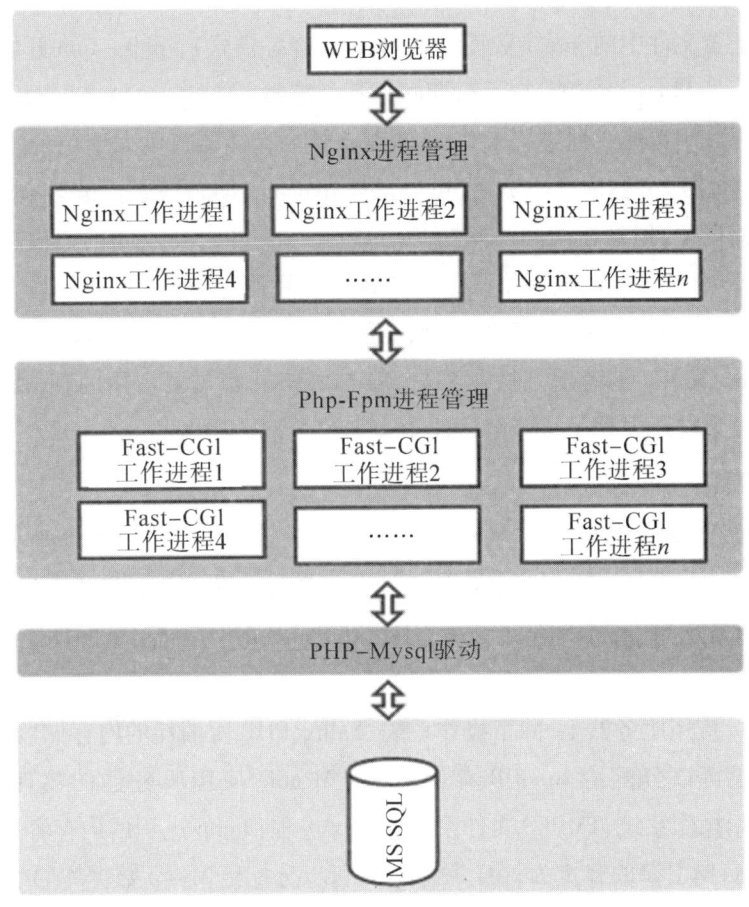

图 9-2-3　Nginx 与 php-fpm 多进程处理示意图

Nginx 需要通过配置 worker_processes 的参数值实现多进程工作模式。这个数值必须与 CPU 的内核数相匹配,如果设置不恰当会使服务器假死。Moodle 应用服务器的型号为 H3C R390 Server,CPU 共有 12 个硬件核心,每个硬件核心有 2 个超线程,所以 Worker_processes 参数的值可以设置为 24。

php-fpm 进程管理共有 3 种模式,分别为 ondemand、dynamic 和 static。配置文件地址为/etc/php/7.2/php-fpm.conf。

如果将配置文件中 pm 参数设置为 Ondemand(按需模式),在 php-fpm 开始启动时,不会创建任何进程,当有连接请求时才会创建。进程数量取决于 pm.max_children 设定值,如果空闲进程时间超过 pm.process_idle_timeout 设定的值,进程将关闭。一般默认设置为 10ms。

如果将配置文件中 pm 参数设置为 Dynamic（动态模式），在 php-fpm 启动时，初始启动的个数为 pm.start_servers 设定值，在运行过程中动态调整进程数量，进程数量最大取决于 pm.max_children 设定值。

如果将配置文件中的 pm 参数设置为 Static（静态模式），php-fpm 开始启动后始终保持 pm.max_children 设定值，在运行期间也不会扩容。

根据实际应用选择 3 种进程模式，如果服务器内存储器容量大于 64G，可以选择 static 静态模式；如果服务器内存不宽裕，可以选择 dynamic 动态模式。虽然 ondermand 按需模式可以节约内存，但是在访问高峰期时，pm.process_idle_timeout 的值设置太小容易造成服务器频繁创建进程，造成网络延迟。Moodle 应用服务器采用 static 静态模式。一般 php-fpm 进程占用最大内存空间为 30M，在静态模式下，pm.max_children 的值可设置为物理内存 Mem/30M。但考虑到操作系统、Nginx、Mysql 都需要占用内存，所以 php-fpm 进程数可以设为物理内存 Mem/30M/2。

（4）存储引擎 InnoDB

InnoDB 作为 MySQL 数据库的默认存储引擎被广泛应用。Mysql 数据库接收 SQL 请求后，通过 InnoDB 存储引擎与磁盘存储文件进行交互。在 LNMP 架构中，和数据库有关的用户请求都要通过 InnoDB 存储引擎，因此，优化 InnoDB 存储引擎的性能决定了 LNMP 架构的性能。

在 Moodle 应用服务器上，除了操作系统、Nginx、PHP 所消耗的内存储器容量外，剩下的存储器容量可以分配给 InnoDB 存储引擎。Moodle 应用服务器的物理内存容量为 128GB，分配给操作系统、TMPFS 文件系统、Nginx 进程和 php 进程的内存容量为 32GB，分配给 InnoDB 存储引擎的容量为 36G，剩余部分可以分配给 Mysql 数据库的线程使用。InnoDB 存储引擎参数设置文件为 /etc/mysql/my.cnf，设置参数如表 9-2-1 所示。

表 9-2-1　InnoDB 相关参数配置

配置项目参数	参数值	参数说明
Innodb_buffer_pool_size	36864M	InnoDB 缓冲池大小
Innodb_log_files_in_group	3	日志文件组
Innodb_log_file_size	3072M	日志文件大小
Innodb_thread_concurrency	16	线程并发数
Innodb_write_io_threads	8	写线程数
Innodb_read_io_threads	8	读线程数
Innodb_flush_log_at_trx_commit	2	控制 InnoDB 事务日志写入的过程

在 InnoDB 存储引擎中,通常情况下将日志文件组设置为 3。为了避免日志覆盖导致缓冲池的不必要刷新,每个日志文件的大小最好设置为 InnoDB 缓冲池的 25%。为了防止线程设置过高产生抖动,一般将线程并发数设置为 16。读线程和写线程是 InnoDB 存储引擎用来同步操作系统中的读写操作,一般设定参数值为 8。控制 InnoDB 事务日志写入的参数值设置为 2,确保日志及时写入磁盘并刷新,这样设置不仅可以使 InnoDB 存储引擎的日志存盘时间变小,而且保证了数据的安全。

(5) Gzip 压缩传输

通过前面对 Moodle 应用服务器的 LNMP 架构优化后,加快了服务器内部 PHP 页面的处理速度,但要想提高从 Nginx 服务器到用户浏览器的访问速度,还需要使用 Gzip 压缩再传输技术。http 协议使用 Gzip 压缩 Web 内容,降低转发内容的大小,能够大幅度提高 Web 网站访问速度。

Gzip 是文件压缩程序的简称,软件的作者是 Jean – loup Gailly 和 Mark Adler。当 Nginx 启用 Gzip 功能后,网页的容量将减小到原来的 25% 左右,压缩率将达到 75% 以上。通过启用 Gzip 可以有效减少网络传输带宽的瓶颈,很大限度上提高了网页的浏览速度。

Moodle 应用服务器中,通过命令

sudo vim /etc/php/7.2/fpm/pool.d/www.conf 打开 www.conf 文件,将 gzip 值设置为 on,开启压缩再传输功能。

(6) Cron.php 计划任务定时运行

在 Moodle 应用服务器中,Cron.php 主要用于计划执行课程备份、邮件收发、临时文件清理、课程整理、删除不需要的检测事件等,设置为每隔 5min 执行一次效果最佳。如果 Cron.php 不能正常运行,Moodle 应用服务器的运行效率会变低。Cron 程序作为操作系统的核心部件,用于执行与时间相关的各种服务。

首先通过命令 sudo apt – get install cron 安装 Cron,然后用命令 crontab – e 打开活动列表,将下面的命令添加到 Cron 活动列表中,实现每 5min 执行 1 次 cron.php 程序文件,password 的值通过 Moodle 管理后台获取。

*/5 * * * * wget-q-o/dev/null 网址/admin/data/cron.php?password = "管理密码"

9.2.7 抗拥塞处理

当 Moodle 应用服务器遇到高并发请求时,会使服务器响应变慢,数据库崩溃,甚至服务器宕机等事故发生,所以需要对服务器进行抗拥塞处理。出现拥塞的原因主要有 2 个方面,一方面 Mysql 数据库采用默认的单线程处理模式,另一方面 PHP 进程数开启过大,使数据库同步连接数变大。抗拥塞处理的方法是对 Mysql 数据库启用线程池,并配置合理的 PHP 进程数。

(1) Thread Pool 线程池优化

PHP 与 Mysql 建立连接后,PHP 请求通过 Mysql 数据库系统的线程机制来处理。Mysql 默认的线程调度方式为 One – Connection – Per – Thread 单线程模式。当使用单线程处理每个客户的连接请求时,对于每一个数据库连接,Mysql 都要创建独立的线程服务,请求结束后再销毁掉;当数据库遇到高并发时,线程频繁创建和销毁,服务器的性能会大幅度降低。

为了解决这个问题,Oracle 公司推出了线程池 Thread Pool Plugin 方案。线程池通过缓存并重用方案,将连接分配给不同的组队列,对用户的 SQL 请求进行排队处理,减少上下文切换次数。通过队列机制缩短了处理请求的时间。同时,线程的重用降低了频繁的连接请求次数,即使在访问高峰期,数据库仍然能保持高吞吐量,有效解决拥塞问题。根据 Oracle MySQL 官方测试,当并发连接数达到 128 时,没有设置 Thread Pool 线程池的 Mysql 数据库性能急速下降,而使用 Thread Pool 线程池后,性能不会发生变化,始终保持良好状态。Thread Pool 线程池的参数配置文件为/etc/mysql/my.cnf,配置参数如表 9 – 2 – 2 所示。

表 9 – 2 – 2　Thread Pool 相关参数配置

配置项目参数	参数值	参数说明
Thread_handing	pool – of – threads	配置线程模型
Thread_pool_size	24	线程池 Group 的数量,默认 CPU 个数
Thread_pool_Priority	auto	进程池优先级
Thread_pool_prio_kickup_Timer	1500ms	执行优先级等待时间
Thread_pool_stall_limit	60ms	处理阻塞和线程创建等待时间
Thread_pool_oversubscribe	10	设置 group 中的最大线程数
Thread_pool_max_threads	65536	线程池最大的线程数
Thread_pool_idle_timeout	500	worker 线程最大空闲时间

(2) PHP 进程数配置

在 Moodle 应用服务器中,用户请求通过 Nginx 发送到 php – fpm,然后以队列的形式发送给多个 Fast – CGI 进行处理,每个 Fast – CGI 与 Mysql 建立连接,Mysql 数据库通过

Thread Pool 线程池处理 Fast-CGI 的 SQL 请求。测试结果证明,Fast-CGI 的数量等于 Mysql 创建链接的数量。

当 Nginx 的 pm 参数设置为 Dynamic 动态模式时,如果有 1024 个用户同时访问 Moodle 应用服务器,Mysql 数据库就需要创建 1024 个链接,与 php-fpm 所创建的 1024 个 Fast-CGI 相连,并同时处理 1024 个工作线程,这样会造成 Mysql 数据库阻塞,使服务器无法高效运行。

为了提高 Moodle 应用服务器的运行效率,需要固定 PHP 的进程数目。所以将 Nginx 的 pm 参数设置为 Static 静态模式。pm.max_children 进程值可以根据 Mysql 数据库的最大允许连接数来推算。如果 Mysql 数据库的每个连接所占内存容量最大为 36.8MB,而分配给数据库的总内存用量为 36G,则 Mysql 数据库的最大连接数可以设置为 1000,php-fpm 中 pm.max_children 进程数可以设置为 1000。一般情况下,Fast-CGI 进程占用内存最大值为 30MB,而且还要考虑到服务器其他应用的开销,所以 pm.max_children 进程数的值一般设置为 64 就够用了。

9.2.8 Moodle 应用服务器性能测试

(1) 压缩比测试

服务器网页传输采用 Gzip 压缩传输,经过站长之家测评,数据压缩率达到 73.61%。

(2) 性能测试

使用 Google 浏览器自带的 Network 工具,对 Moodle 应用服务器进行整体性能测试,测试服务器 Request 和 Response 的请求响应耗时。

发现优化前加载课程页面,PHP 访问 Mysql 数据库 需要耗时 350ms 左右,而通过系统优化处理后,Moodle 课程页面加载耗时总体稳定在 146ms 左右,处理速度提高了 2.6 倍,服务器性能得到了很大程度的提升。

(3) 抗拥塞检测

通过使用 Sysbench 压力测试工具,对 Mysql 数据库进行只读压力测试。分别设置 Mysql 数据库为单线程(One-Connection-Per-Thread)模式和线程池(Thread Pool)模式,对 2 种模式进行高并发条件下的 TPS 数据吞吐量测试,测试结果如图 9-2-4 所示。

结果表明,伴随着并发数目的不断增大,单线程模式下 TPS 数据吞吐量急速下降,当并发数达到 5000 时,单线程 TPS 数据吞吐量几乎为 0,而线程池模式的 TPS 数据吞吐量始终稳定在 6500~7100。所以使用线程池模式,可以很好地解决数据库在高峰访问时的拥塞问题,有效提高了 Moodle 应用服务器的访问速度。

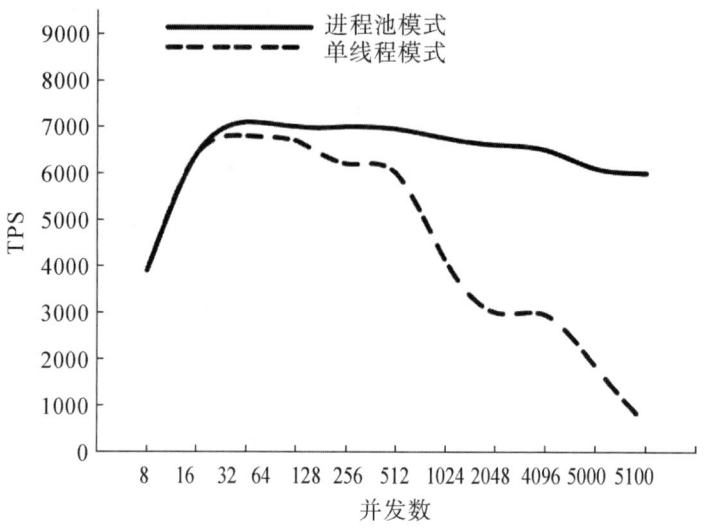

图 9-2-4 两种线程模式吞吐量(TPS)对比

9.3 Moodle 系统设置与管理

Moodle 安装完成后,需要对其进行系统设置和管理。这对于有效组织和管理已有的用户和课程,委派角色,开放某些权限非常重要。

9.3.1 用户管理

(一) 账户注册

(1) 基于电子邮件的身份验证

基于电子邮件确认方式是默认的身份验证方法,使用这种方法,用户在注册页面填入用户注册信息后,系统将自动发送一封确认邮件到用户注册时填入的信箱。该邮件中包含一个安全的链接地址,指向用户确认账号的页面。只有通过邮件确认后的账号,系统才会自动激活用户,否则将无法登录。

管理员开通基于邮件的验证方式,必须保证发送邮件服务器地址设置正确,包括 STMP 主机地址、用户名和密码等信息。

(2) 手工添加账号

如果管理员不想让用户通过邮件注册,可以将【自助注册】设置为禁用。这样用户将不允许以邮件方式创建账号,所有账号只能由管理员手动添加。

(二)账户管理

(1)浏览用户列表

浏览用户,主要用来查阅已注册的用户信息和编辑修改用户信息,以及搜索用户。另外,在该页面中可以手动添加新用户以及对账户的修改。

(2)添加用户

管理员可以手动添加用户,这里可以手动一个一个添加用户。填入用户信息后,就可以非常方便地创建一个新用户。

(3)批量导入用户

手动添加一个用户非常简单,但是同时添加上千个学生的时候,工作量很大。那么,如何做到用户的批量导入呢?【上传用户】模块就提供了这种方式。

【上传用户】采用文本文件中编辑好的用户信息,导入之前需要注意:①文本中每一行包含1条记录;②每条记录都是以半角逗号分开;③文件的第一条记录很特殊,包含字段名的列表;④记录中必须填写的字段包括 username、password、firstname、lastname、email;⑤布尔字段使用"0"表示假,"1"表示真;⑥编写完成后一定要以 utf-8 编码方式保存文本文件。

下面是一个导入文件的例子。第一行首先要包含几个必需的字段,其他字段可以不填:

username, password, firstname, lastname,   email
小李,   123456,   小,   强,   xiaoqiang@l63.com
小明,   123456,   旺,   才,   wangcai@163.com

完成后,将其保存为 txt 文件,就可以非常容易在该页面导入。注意,在编辑导入信息时,可以使用相同的邮箱,但是用户名必须不同,可以参考使用学生学号。

(三)角色管理

(1)定义角色

角色是权限访问的集合,在 Moodle 中用于管理者可以在特定情境下委派特定的权限给特定的用户。例如,可能有一个"教师"的角色,这个角色允许教师有某个特定的权限。一旦这个角色定义,就能在课程中委派"教师"这个权限给某个用户,也可能将"教师"这个角色分配给课程类别中的用户。这样他就可以操作该类别中的所有课程,或者委派这个角色给一个用户,使其在诸如一个"讨论区"中具有特定的权限。

Moodle 中默认的角色包括管理员、课程创建者、教师、无编辑权限的老师、学生和访客等,如图9-3-1所示。

当系统中默认的几个角色不能满足的管理要求时,例如 Moodle 中有一个校企合作的课程,而其中必定要考虑到企业工程师这个角色。工程师这个角色的权限可能是介于教师和学生之间,例如工程师可以在校企合作讨论区里发表自己的观点。而学生也可以加入校企合作课程中,但是不希望学生看到校企论坛,这样定义一个新的角色就非常有必要。

角色	描述	简称	编辑
管理员	管理员可以访问并修改课程,但他们通常不参与课程。	manager	↓ ✱ 🗑
课程创建者	课程创建者可以创建新课程。	coursecreator	↑ ↓ ✱ 🗑
教师	教师可以在负责的课程中做任何事,包括更改活动和为学生评分。	editingteacher	↑ ↓ ✱ 🗑
无编辑权教师	无编辑权教师可以授课和评价学生,但是不能更改活动。	teacher	↑ ↓ ✱ 🗑
学生	学生在课程中通常拥有较少的特权。	student	↑ ↓ ✱ 🗑
访客	访客拥有最小的权限,而且通常不能在任何地方输入文本。	guest	↑ ↓ ✱ 🗑
已认证用户	所有已登录用户。	user	↑ ↓ ✱ 🗑
首页已认证用户	首页课程中所有已经登录的用户。	frontpage	↑ ✱ 🗑

图 9-3-1 角色定义

另外,在该页中除了可以添加和管理角色外,还可以委派角色和修改角色,如图 9-3-2 所示。默认条件下,只有权限更大的角色才允许委派和修改比自己权限小的角色。

	管理员	课程创建者	教师	无编辑权教师	学生	访客	已认证用户	首页已认证用户
管理员	☑	☑	☑	☑	☑	☐	☐	☐
课程创建者	☐	☐	☐	☐	☐	☐	☐	☐
教师	☐	☐	☐	☑	☑	☐	☐	☐
无编辑权教师	☐	☐	☐	☐	☐	☐	☐	☐
学生	☐	☐	☐	☐	☐	☐	☐	☐
访客	☐	☐	☐	☐	☐	☐	☐	☐
已认证用户	☐	☐	☐	☐	☐	☐	☐	☐
首页已认证用户	☐	☐	☐	☐	☐	☐	☐	☐

图 9-3-2 角色委派

(2) 委派角色

Moodle 中角色分为四个等级：站点、课程类别、课程、板块和活动。管理员在委派角色中委派的角色是站点级别的权限。例如，管理员在该页中委派一个课程管理员后，该课程管理员相对于所有的课程都是课程管理员。而如果是在一个课程中委派的课程管理员，则他的权限只有在该课程内有效。

管理员可以委派的角色包括：管理员、课程创建者、教师、无编辑权限的教师、学生和访客。

(3) 用户策略

用户策略模块用于设置访问者的角色、课程中默认用户的角色，以及是否让访客进入到允许访客访问的课程中。具体设置如下：

【访问者角色】用于设置一个用户访问站点时的默认角色。默认角色为访客。

【所有用户的默认角色】当一个用户没有登录时，默认的角色可以在这里选择。默认角色是访客。

【在新课程中课程创建者角色】如果用户还没有获得管理这个新课程的权限，那么该用户自动使用此角色选课。

【自动登录为访客】如果勾选上，当未登录访问者访问时，自动以访客的身份进入到那些允许访客进入的课程中。

【隐藏用户字段】通常在用户注册时，会有较多的字段呈现给用户，虽然部分可以不用填写，但是如果没有必要，可以将一部分用户字段隐藏起来。如果要选择多个字段，可以按住 Ctrl 选择。

9.3.2 课程管理

课程管理包括：管理课程和分类、课程自定义字段、添加一个分类、添加新课程、恢复课程、课程缺省设置、课程申请、待批申请、上传课程，如图 9-3-3 所示。

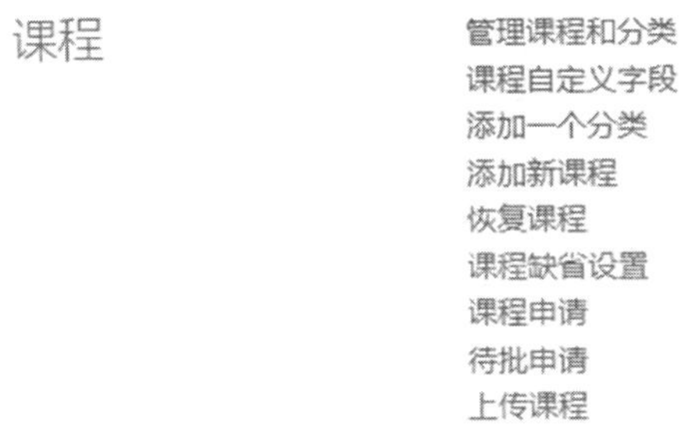

课程
- 管理课程和分类
- 课程自定义字段
- 添加一个分类
- 添加新课程
- 恢复课程
- 课程缺省设置
- 课程申请
- 待批申请
- 上传课程

图 9-3-3　课程模块

备份管理包括：备份默认设置、常规恢复默认值、自动备份设置、常规恢复默认值、异步备份/恢复。备份管理如图9-3-4所示。

备份
　　备份默认设置
　　常规恢复默认值
　　自动备份设置
　　常规恢复默认值
　　异步备份/恢复

图9-3-4　备份管理

(一)管理课程和分类

管理员利用该板块可以非常轻松地建立新课程，添加新的课程类别。如果对已有课程的顺序不满意，还可以重新排序；对某些课程或者课程类别不想让用户看到，也可以在这里设置隐藏。如图9-3-5所示。

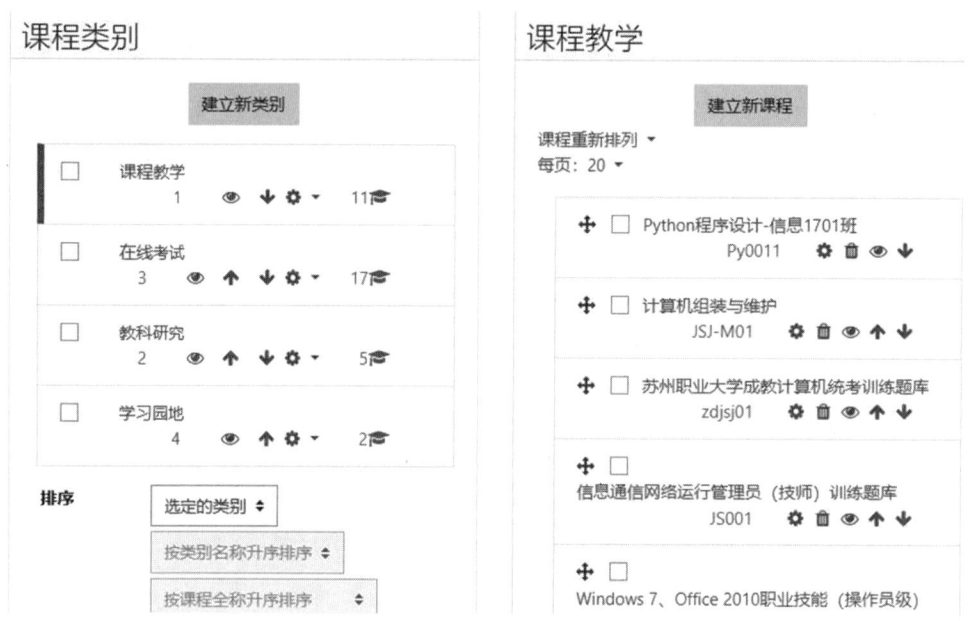

图9-3-5　管理课程和分类

(二)选课

利用选课插件，可以实现内部选课和外部选课。Moodle默认的选课方式为内部选课，本书只讨论内部选课。内部选课常用插件包括：

(1)内部选课插件

内部选课是Moodle默认的选课方式，学生可以使用2种方法进入课程：①教师手动将已经注册的学生添加到课程中；②学生通过课程中的"选课密钥"进入课程。内部选课插件如图9-3-6所示。

名称	实例/人数	版本	使用	向上/向下	设置	测试设置	卸载
人工选课	35/33	2019111800	👁	↓	设置		
访客可访问	26/0	2019111800	👁	↑↓	设置		卸载
自助选课	41/1444	2019111800	👁	↑↓	设置		卸载

图9-3-6 内部选课

(2) Authorize 付费课程插件

Authorize.net网关允许通过信用卡提供商家设置付费课程。如果课程的价格为零，无需付费。此处需要为整个站点设定一个缺省的价格，而在课程的设置中可以为每一个课程单独设定。为每个课程单独设定价格的优先级更高。

如果使用该方式，可以非常容易地实现学费管理。但是这里需要保证PHP必须支持SSL，而且保证Moodle【安全】中的【HTTP安全】打开。Authorize.net一般不经常使用，这里只是简单介绍，感兴趣的读者可以去Moodle官方网站了解。

(三) 课程申请

课程申请模块用于设置课程创建时的一些相关参数，具体内容如下：

【可以课程申请】用于设置是否允许任何人申请创建新课程。

【申请课程的默认类别】指定当课程申请被批准后，课程放到哪个类别中。

(四) 文件备份管理

备份页面是用于备份站点中的课程以及用户信息的模块。该备份工作将由系统自动完成，在页面中可以指定备份的时间和目录。其中有如下部分配置参数：

【包括用户】选择自动备份中是否包含用户资料信息。

【匿名信息】如果激活，会默认将与用户有关信息匿名化。

【包括角色分配】如果激活，会默认备份角色分配情况。

【包括板块】缺省情况下，备份是否包含各个板块。

【包括日志】选择是否将课程中的日志包含在自动备份中。

【用户文件】选择是否在自动备份中包含用户文件，包括图片和文稿等。

【包括文件】设置备份中包含文件的默认值。请注意：禁用此项将导致只包含对文件引用的备份。如果备份在同一站点上还原，并且文件没有根据设置"清理垃圾桶文件" (filescanneupperiod) 删除，则这不是问题。

【包括日历事件】备份中包括日历事件。

【包含用户课程完整信息】如果启用,会默认在备份中包含用户的课程完成信息。

9.3.3 位置管理

位置管理页面主要用于设置缺省的站点时区和默认的国家等信息。位置设置页面中包括缺省时区、强制默认时区、默认国家和 IP 地址查询等,具体设置如下:

【默认时区】用户设定缺省的时区,中国使用的是 GMT+8。

【强制时区】强制用户使用管理员指定的时区。

【默认的国家/地区】选择所在的国家,这个将影响到注册用户时缺省的选择。

【IP 地址查找】当点击日志中的 IP 地址时,会看到一副显示 1P 地址确切位置的图片。

9.3.4 语言管理

(1) 语言设置

语言设置页面用于设置缺省语言、是否显示语言栏、站点地区设置等,具体设置如下:

【缺省语言】该选项用于为 Moodle 站点选择一个缺省语言。

【显示语言目录】用于选择是否要在主页、登录页面上显示通用的语言菜单。

【语言目录中的语言】如果为空,将允许用户从所有已经安装的语言种类中选择 1 种;如果想缩短语言选择菜单,可以在这里填入相应的语言代码,如 en,en_e s,zh_ en (注:逗号要使用半角逗号)。

【缓冲语言目录】如果使用缓冲目录,系统将会节省很多的内存和处理器时间。

【站点地区设置】选择站点地区设置,会影响日期的格式和语言。

(2) 定制语言

定制语言板块用于设置站点语言包、检查缺省字符、编辑字符串、编辑帮助文档。这部分模块可以让每 1 位读者参与 Moodle 的翻译工作。Moodle 的语言编辑功能支持世界上 75 种语言,简体中文的默认格式为 utf-8。

9.3.5 模块管理

模块管理包括 3 个部分:活动项目、板块和过滤器。

(1) 活动管理

活动管理是用户指定和修改站点中已经安装的活动模块,在该板块中查看各活动模块的版本信息、已使用活动数、控制隐藏/显示,以及设置活动板块参数和卸载已安装活动等,如图 9-3-7 所示。

活动

活动模块	活动	版本	隐藏/显示	设置	卸载
作业	45	2019111800	👁	设置	卸载
作业2.2 (已禁用)	0	2019111800	👁		卸载
图书	7	2019111800	👁	设置	
聊天	1	2019111800	👁	设置	卸载
投票	3	2019111800	👁		卸载
数据库	3	2019111800	👁	设置	

图 9-3-7 活动管理

(2) 板块

板块是 Moodle 中构建页面显示的重要组成部分,利用板块可以添加日历、即将来临的事件、测验、RSS 种子、博客、在线用户、词条等。在板块管理中,可以对板块中的内容进行查询使用次数、版本信息、隐藏/显示、设置和卸载等操作,如图 9-3-8 所示。

板块

名称	实例	版本	隐藏/显示	保护实例	设置	卸载
标签	0	2019111800	👁	🔓		卸载
标星的课程	0	2019111800	👁	🔓	设置	卸载
博客标签	0	2019111800	👁	🔓		卸载
博客菜单	0	2019111800	👁	🔓		卸载
测验成绩 (禁用)	0	2019111800	👁	🔓		卸载

图 9-3-8 板块管理

(3) 过滤器

在过滤器管理页面,管理员可以选择使用哪些过滤器以及过滤器使用的顺序,其中也提供了部分可以访问的过滤器页面。过滤器主要应用到 Moodle 中的大多数文本编辑中,在文本编辑区域的内容显示之前,对指定的内容进行过滤。

9.3.6 安全管理

安全管理包括:IP 封禁器、网站安全设置、HTTP 安全、通告,如图 9-3-9 所示。

```
安全          IP封禁器
             网站安全设置
             HTTP安全
             通告
```

图 9-3-9 安全管理

(1) 网站安全设置

该页面主要用于设置站点的安全信息,包括保护用户名、是否启动 Google 对站点访问、是否允许使用 Embed 等,具体设置如下:

【保护用户名】如果启用,忘记密码表单将不会显示任何提示来允许猜测账户用户名或电子邮件地址。

【用户必须登录】通常,不需要登录即可看到首页和课程列表(但不是课程)。如果想要禁止在登录前做任何事,请使用此项设置。

【强制用户登录】如果启用,只有已登录用户才能查看用户的个人头像,并且所有通知邮件都将使用默认头像。

【上传文件大小的最大值】设置上传文件的最大数。

【允许 EMBED 和 OBJECT 标记】作为缺省的安全考量,普通用户是不能在网页文本中通过显示的 EMBED 或 OBJECT 标记嵌入多媒体(如 Falsh)的(通过 mediaplugins 过滤器是比较安全的)。如果希望允许用户使用上述标记,请启用此选项。

【启用可信内容】Moodle 可以有效去除恶意代码和可能产生安全风险的代码。必须先启动这个设置,然后把这个权力赋给特定的 Moodle 角色。由这些使用者新建或上传的文本将被标注可信,并且全部显示。

【允许编辑帖子的时间】该参数用来指定多长时间内用户可以重新编辑讨论区的帖子,通常 30min 比较合适。

(2) HTTP 安全

为了保证教学的安全使用,Moodle 从多方面进行了安全设置。HTTP 安全模块主要是对平台的安全进行设置。其中的设置选项包括:

【只使用安全的 cookies】如果当前服务器仅接收 https 链接方式,建议启用发送安全 cookies 功能。如果已启用,需要确保 WEB 服务器不接受 http://地址或者设置了到 https://地址的永久重定向,最好能够在 http 响应中发送 HSTS。当 wwwroot 地址不是以 https://开始时,该设置会被忽略。

【只使用 http 的 cookies】启用 PHP 5.2.0 新特性——让浏览器只在真正的 http 请求中发送 cookie,不允许脚本语言访问 cookies。目前不是所有浏览器都支持该功能,并且可能与当前的代码不完全兼容。但是它有助于阻止某些 XSS 类型的攻击。

(3)通告

通告页面主要是用来设置对于系统登录失败或者电子邮件确认失败后的行为,具体设置如下:

【显示登录失败信息】用于向用户显示上一次登录失败的信息。

【发送登录失败的 Email 到】如果登录失败的信息被记录,可以通过 Email 将它们发送出去,但是谁可以接收到这些信息可以在这里指定。

【邮件通告的下限】指定如果发送登录失败通知时,对于一个用户或者 IP 地址而言,多少次登录失败之后发送通知。

9.3.7 外观管理

外观管理主要是对 Moodle 站点的主题风格和外观进行设置,如图 9-3-10 所示,其中包括以下几部分:

外观
- 图标
- 课程卡颜色
- 日历
- 博客
- 导航
- HTML 设置
- Moodle 文档
- 默认个人主页
- 缺省个人资料页
- 课程
- AJAX 和 JavaScript
- 管理标签
- 附加的 HTML
- 模板
- 用户导航

主题风格
- 主题设置
- 主题选择器
- Boost
- 经典
- Moove

图 9-3-10 外观设置

(1) 主题风格

主题风格是用于设置站点级别的页面效果,管理员可以在这里为 Moodle 站点选择。点击【主题选择器】按钮打开选择页面,如图 9-3-11 所示。

图 9-3-11 主题选择

(2) 首页

【首页设置】包括网站全称、网站简称、首页描述、首页显示的格式等。具体设置如下:

【新闻公告项】用于指定是否在 Moodle 首页上显示站点级别的讨论区。

【显示课程列表】用于指定是否在 Moodle 首页上只是显示课程名称和课程描述的细节信息。

【显示类别列表】用于指定是否在 Moodle 首页上只是显示课程类别,其中右边的数字表示课程类别中课程的数目。

【组合列表】用于指定是否将课程类别和课程名称都显示在首页上。

(3) 日历

日历在 Moodle 中主要用于提示课程事件发生的时间。在日历模块中,管理员可以设置一些关于日历的全局变量,包括日历中的事件呈现方式、日期的显示方式、设定用户自定义选择等。

9.3.8 服务器管理

服务器管理模块是 Moodle 系统管理中非常重要的一块,该板块中主要把服务器管理分成 13 个部分,每个部分都有不同的设置参数,如图 9-3-12 所示。

```
服务器      系统路径
           技术支持
           会话处理
           HTTP
           维护模式
           清理
           环境
           PHP 信息
           性能
           更新通知
           文件类型
           OAuth 2服务

任务        任务处理
           任务日志配置
           任务日志
           计划任务

电子邮件    发送邮件设置
           接收邮件设置
           消息处理程序
```

图 9-3-12 服务器管理

(1) 系统路径

系统路径页面主要是对平台的系统参数进行相关参数,其中的设置选项包括:

【PHP CLI 的路径】PHP CLI 的路径通常会是/usr/bin/php。如果输入此项,则可以从管理员 Web 界面执行 cron 脚本。

【aspell 的路径】在编辑器中使用拼写检查功能,必须在服务器上安装 aspell 0.50 或其更高版本,并且还要正确地指定 aspell 程序的路径。在 Unix/Linux 系统上通常是/usr/bin/aspell,当然也可能是其他地方。

【Du 的路径】du 的路径,如/usr/bin/du。如果设定了这个选项,当那些显示目录内容的脚本在目录中有很多文件时,可以运行得稍快些。

(2) 电子邮件

该页面主要用于设置系统邮件自动回复的 SMTP 主机信息、允许哪个域中的 Email

可以使用,以及是否允许用户自己定义邮件的字符集等。具体参数如下:

【SMTP 主机】用于输入 1 个或者多个 SMTP 的服务器全名,系统将使用其来发送邮件。

【SMTP 用户】指定 SMTP 的用户名。

【SMTP 密码】指定 SMTP 的密码。

【不要回复】如果不想让其他人看到管理员的真实地址,可以在此处指定为"其他"。

【允许电子邮件域名】用于控制限制邮件地址范围,系统将自动拒绝这个地址之外的所有邮件,如 shnu. edu. cn,将只有这个域名中的邮件地址可以使用。

(3) 会话处理

该页面用于设置系统的会话信息,包括 Cookie 的路径等。

【使用数据库处理会话信息】指定是否开启数据库以保持会话信息。对于大的站点或者访问量很多的情况下很有用,多数站点应该保持关闭。

【超时】指定用户在登录站点多长时间后如果没有任何操作,将自动退出。

【Cookie 前缀】用于指定 Moodle 会话所使用的 Cookie 名称。

【Cookie 路径】如果希望修改浏览器发送 Cookie 时的地址信息,可以在该项设置目录,缺省为"/"。

(4) 维护模式

维护模式主要在系统维护时使用,管理员可以在维护中输入维护信息或者图片再启用。如图 9-3-13 所示。

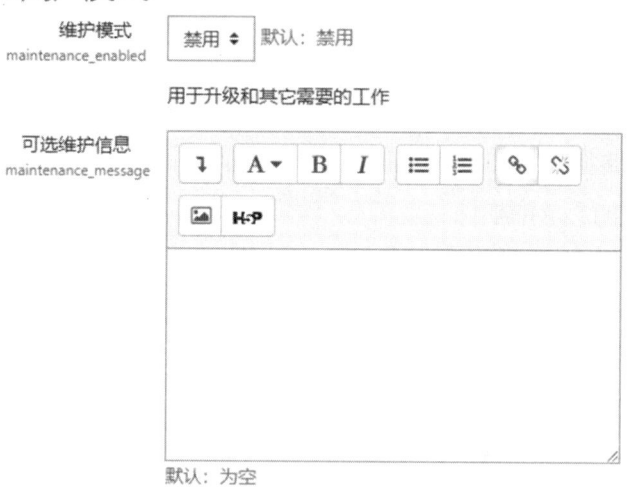

图 9-3-13　维护模式

维护模式状态下,整个Moodle站点将不可访问。重新关闭维护模式,则Moodle管理系统可以继续访问。

(5) 清理

该页用于设置清除系统中的记录信息,具体设置如下:

【之后删除未完全配置好的用户】如果学生长时间没有登录,系统可以自动将他们从课程中除名。此处为指定这个时间期限。

【几天后删除资料不完整的用户】使用电子邮件方式注册时,如果超过该时间,没有确认的用户将会被删除。

【保存记录为】指定保存用户活动日志的时间长短。

(6) 环境

环境页面用于检查当前服务器的配置情况,在该页面中管理员可以查看到当前的数据库、PHP最低版本需求,以及现在安装的版本信息。还可以用于检查当前的服务器配置是否符合后续版本使用。

(7) PHP信息

PHP信息页面将调用PHP函数phpinfo(),用于显示服务器系统详细信息。

(8) 性能

为了提升系统性能,如果系统有足够大的内存,可以在该页中启动记录缓存;如果你的服务器内存不是很大,可以不选此项,这时将使用数据库中的数据缓存来存储。

9.3.9 报表管理

(1) 课程概述

该页中显示对站点中课程的描述。

(2) 日志

日志页面是用于记录和显示用户活动的日志。利用日志可以查阅到哪些课程最近最为活跃,也可以查询用户在课程中的活动日志,因此该报表可以用来分析学生的学习历程。报表按照级别分为2种:一种是站点级别的日志,另一种是课程级别的日志。前者是针对整个网站而言,因此可以用于分析学习者在所有课程中的活动;课程级别的日志,只能用于分析具体一门课程中的学生成长历程。

(3) 课程实例

单元测试页面主要用于系统测试。

9.4 Moodle 备份与升级

9.4.1 Moodle 备份

作为 Moodle 网站管理者,系统备份是非常重要的。当服务器受到黑客或病毒的攻击时,有可能使系统文件遭受破坏。如果没有及时、有效的备份措施,一些重要的数据信息可能会丢失,从而造成无法挽回的损失。Moodle 作为一个学习管理的平台,其中包括了师生的相关教学数据,所以备份相当重要。Moodle 备份主要包括 Moodle 源程序、Moodledata 以及数据库 3 部分:

1) Moodle 源程序,就是存放在服务器 WWW 目录下 Moodle 的所有源文件,包括 theme、blocks、mod、admin 等文件夹和系统的配置文件。尽管这个文件夹是整个系统的核心,但是由于数据的读取都不是在这个目录中,因此文件夹的大小和安装时不会有任何的差别,所以该目录不需要重复备份。备份的方法最为简单,只需将该文件夹直接拷贝到备份文件夹中即可。

2) Moodledata,是用于存储用户上传的文件信息,在备份数据时,该目录也是利用硬备份的方式,直接将 Moodledata 目录拷贝到备份目录中。

3) Moodle 数据库主要储存了包括用户信息、课程信息、讨论区信息等,这些数据都是随时更新的。备份时建议不要使用硬备份(直接拷贝 mysql 中的 data 文件),可以使用 PhpMyadmin 可视化界面操作。

打开 PhpMyadmin 的页面,可以在左边的数据库中看到已有的数据库,找到 Moodle 数据库,在右上方的菜单栏中找到【导出】按钮,如图 9-4-1 所示。

图 9-4-1 数据库导出

点击【导出】按钮,进入数据库导出界面,可以选择快速或自定义,然后选择【执行】,这样就可以利用 Phpmyadmin 的可视化界面将数据库备份。

9.4.2 Moodle 升级

1) 做好 Moodle 和 Moodledata 和数据库的备份,防止升级失败导致原网站数据丢失。
2) 确认系统环境是否符合要求,检查每个参数是否正确。环境检查如图 9-4-2

所示。

图 9-4-2 系统检查

3）保存配置文件及主题和插件。首先备份 Moodle 文件夹下的 config.php，theme 文件夹下的主题文件，mod 文件夹下自己后期添加的插件，如果 mod 文件夹下插件太多区分不开都备份下来，后面安装后再逐一核对复制。

4）升级系统。备份完毕后改 Moodle 文件夹的名为 Moodle 2，然后解压最新 Moodle 文件到网站 Moodle 目录下，再将备份的 config.php 和主题文件复制到 Moodle 对应的位置，然后刷新浏览器，会提示升级数据库信息。如图 9-4-3 所示。

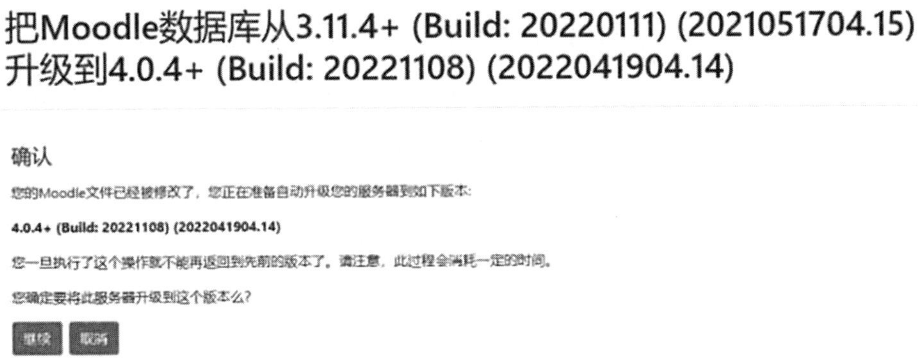

图 9-4-3 数据库升级

点击继续，下一个页面也是点击继续，之后会出现缺少磁盘的问题，对应着缺少的文件，把 Moodle 2 文件夹下的插件等复制到对应的位置，然后点击【现在升级数据库】，中间会提示可能少文件,对应上传文件。如果一直提示缺少某个插件,可以直接到对应目录删除对应文件目录。系统升级过程如图 9-4-4 所示,经过漫长时间等待后,Moodle 升级完成。

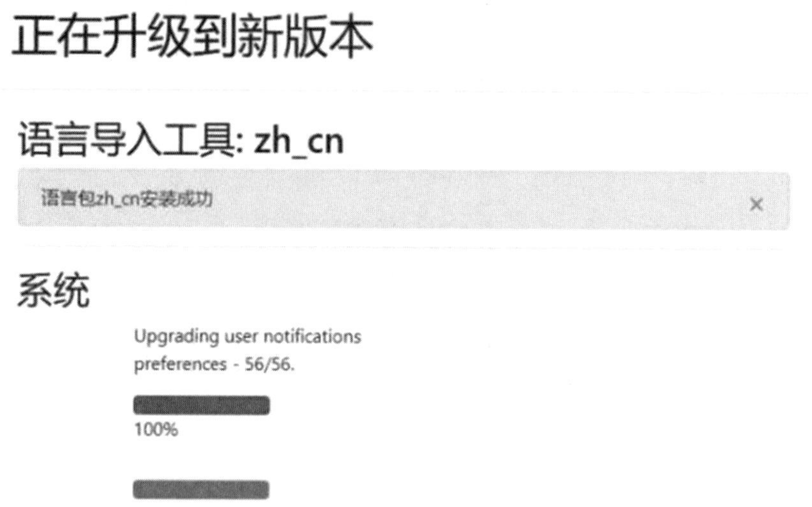

图 9-4-4 系统数据库升级进度提示

9.5 Moodle 插件管理

Moodle 的系统结构是模块化的,其全部功能是由各种功能插件分别实现的。这种模块化结构使得系统的灵活性格外突出,修改和扩充十分方便。管理员可以通过管理界面选择安装各种插件,开发者可以依据定义的接口开发新的插件,教师可以根据自己的教学需求自由地组合各种教学元素,学生也可以根据自己的学习需要灵活地选取自己的学习活动单元。这一特性使 Moodle 实现了"积件"式的信息化教学模式。Moodle 为教师提供了支持建构主义教学设计理念的多达几十种课程活动,这些活动都是通过插件完成的,包括讨论区、聊天室、学习资源、心得报告、作业、测验、互动评价,等等。除此之外,教师还可以在 Moodle 中插入其他的活动插件来丰富其教学活动,轻松搭建满足教学需要的学习环境。

9.5.1 Moodle 系统插件

点击【网站管理】【插件】【插件概况】,可以看到 Moodle 系统中已经安装的插件,如图 9-5-1 所示。每个插件都可以设置是否可用,对于不用的插件可以选择卸载。

图 9-5-1 Moodle 中的插件

9.5.2 插件安装

(1) Moodle 官方插件库

登录 Moodle 官方网站,在官方网站首页选择【Downloads】,然后在页面的最下方找到 Plugins 链接,点击进入插件页面,因为 Moolde 是开源的,基于"积件"模式的学习管理系统,所以每天有成千上万的 Moodle 爱好者开发不同的教学插件上传到 Moodle 官方网站插件库中,所以 Plugins 页面下的数据每天都会更新。如图 9-5-2 所示。

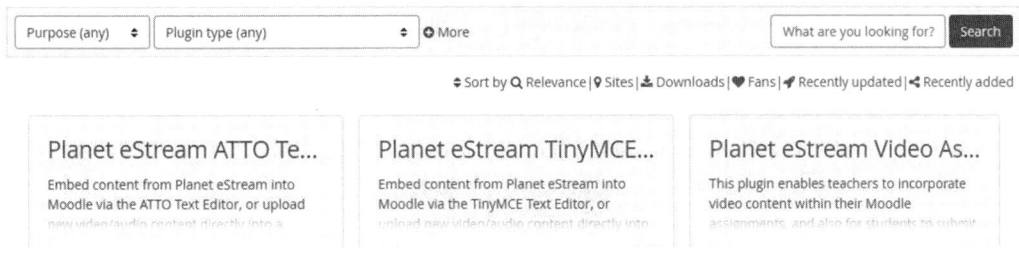

图 9-5-2 Moodle 官方插件库

(2) 下载插件

点击要下载的插件,会出现如图 9-5-3 所示界面,里面包括本插件的版本号和插件相关说明。这里要特别注意,插件选择要和自己的 Moodle 系统源码版本一致,否则无法安装。确定插件版本后,选择【Download】下载插件到本地。

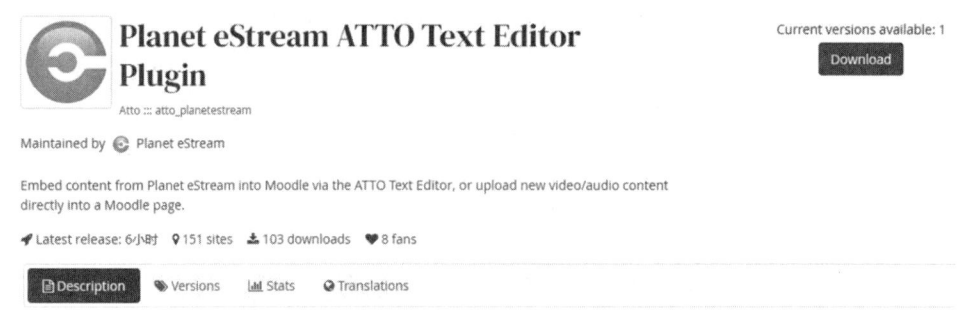

图 9-5-3　插件下载

(3) 上传安装

用管理员身份登录系统,选择【网站管理】【插件】【安装插件】,拖动下载的插件压缩包至上传区域,如图 9-5-4 所示。选择【从 ZIP 文件中安装插件】按钮,此时会提示是否验证成功的信息。如果验证失败,会提示安装目录的读写权限不符合要求,可以选择取消安装,返回修改目录权限后,再继续重复前面的操作安装;验证成功后,点击【继续】按钮,此时会提示升级系统数据库,等待一段时间后,插件安装完成。

图 9-5-4　插件安装

本章小结

本章主要介绍如何在个人计算机和服务器上安装 Moodle 学习管理系统,以及服务器的构建与优化,如何对系统的后台进行设置和管理,如何备份和升级 Moodle 学习管理系统,如何在 Moodle 学习管理系统中安装插件。本章节内容适合学校负责 Moodle 学习管理系统的数字化校园专职教师学习,普通教师也可以在自己的计算机上搭建个人 Moolde 学习管理系统用于自学。

附　录

Moodle 程序主要目录结构说明

Admin/：该目录下存放 Moodle 站点管理的代码。

Auth/：该目录下存放 Moodle 用户认证的组件模块。

Backup/：该目录下包含创建一个备份或者恢复时所用到的管理模块。

Blocks/：该目录下存放用户管理 Moodle 页面上的所有板块的模块。

Blog/：该目录下存放用户管理 Moodle 中 blog 管理和编辑内容模块。

Calendar/：用于管理和显示日历的代码。

Course/：显示和管理课程的模块。

Enroll/：该目录下存放各种选课插件，默认是 manual 方式。

Error/：包含显示 Moodle 站点中错误的一个文件。

Files/：用户管理和显示用户上次文件的模块。

Filter/：用于管理 Moodle 站点的各类过滤方法的模块，如数学符号等。

Grade/：用户管理和显示学生成绩的模块。

Install/：包含 Moodle 默认安装时使用的各种语言包和安装说明界面。

Iplookup/：用于显示用户 IP 地址信息的模块。

Lang/：包含 Moodle 默认安装时使用的语言包，默认为英文。

Lib/：该目录下存放了 Moodle 所有的核心代码库。

Login/：管理用户登录和退出的模块。

Message/：管理和显示用户短消息的模块。

Mod/：该目录下包含了 Moodle 中可以使用的各种资源和活动模块。

　　——assignment/：管理和显示活动中的作业模块。

　　——chat/：管理和显示活动中的聊天模块。

　　——choice/：管理和显示活动中投票模块。

　　——data/：管理和显示活动中数据库模块。

　　——forum/：管理和显示活动中讨论区模块。

　　——glossary/：管理和显示活动中词汇表模块。

　　——hotpot/：管理和显示活动中 hotpot 模块。

　　——journal/：管理和显示活动中报告模块。

　　——label/：管理和显示标签模块。

　　——lams/：管理和显示活动模块。

——lesson/：管理和显示活动程序教学模块。

——quiz/：管理和显示活动中测验模块。

——resource/：管理和显示活动中资源模块。

——scorm/：管理和显示活动中 scorm 模块。

——survey/：管理和显示活动中问卷调查模块。

——wiki/：管理和显示活动中 WIKI 模块。

——workshop/：管理和显示活动中问卷调查模块。

my/：管理和显示活动中 MY Moodle 模块。

pix/：用户产生站点图片的模块。

question/：该目录存放测验活动使用的各种试题题型及管理模块。

res/：管理和显示 RSS 模块。

search/：管理站点搜索模块。

theme/：该目录存放多种预设的主题风格，可以用来改变 Moodle 站点外观。

User/：管理和显示站点用户的程序模块。

Config.php：该文件包含了站点的各种信息，如访问地址、连接数据库等相关信息。该文件在安装时自动生成。

Config–dist.php：该文件是程序自带的文件，可以利用该文件手动修改站点的配置，类似于 Config.php。

File.php：该文件用户从数据目录 Moodledata 中提取文件。

Help.php：用户指向相关帮助文档的程序。

Index.php：Moodle 默认的首页文件。

Install.php：安装 Moodle 站点并自动创建 Config.php 文件的程序。

参考文献

[1] 罗清波. Moodle 教学服务器构建优化[J]. 电脑知识与技术,2023,19(2):69-71.

[2] 郝照. 在线课程常态化混合式教学设计与实践研究——以 Moodle 平台"信息化教学"课程为例[J]. 甘肃高师学报,2022,27(2):90-93.

[3] 吴丽翠. 信息化教学环境下 Moodle 学习管理系统的构建与应用——评《现代教育技术应用》(2版)[J]. 中国科技论文,2021,16(5):584.

[4] 罗清波. 信息化背景下移动课堂教学理念研究[J]. 农家参谋,2020(20):239.

[5] 郝淑颖. 基于 Moodle 平台的信息化教学平台的研究[J]. 电脑编程技巧与维护,2019(2):94-96.

[6] 鲍作宏. 基于 Moodle 平台的信息化课程管理模式的探索与实践[J]. 课程教育研究,2018(12):21-22.

[7] 罗清波. 浅析创新思维在职业院校计算机网络教学中的应用[J]. 现代职业教育,2018(7):18.

[8] 陈娟,顾吴华. Moodle 平台在信息化教学中的应用[J]. 电脑知识与技术,2015,11(23):44-46.

[9] 李海洋. 基于信息化背景下的高校 Moodle 平台的管理研究[J]. 鸡西大学学报,2015,15(10):5-8.

[10] 练连云. 基于 Moodle 平台的计算机系统操作员课程教学效果研究[J]. 办公自动化,2022,27(7):47-49.

[11] 谭畅,谭歆,胡磊,等. 云中心基于 Nginx 的动态权重负载均衡算法[J]. 重庆邮电大学学报(自然科学版),2021,33(6):991-998.

[12] 杜府航. 基于拥塞控制的 Nginx 负载均衡算法的改进研究[D]. 上海:华东师范大学,2021.

[13] 曾棕根. LNMP 生产服务器改进[J]. 计算机应用与软件,2021,38(6):23-30.

[14] 刘佳祎,崔建明,智春. 基于 Nginx 服务器的动态负载均衡策略[J]. 桂林理工大学学报,2020,40(2):403-408.

[15] 罗清波. 林业信息化建设中的网络信息安全管理研究——评《现代林业信息技术与应用》[J]. 林业经济,2022,44(10):101.

[16] 吕丹丹. 互联网背景下信息化教学资源共享平台建设研究——评《互联网+背景下信息化教学资源共建共享与服务》[J]. 中国科技论文,2023,18(2):238-239.

[17] 闫寒冰,林梓柔,汤猛. 关注差异的信息化教学课堂评价指标设计与应用[J]. 电化教育研究,2022,43(8):92-100.

[18] 周宗全. 互联网时代学校教师信息化教学能力提升策略[J]. 人民教育,2022(12):78.

[19] 曾立前,张颖颖,江磊. 融创视阈下高职教师在线教学平台应用的多维解码——基于福建某高职院校的个案研究[J]. 职业技术教育,2022,43(2):63-70.

[20] 邓秀辉,李民,方惠. 基于分布式集群高可用管理信息系统设计[J]. 制造业自动化,2022,44(7):43-45.